LES PLUS BEAUX MANUSCRITS DE SAINT-EXUPÉRY

成为小王子

圣-埃克苏佩里手稿书信集

[法] 纳塔莉·德·瓦利埃 / 罗斯利娜·德·阿亚拉 著 黄荭 译

GUANGXI NORMAL UNIVERSITY PRESS
广西师范大学出版社
·桂林·

CHENGWEI XIAOWANGZI: SAINT-EXUPÉRY SHOUGAO SHUXIN JI
成为小王子：圣 - 埃克苏佩里手稿书信集

图书在版编目（CIP）数据

成为小王子：圣 - 埃克苏佩里手稿书信集 /（法）纳塔莉·德·瓦利埃，（法）罗斯利娜·德·阿亚拉著；黄荭译. --桂林：广西师范大学出版社，2022.11
ISBN 978-7-5598-5334-9

Ⅰ. ①成… Ⅱ. ①纳… ②罗… ③黄… Ⅲ. ①圣埃克苏佩里(Saint-Exupery, Antoine de 1900-1944)一手稿②圣埃克苏佩里(Saint-Exupery, Antoine de 1900-1944)一书信集 Ⅳ. ①K835.655.6

中国版本图书馆 CIP 数据核字（2022）第 156471 号

广西师范大学出版社出版发行
（广西桂林市五里店路 9 号 邮政编码：541004
网址：http://www.bbtpress.com）
出版人：黄轩庄
全国新华书店经销
广西广大印务有限责任公司印刷
（桂林市临桂区秧塘工业园西城大道北侧广西师范大学出版社集团有限公司创意产业园内 邮政编码：541199）
开本：720 mm × 1 010 mm 1/16
印张：24 字数：340 千字
2022 年 11 月第 1 版 2022 年 11 月第 1 次印刷
定价：128.00 元

目录

前 言

从远离母亲的孩子写的第一封信，他在信中向母亲诉说了寄宿生的烦恼，到 1944 年 7 月他失踪前一天给皮埃尔·达洛兹（Pierre Dalloz）的最后一封信，这本书想带读者了解安托万·德·圣－埃克苏佩里的笔迹。他的字体在不断变化，再现了他曾经历过的幸福或没那么幸福的种种境况。信件、发明专利证书、电影剧本、新闻报道、小说、漫画、匆匆记录在他一直随身携带的笔记本上的个人想法，圣－埃克苏佩里的笔迹随着他写字的时间和地点而变化：小学时字不够整齐，尽管写得认真，但还是免不了写错；在信中表达自己的思想，越写间距越大；在飞行期间给队友写的潦草简短的留言；手稿上反复修改的句子；文章中的遗憾和删节；《堡垒》（*Citadelle*）的手稿，在薄薄的书写纸上轻轻写下的像苍蝇腿一样纤细的有时无法辨认的字迹……都见证了圣－埃克苏佩里字斟句酌，为了找到并使用精准的用词所做的努力。

所用的纸张、呈现的方式和字迹同样重要。有酒店抬头的信笺，那是圣－埃克苏佩里整个飞行生涯中在下榻的一家家旅馆里经常用来写信的信纸，而在原材料缺乏的情况下，它们又摇身一变成了稿纸。在毛里塔尼亚（Mauritanie）沙漠写的《南线邮航》（*Courrier Sud*）的手稿，《夜航》（*Vol de nuit*）的手稿也一样，那些配了插图的页面让研究者感到惊讶。餐厅的纸桌布，圣－埃克苏佩里会在上面画小人，演算数学难题；薄薄的书写纸的轻盈更衬托了他下笔的分量，这些都让他用钢笔或黑铅笔写下的一切变得耐人寻味。

圣-埃克苏佩里不是一个深居简出、舒舒服服坐在书房里创作的作家。不管他是在怎样艰险的情况下写下这些文字，看到这些首次发表的有配图或没有配图的手稿的人，都不能不注意到这位飞得很高的作家笔迹中飞扬的优雅和睿智。

[illegible]

第一章

作家圣-埃克苏佩里

“童年塑造了我，就像家乡塑造了我一样。”

<<<

《人类的大地》(*Terre des hommes*)
配图手稿，约 1938 年

>>>

圣-埃克苏佩里送给贝尔纳·拉莫特
(Bernard Lamotte) 的签名照

ANTOINE DE SAINT-EXUPÉRY
Le Petit Prince
Avec des aquarelles de l'auteur
folio

伽利玛出版社（Gallimard）Folio 丛书中的《小王子》（口袋本）

很少有文学作品与圣－埃克苏佩里的作品类似。他既是时代的创造者，也是时代的见证者。他是为数不多的可以证明“写作是经验的果实”的作家。飞行员、诗人、哲学家、记者、魔术师和发明家，圣－埃克苏佩里不属于任何文学流派。他作品的独创性在于他的写作是以他自己的生活为蓝本的，这种生活由一个个非常短暂但波澜起伏的片段构成。他不是一个多产的作家：除了大量书信和为报纸写的报道（没有留下任何手稿），圣－埃克苏佩里在他十四年的作家生涯中只写了几部作品。在每个重要时刻，他都感到有必要去见证、去分享自己的经历。

在毛里塔尼亚沙漠的朱比角（Cap Juby）做了十八个月的机场场长后，安托万·德·圣－埃克苏佩里带着第一本小说《南线邮航》回到法国。

他参与了南美洲阿根廷航空网的开拓，这段经历孕育了《夜航》。

《人类的大地》是他在1926—1936年期间作为飞行员生活的重要事件的见证。

《战地飞行员》（*Pilote de guerre*）描写了第二次世界大战期间，法德停战协议签订之前，2/33大队飞行员们英勇的战斗事迹。

写给雷翁·维尔特（Léon Werth）的《给一个人质的信》（*Lettre à un otage*）是对还生活在德国纳粹铁蹄下的祖国同胞所受的痛苦的思考。

只有《小王子》（*Le Petit Prince*）似乎摆脱了这种要见证充满行动的生活的需求。圣－埃克苏佩里最后的这部作品是写给那些一直保留着一颗童心

阿歇特出版社（Hachette）几部圣－埃克苏佩里作品初版封面的口袋本

的人们，不管他们是否已经成年，童年对他的影响至关重要。

最后，他的遗作《堡垒》是一部没写完的随笔集，也是一部转型的作品。经受了考验的小说家正在成为一个哲人，而因为他的英年早逝，这个新身份永远都没有得到承认。

圣－埃克苏佩里是一个流浪者，他所处的某些境遇的动荡不安在他的笔下都可以看到。因此，和作品的手稿直接打交道就很有意思，可以让我们更好地了解其文学创作的条件和作为作家的才华。无论他是在小酒馆吧台的一角写信；还是把一块木板横在两个膝盖上，就着汽油灯的微光，在朱比角孤独的夜里，趴在木板上写他的第一部小说；还是在西班牙内战期间，躲在巴塞罗那或马德里一个危机四伏的地窖里写新闻报道；还是在巴黎或纽约舒舒服服地坐在书桌前；还是炎炎夏日里躺在美国贝文公馆（Bewin House）的草坪上构思《小王子》；笔迹的力度、清晰度和可读性……都会有所不同，具体取决于他当时在什么地方，以及激发他写作的精神状态。我们还可以想象他在小笔记本上飞快地记下想法或生活点滴：从 1935 年起到 1940 年底到达美国，他一直都习惯随身携带一本这样的小本子。

圣－埃克苏佩里不像那些每天早上到点就坐在书桌前写作、涂黑了几页白纸、完成了每天的定额、晚上心满意足地去吃饭的作家。虽然他的笔尖很粗，但他的字迹很细。对《堡垒》的手稿笔迹辨认专家而言，有时候也是很难辨认的。在两次匆忙的出发、两次报道间隙，他总是坚持不懈地写作。有些字漏掉了，有的参差不齐，有的粘在一起，有的拉得很长，有的又缩成一团，它们在作家这只狂热的手下获得了各自的生命：在被重新誊写到常伴他创作的圣经纸上之前，它们通常只是些只有圣－埃克苏佩里自己才能看懂并使用的信息。

除了这一沓沓写满了对外行而言常常无法解读的符号的纸，作家用来表达自我的其他材料还有餐桌上有凹凸花纹的纸桌布，这是萌生《小王子》插图构思的摇篮。很多涂鸦见证了圣－埃克苏佩里在和朋友们共进晚餐后，给亲朋好友解释高深莫测的数学演算。有他在法国或国外住的酒店抬头的信笺，如果不是被他用来写小说，比如《夜航》，就被他拿去写信，在上面画点漫画逗收信人开心。更不用说他飞行在沙漠上空时匆忙写下的纸片。无数只言片语堆成的世界，源源不断，常有涂改，组成了圣－埃克苏佩里沉甸甸、不断修订的全部手稿。

之后，回到乱糟糟却也怡然自得的公寓或旅馆房间，他重新打磨自己的文字，一旦修改满意了，就拿起电话，也不管是夜里几点钟，毫不犹豫地唤醒一个睡意蒙胧的通话者，把自己的文章念给对方听，只为了更好地感受文字的韵律。

为《小王子》插图做准备的画

和最终出版的《小王子》一书中
三只绵羊一模一样的图

“给我画一只绵羊”

《小王子》诞生在沙漠中，或许是在朱比角，就像迪迪埃·多拉（Didier Daurat）认为的那样，或许是在令安托万·德·圣－埃克苏佩里印象深刻的一次飞机失事后，或许是在一次救了他性命的巧遇之后：“至于你，救了我们的利比亚的贝都因人，你将永远消失在我的记忆里。我再也记不起你的面容。你是大写的人，你同时又是以所有人的面孔出现在我面前。你从来没有仔细端详，却已经认出了我们，你是亲爱的兄弟。而我，我也将在所有人身上认出你。”（《人类的大地》）

（我）记得我学的多半是地理、历史、算术和语法。

“我不会画画！”

“没关系的。给我画一只绵羊。”

因为我从来没有画过绵羊，我就给他画了我唯一会画的画。我很惊讶地听到小家伙对我说：

“不，我不要肚子里有大象的蟒蛇。我对蟒蛇不感兴趣。它们让我［一个无法辨认的词语］。大象好一点，但太占地方。我想要的是一只绵羊，我需要它。我那里小得很。”

我就给他画了。

他很认真地看了看，说：

“不要！这只已经病得很重了。再画一只给我。”

我继续画。

“这不是绵羊，而是头公羊。它还有犄角呢。”

我于是又重画。

“这只太老。我想要一只能活很久的绵羊。”

(3)

[illegible]

[illegible]

— [illegible]

— [illegible]

[illegible]

[illegible]

— [illegible]

[illegible]

Alors je dessinai

Il regarda [illegible]

— [illegible]

Je [illegible]

— [illegible]

[illegible]

Je recommençai :

— [illegible]

longtemps.

准备阶段的《小王子》，配图手稿片段，第 3 页

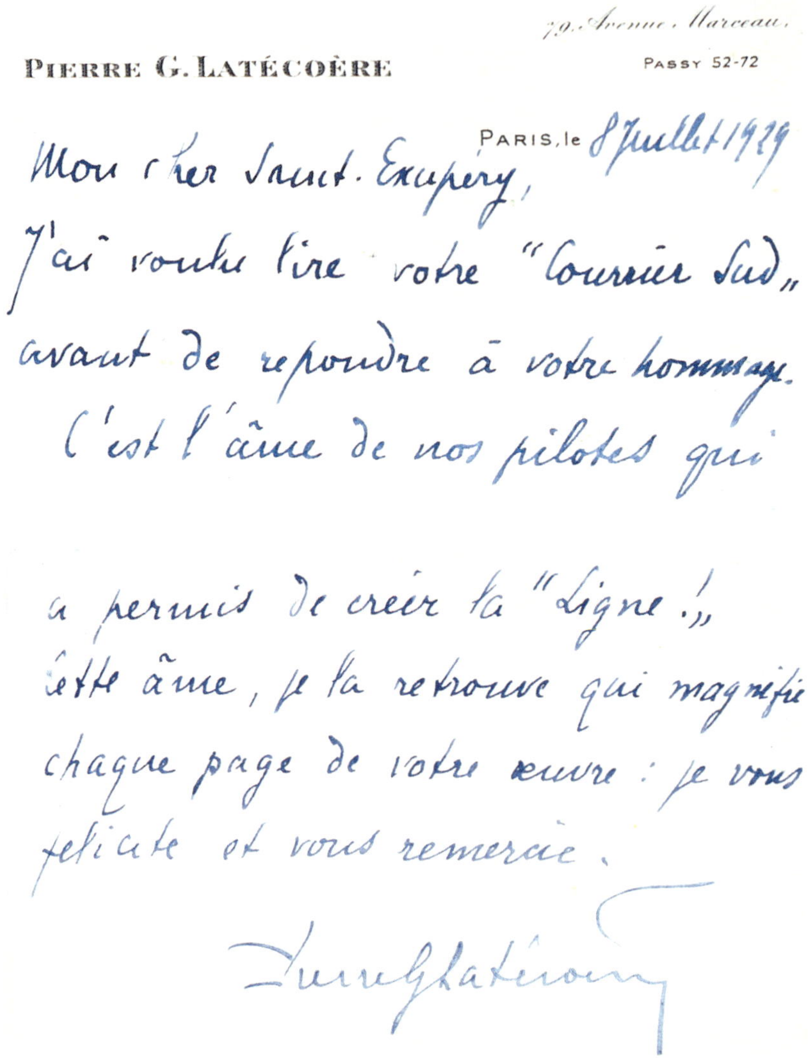

PIERRE G. LATÉCOÈRE

79, Avenue Marceau,

PASSY 52-72

PARIS, le 8 Juillet 1929

Mon cher Saint-Exupéry,

J'ai voulu lire votre "Courrier Sud" avant de répondre à votre hommage.

C'est l'âme de nos pilotes qui a permis de créer la "Ligne !"

Cette âme, je la retrouve qui magnifie chaque page de votre œuvre : je vous félicite et vous remercie.

Pierre G Latécoère

皮埃尔・拉泰科埃尔（Pierre Latécoère）写给圣－埃克苏佩里的卡片，感谢并祝贺他创作了《南线邮航》

飞行在西班牙上空

雅克·贝尔尼（Jacques Bernis），图卢兹—达喀尔邮政航线的飞行员，1929年伽利玛出版社出版的《南线邮航》的主人公，感受到了孤独和流浪的况味。除了孤单，还有遗憾，遗憾自己不能像童年的小伙伴热纳维耶芙（Geneviève）那样，在一栋房子、一个环境中扎下根来，安居乐业。当热纳维耶芙——先是遇人不淑，之后孩子的夭折让她和贝尔尼又走到了一起——的世界越分崩离析，一种疲惫、危险、不舒适、常常远离梦寐以求的冒险生活带来的不便就越发让人难以忍受。别的他试图接近的天堂也让他感到失望，宗教也好，轻易得手的女人也罢。于是贝尔尼满怀信仰和热情投身到他的职业，生活跟着雨、风、夜的节奏。直到有一天他的飞机坠毁在沙漠中。“飞行员丧生，飞机摔毁，邮件无损。句号。继续飞往达喀尔”，找到他的同志将会以同样的方式发电报：“从达喀尔到图卢兹：邮件顺利抵达达喀尔。句号。”

西班牙的岩石，非洲的沙子，腐殖土（？）土壤就像面团一样珍贵罕见！……

将要经过最后几个城市，最后的麦田［两个无法辨认的词语］就像水一样纯净。今天夜里，贝尔尼将看到大地［褪去衣衫］［一览无遗］……

这里已经是马拉加（Malaga）［欧洲最后的微笑］。阿尔赫西拉斯（Algesiras）亮起的灯塔是欧洲的告别。

贝尔尼感到［忧伤］疲倦。两个月前，他去巴黎征服热纳维耶芙。他从失败中回过神来，于昨天回到航空公司。黑夜临近。左转飞机将飞离欧洲，［天将暗下来］丹吉尔（Tanger）［阿尔赫西拉斯］的灯塔将亮起。［……］

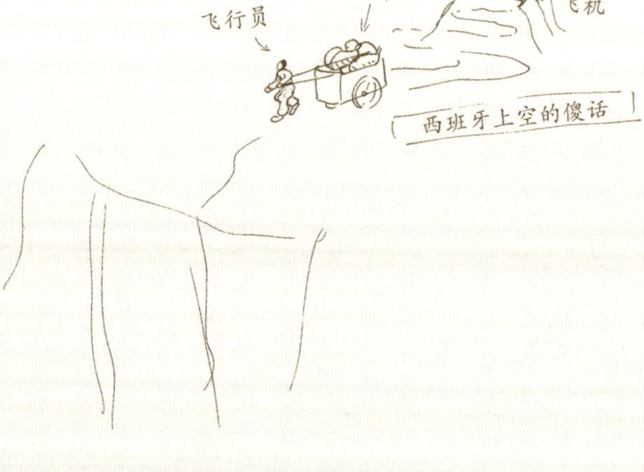

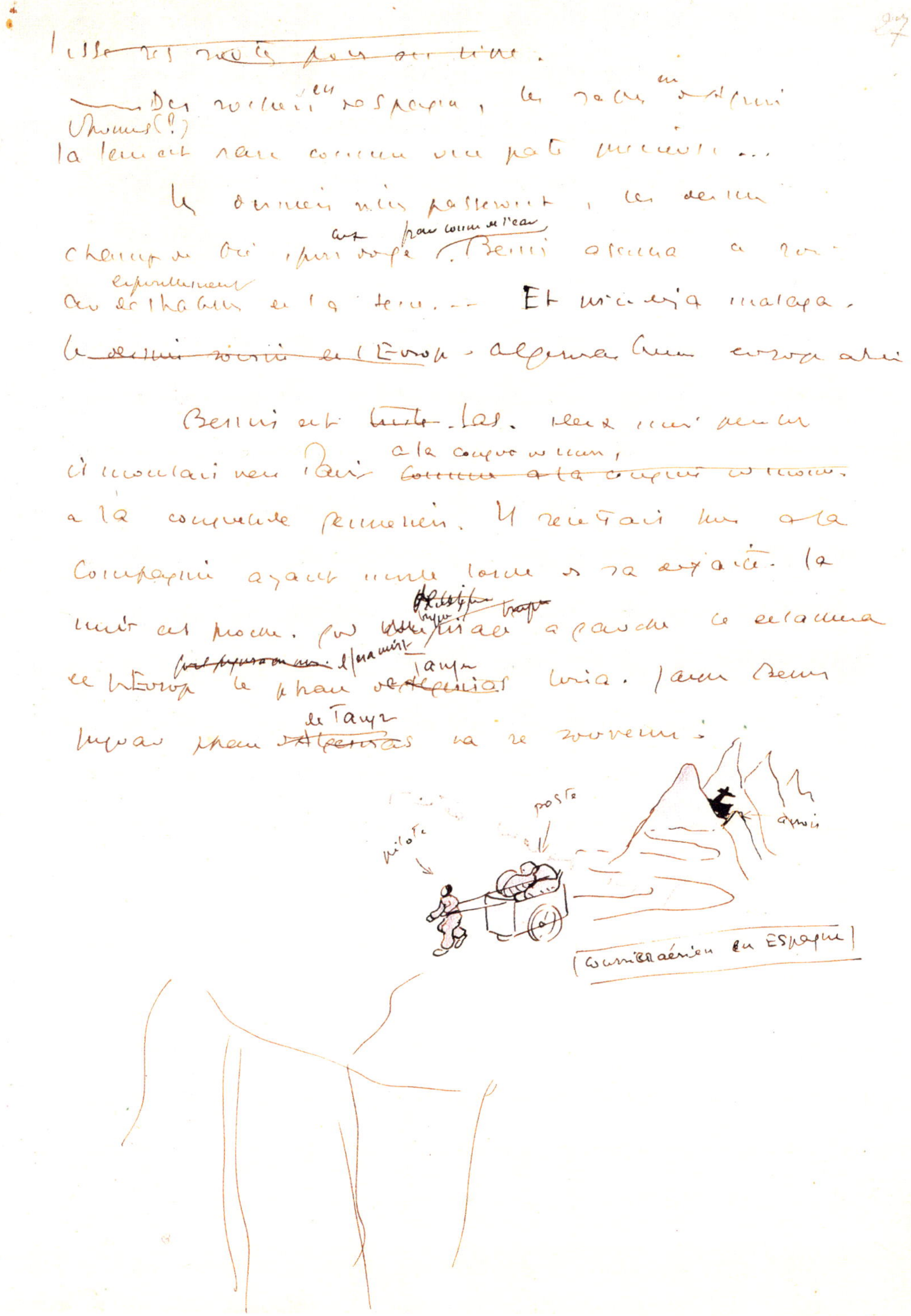

准备阶段的《南线邮航》，配图手稿片段

《人类的大地》灵感来自圣－埃克苏佩里 1935 年 12 月底在利比亚沙漠遇到的飞行意外

图上可以看到飞行员在出了事故后的西蒙飞机的残骸前

鸡叫

《人类的大地》的这个片段部分使用了圣－埃克苏佩里1936年1月30日到2月4日之间发表在《不妥协报》(*L'Intransigeant*）上的题为“飞行中断。困在沙漠”的系列文章，他在文中描述了他在利比亚沙漠遭遇的意外。

那一次，圣－埃克苏佩里受到奖金的鼓舞，决定挑战由安德烈·雅皮（André Japy）保持的用98小时52分以时速102.52公里每小时完成的巴黎飞西贡的纪录。作家－飞行员拥有的戈德龙·西蒙（Caudron Simoun）飞机是性能更好、配备了雷诺发动机的机型。他在机械师安德烈·普雷沃（André Prévot）的陪伴下，很有可能可以把飞行时间缩短至比雅皮少二十几个小时。他们在有些仓促地准备了飞行线路后，于12月29日离开布尔歇（Bourget），19小时38分后在利比亚的沙漠上坠机。

于是我们继续走路，突然我听到了鸡叫。吉尧梅曾对我说过：“到最后，我在安第斯山中听到鸡叫。我还听到火车开过的声音……”听到鸡叫的那一刹那，我想起了他的故事，我对自己说：“先是我的眼睛骗我，那可能是干渴的后果。我的耳朵更能坚持……”但普雷沃抓住我的胳膊：“你听到了吗？”

“什么？”

“鸡叫！”

“那么……那么……”

那么，当然啦，傻瓜，那是生命。

我还产生了最后一个幻觉：三只狗互相追逐。普雷沃也仔细看了看，但什么也没看见。但我俩都朝那个贝都因人伸出双臂。我俩都对他使尽了我们肺腑中的全部气息。我俩都幸福地笑了！……

水！

水，你没有味道，没有颜色，没有香味，我们无法定义你；我们品尝你，却不了解你。你不是生命的必需品：你就是生命。你用一种无法用感官知觉解释的快乐进入我们的身心。和你一起进入的是所有我们已经放弃的力量和勇气。有了你的恩赐，我们内心所有干涸堵塞的泉水又打开了。你是世上最大的财富，你也是最脆弱的，在大地的母腹中如此纯净。人们可以在富含镁的水源边死去。人们可以在距离盐水湖两步之遥的地方死去。尽管有两升露水，但混入了盐，一样也会死人。你不接受丝毫掺杂，也不允许半点变质，你是一位敏感的神灵。[……]

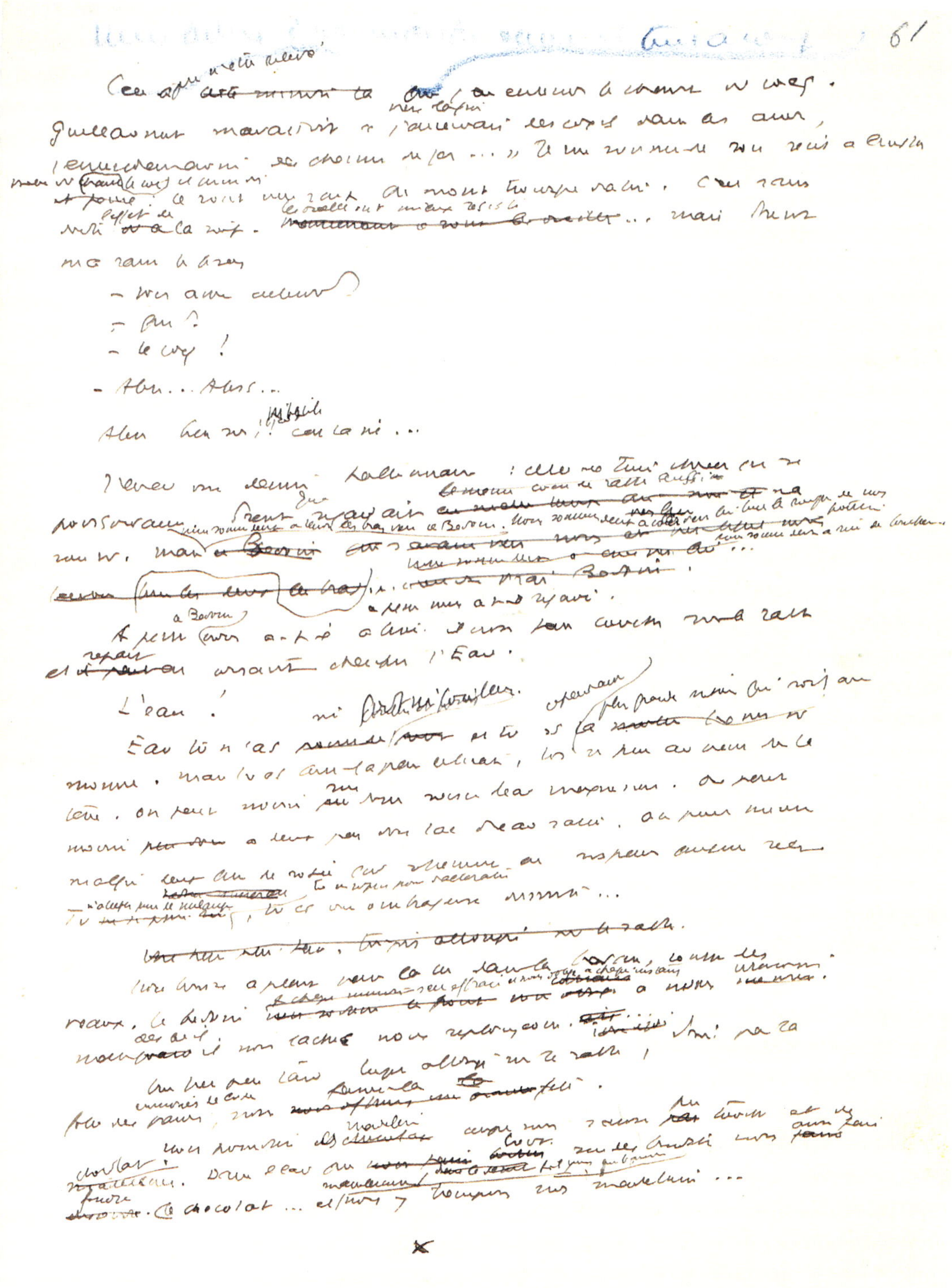

准备阶段的《人类的大地》手稿片段，第 61 页，和出版的文本有很多出入

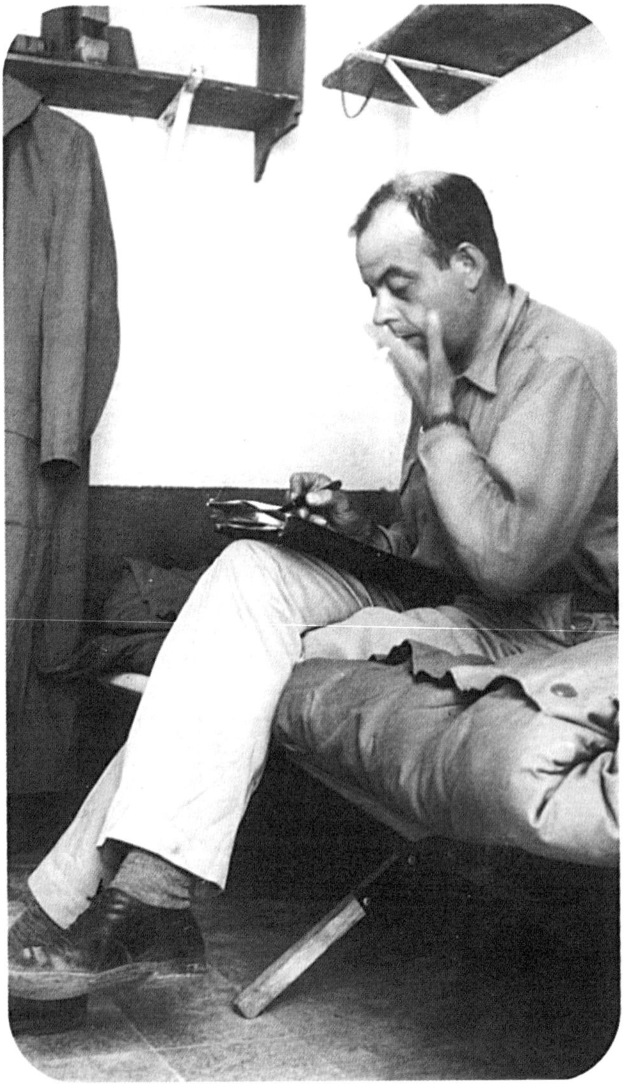

圣-埃克苏佩里正在写作，约翰·菲利普斯拍摄

“美国朋友”

《给一个美国人的信》（*Lettre à un Américain*）是一篇写于1944年5月29日至30日夜里的文章，应《生活》（*Life*）记者约翰·菲利普斯（John Phillips）之邀而作，并由他亲眼见证这篇文章的诞生。他在日后这样讲述他所见到的一幕：“坐下来工作……对他来说，就像穿上飞行服一样，是一场令人筋疲力尽的战斗，他总是深深叹息着接受这个仪式。把高大身躯安顿进一张于他而言太窄的、嘎吱作响的柳条椅里，他并拢双脚，以一种勤勉学生的姿态，收拢身体，将附有吸墨纸的垫板置于膝上，然后开始规律地写下一行行长句。它们由黑色小字母缀成，像一道希望的渐近线一般，向着纸页的右上方爬升。”

圣-埃克苏佩里在这篇文章中向这些年轻的美国士兵致敬，他们以自由的名义，接受在欧洲战场上奉献他们的生命，不带一分物质上的考量，或者地缘经济上的算计。

我于1943年4月离开美国，前往北非与《飞往阿拉斯》（*Flight to Arras*）中的战友会合。我当时搭乘的是美国的舰队。这支由三十艘船组成的舰队将五万名士兵从美国运往北非。当我醒来到甲板上散步时，我发现自己身处这座行进中的城市里。海面上，三十艘军舰气势磅礴，但我感受到的不仅仅是强大。这支舰队让我联想起运动中才有的欢欣场面。美国朋友，我想还你们一个公道。也许有一天，我们之间会掀起多少有些严重的争端。每个国家都是自私的。每个国家都把自己的自私看作是神圣的。也许物质上的强大让你们在今天或明天占了优势，这似乎对我们造成了不公正的伤害。也许有一天，我们会爆发多少有些激烈的争论。虽然战争的胜利永远属于有信仰的人，但和平条约有时却是由商人来缔结的。即使有一天，我在心底里谴责这些决定，也绝不会忘记美国人民参战目的的崇高。我将一直为你们高尚的品质作证。美国的母亲们不是为了追求物质利益把儿子送上战场的。这些男孩也不是为了物质利益甘愿冒牺牲性命的危险。回到法国后我会说，我知道你们参战的信仰是什么。我有两段回忆可以证明这一点。

1/

611

J'ai quitté les États unis en Avril 1943 pour rejoindre en Afrique du Nord mes compagnons de guerre de Flight to Arras. J'ai voyagé à bord d'un convoi américain. Ce convoi de trente navires transbordait des États unis en Afrique du Nord cinquante mille soldats ~~américains~~ de chez vous. Quand, au réveil, je me ~~retrouvais~~ promenais sur le pont je retrouvais autour de moi cette ville en marche. Les trente navires pesaient puissamment sur la mer. Mais j'éprouvais autre chose qu'une simple sensation de puissance. Ce convoi évoquait pour moi l'allégresse d'une croisade. Amis d'Amérique, je voudrais vous rendre pleinement justice. Un jour peut être des litiges plus ou moins graves s'élèveront entre vous et nous. Toute nation est égoïste. Toute nation considère son égoïsme comme sacré. Il se peut que le sentiment de votre puissance matérielle vous fasse prendre aujourd'hui ou demain des avantages qui nous paraîtront nous léser injustement. Il se peut que s'élèvent un jour entre vous et nous, des discussions plus ou moins graves. Si la guerre est toujours gagnée par les croyants, les traités de paix quelquefois sont ~~rédigés~~ dictés par les hommes d'affaires. Eh bien si même un jour je forme dans mon cœur quelques reproches contre les décisions de ceux là, ces reproches ne me feront jamais oublier la noblesse des buts de guerre de votre peuple. Sur la qualité de votre substance profonde je rendrai toujours le même témoignage. Ce n'est pas pour la poursuite d'intérêts matériels que les mères des États unis ont donné leurs fils. Ce n'est pas pour la poursuite d'intérêts matériels que ces garçons ont accepté le risque de mort. Je sais et je dirai plus tard chez moi en vue de quelle croisade spirituelle chacun de vous s'est donné à la guerre. J'ai, parmi d'autres, DEUX souvenirs ~~qui me montrent votre noblesse~~. à vous comme preuves.

《给一个美国人的信》手稿的第一页

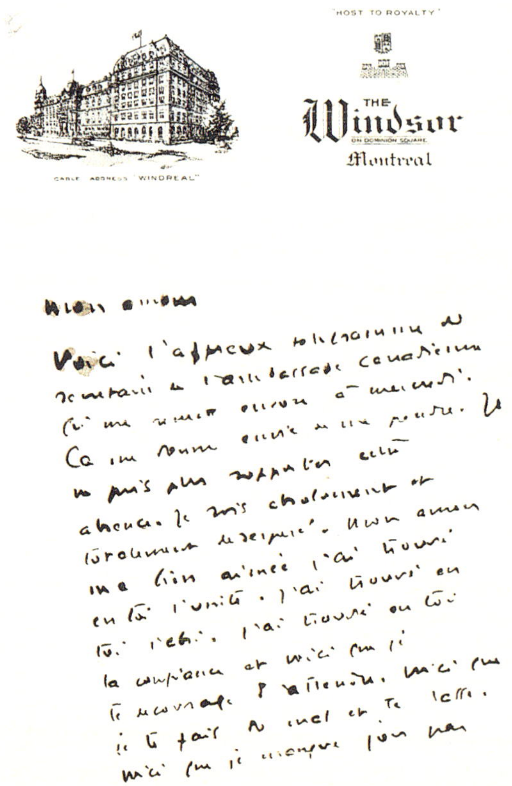

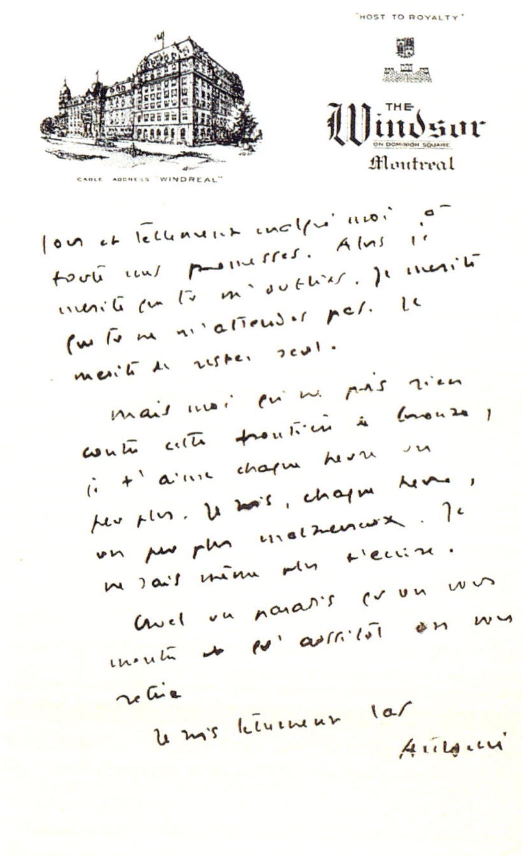

安托万·德·圣–埃克苏佩里写给娜塔丽·帕蕾的一封未发表信件，1942 年

“冒别离的风险”

圣-埃克苏佩里在纽约居住和在加拿大做讲座期间，和娜塔丽·帕蕾（Natalie Paley）都有书信往来，其中有七封信保留了下来。1942年初，圣-埃克苏佩里向这位沙皇公主表达了爱慕之情。她是沙皇亚历山大三世（Alexandre III）的侄女，战前还是当红的女星，嫁给了服装设计师吕西安·勒隆（Lucien Lelong）。圣-埃克苏佩里写信的时候很会开玩笑，措辞精准，情感表达细腻：“亲爱的，”他继续写道，“我已经很久没有用这个词了，听起来就像圣诞礼物一样甜蜜。你知道吗，昨晚我觉得自己就像一个在郊区煤场或铁皮厂干活的工人，发现自己躺在一片草地上，旁边小溪里满是白色鹅卵石。然后我很快又闭上眼睛，想好好享受眼前奇妙的美景：清凉的溪水，白色的鹅卵石，潺潺流水，我心爱的人儿……”

我，我信仰加百列（Gabriel）天使长。这很好猜。但是我不能不承认自己刚刚被人牵住了手。这是这么久以来我第一次内心平静地闭上眼睛。我无需再寻找方向了。

我幸福的时候谁也阻止不了我闭上眼睛。就像是……［字迹难以辨认］的门或窗，一旦屋子里满了就会关上。你就像是我神奇的保护人。当然我会让你难过，你也会让我难过。当然我们都会难过，但这就是生存的前提。期盼春天，就要先迎接冬天；相守也意味着要冒别离的风险。

4

Moi je crois en l'échange parfait. Seulement voilà... je me répète.

Mais je ne puis pas ne pas admettre que je viens d'être pris par la main. Pour la première fois depuis bien longtemps je ferme les yeux sur la paix de mon cœur. Je n'ai plus à chercher mon chemin.

On ne peut pas m'empêcher de fermer les yeux si je suis heureux. Un peu comme les portes ou les fenêtres des maisons. On les ferme une fois qu'elles sont pleines. Tu es en moi comme une provision merveilleuse.

Bien sûr je te ferai mal. Bien sûr tu me feras mal. Bien sûr nous aurons mal. Mais ça c'est la condition de l'existence. Se faire printemps c'est prendre le risque de l'hiver. Se faire présence c'est prendre le risque de l'absence.

(C'est pourquoi [illegible] de téléphones, de lettres

写给娜塔丽·帕蕾的另一封未发表信件，1942 年

随《小王子》的打字稿一同寄给纳迪娅·布朗热的题词上的配图

“小熊”邮包

题词或赠送完整或部分手稿给别人在文学圈屡见不鲜，安托万·德·圣-埃克苏佩里在这方面也不例外。他经常在自己的手稿上写下深情的话，送给他所崇拜或想致敬的人。

这两页是附在他送给著名音乐家纳迪娅·布朗热（Nadia Boulanger）的邮包里的，他在1938年通过内莉·德沃居埃（Nelly de Vogüé）认识了纳迪娅。一起寄出的《战地飞行员》打字稿和出版的文本有一些出入，其中还有《小王子》的打字稿，一部分配了铅笔画的插图，上面还有一些手写修改的痕迹。这些手稿由纳迪娅·布朗热捐赠，现保存在法国国家图书馆。

亲爱的纳迪娅，随信附上我的小熊。原谅我回信迟了，因为最后一刻难免忙乱，我今天才有时间写这些文字。它错误百出，但是我可能需要两天时间才能改过来，因为我现在都看不出自己写的是什么。如果你觉得不知所云的地方太多，可以把它给打字员。

你知道我多么尊重你、爱慕你。我很乐意把四份手稿中的一份给你。提前谢谢你的回信。

［我迫切想知道我并没有错过一切——因为出于很多原因，我有些失落——且十分沮丧！

再次感谢。

安托万·德·圣-埃克苏佩里］[1]

1　本书部分方括号中的内容为图片录文以外的文字。

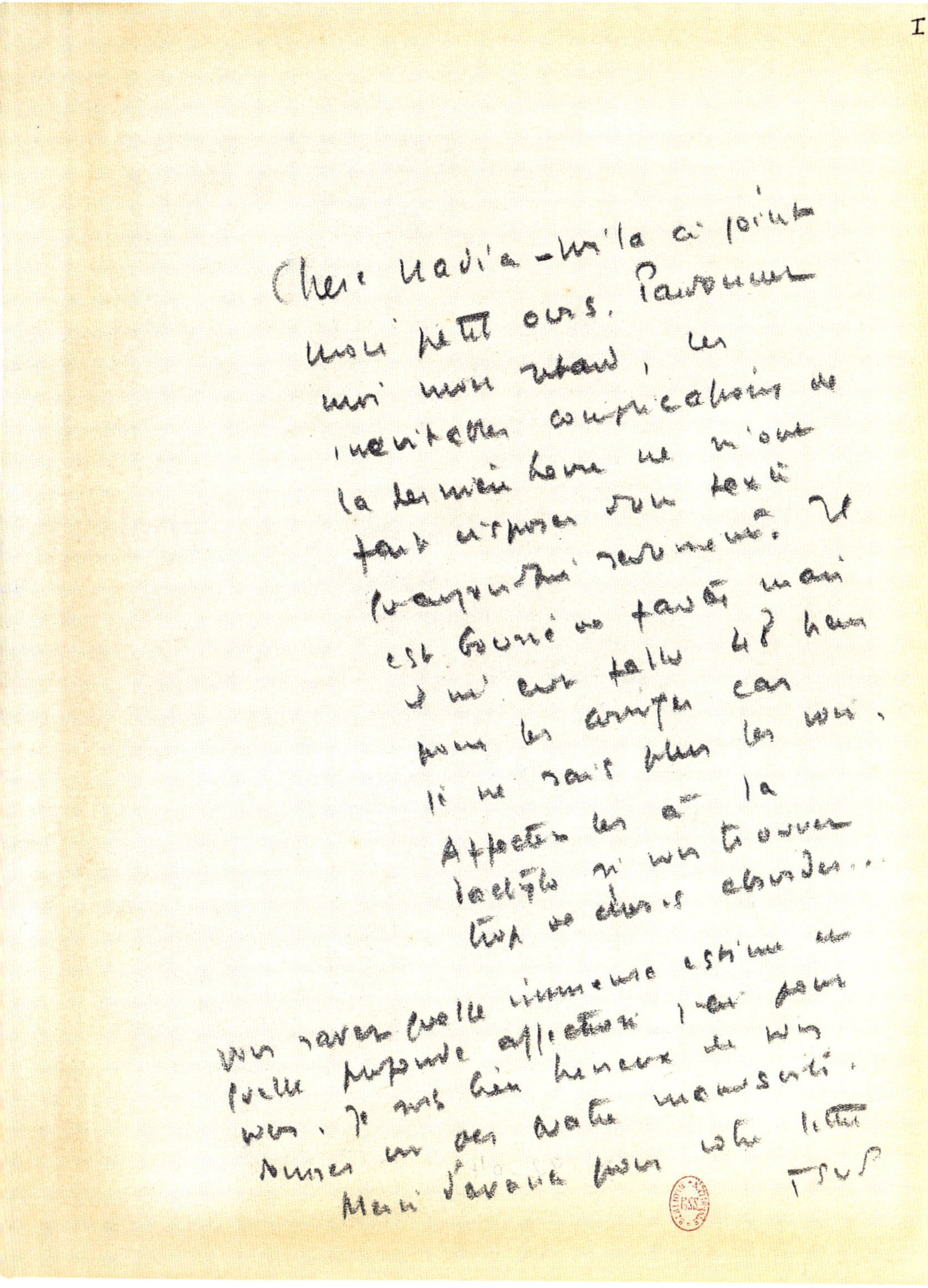

安托万·德·圣－埃克苏佩里写给纳迪娅·布朗热的未发表信件，他还送了她《战地飞行员》的手稿

1938 年安托万和康苏爱萝・德・圣－埃克苏佩里在圣拉扎尔（Saint-Lazare）火车站出发去美国

“亲爱的医生”

1942年1月，康苏爱萝·德·圣-埃克苏佩里（Consuelo de Saint-Exupéry）和已经在纽约住了几个月的丈夫团聚，几周后，由贝尔纳·拉莫特画插图的《飞往阿拉斯》（《战地飞行员》）在纽约出版。就在1942年这一年，他们夫妇俩前前后后换了不少次住所，先是住在纽约的公寓里，然后夏天在康涅狄格州（Connecticut）租了别墅，后来又搬到长岛（Long Island），最后11月又回到纽约，住在贝克曼广场（Beckman Place）55号大道曾经属于葛丽泰·嘉宝（Greta Garbo）的房子里。

这封信是圣-埃克苏佩里12月写给一位医生朋友的，虽然有些挖苦的意思，但毫不掩饰地透露了夫妻俩的经济拮据。他在信中还谈到，他年轻的妻子是萨尔瓦多人，习惯了拉丁美洲的大太阳，纽约的寒冬会危害她的健康，战前她的身体状况就已经几次三番需要去瑞士和蔚蓝海岸（Côte d'Azur）休养一段时间了。

月付30美元　　　　1942年12月18日

亲爱的医生：

我建议每月转给您30美元来支付我的账单。我没办法付更多，原因很简单，因为我银行里一分钱存款也没有了，现在只靠出版商预付的稿费凑合着过日子。我现在的经济状况如何，您也很容易核实，而且我提出的报酬比法定的最低标准要高。

当我妻子从法国来这里时我就把她介绍给您了，因为我跟您更像朋友，而不只是医生和病人的关系。她没生病，不过就跟其他女人一样希望有人能一直关心自己的健康状况。尽管我没钱给她提供有事没事看个医生这种昂贵的消遣，我还是觉得自己应该请您，一个医生朋友，跟她见一两次面，给她一些健康方面的建议，开点没有副作用的糖浆，诊疗费不要太高。我这么做或许会影响你的诊断，耽误我妻子看病，我又提前跟您打招呼，让您为难，干扰您的诊断结果。但怎么做是您的自由。

不过之前我告诉过您，我的钱都被冻结了，手头的钱只够维持生活必需。那天您也向我回以同样的信任，跟我说，我妻子压根就没病，带她来治病还不如带她出去外面散散步更好。话倒是说得很在理，但看病的账单是200多美元，让我有点难受，不过我是很钦佩美国政府颁布的法令，[竟然有治疗作用，神奇地治好了我妻子的病。]

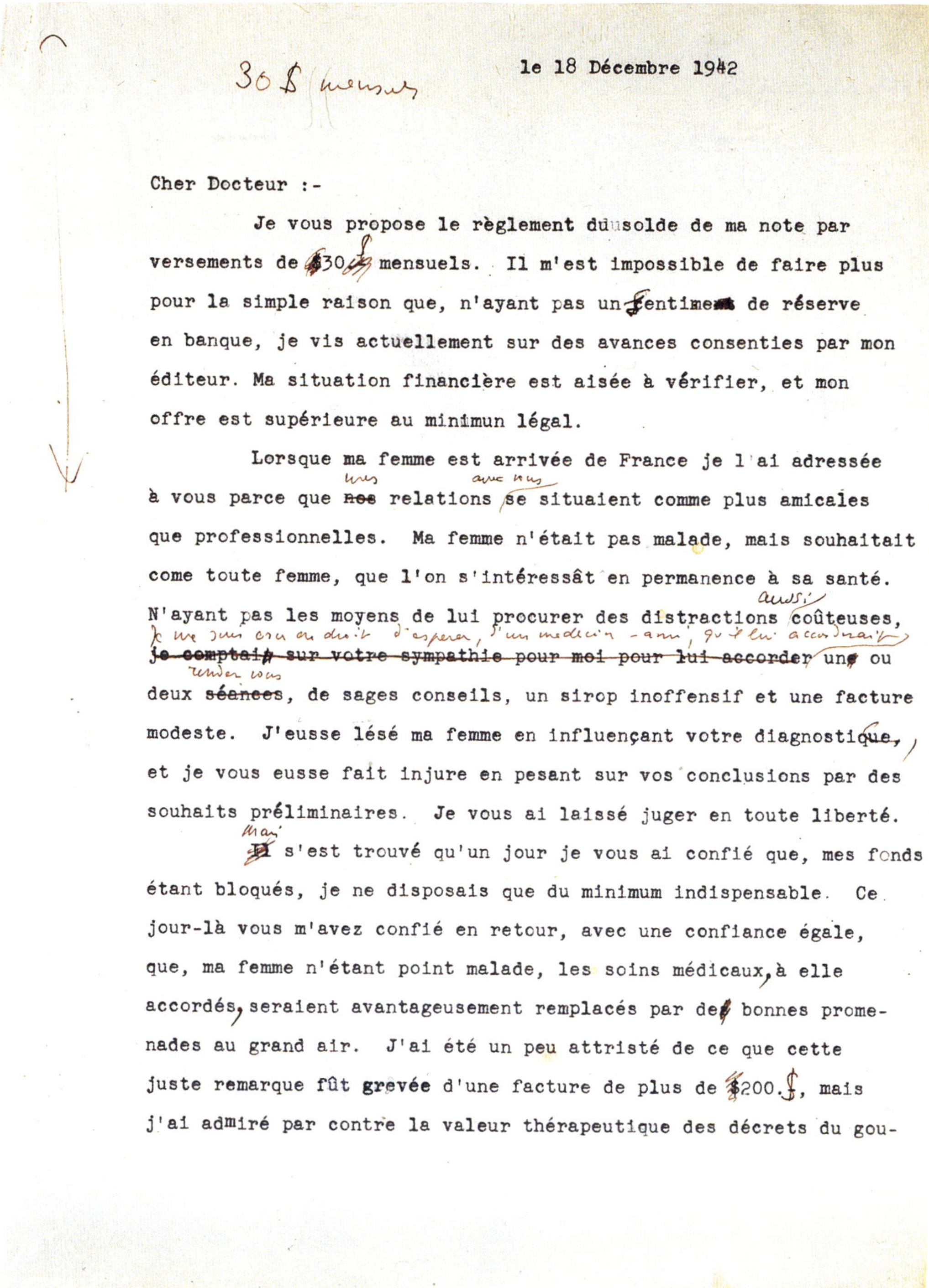

30 $ mensuels

le 18 Décembre 1942

Cher Docteur :-

Je vous propose le règlement du solde de ma note par versements de $30. mensuels. Il m'est impossible de faire plus pour la simple raison que, n'ayant pas un centime de réserve en banque, je vis actuellement sur des avances consenties par mon éditeur. Ma situation financière est aisée à vérifier, et mon offre est supérieure au minimun légal.

Lorsque ma femme est arrivée de France je l'ai adressée à vous parce que ~~nos~~ relations se situaient comme plus amicales que professionnelles. Ma femme n'était pas malade, mais souhaitait come toute femme, que l'on s'intéressât en permanence à sa santé. N'ayant pas les moyens de lui procurer des distractions coûteuses, ~~je comptais sur votre sympathie pour moi pour lui accorder~~ une ou deux ~~séances~~, de sages conseils, un sirop inoffensif et une facture modeste. J'eusse lésé ma femme en influençant votre diagnostique, et je vous eusse fait injure en pesant sur vos conclusions par des souhaits préliminaires. Je vous ai laissé juger en toute liberté.

~~Il~~ s'est trouvé qu'un jour je vous ai confié que, mes fonds étant bloqués, je ne disposais que du minimum indispensable. Ce jour-là vous m'avez confié en retour, avec une confiance égale, que, ma femme n'étant point malade, les soins médicaux à elle accordés seraient avantageusement remplacés par des bonnes promenades au grand air. J'ai été un peu attristé de ce que cette juste remarque fût grevée d'une facture de plus de $200., mais j'ai admiré par contre la valeur thérapeutique des décrets du gou-

一封未发表信件的打字稿，有手写修改的痕迹，1942 年 12 月 18 日

page 4

et trois voitures pour les collegiens.
Arrivé à notre Dame de Notre-Dame
du chêne on à entendu la Messe et
~~on est parti~~ on à déjeuné à Notre Dame
du chêne après comme les élèves
de l'infirmerie de 7ème de 8ème de 9
et de 10ème allait en voiture
pour aller à Solesme
comme je ne voulais pas aller en voiture
j'ai demandé la permission

page 5

d'aller à pied avec les élèves
de 1re et de 2ème division
on était plus de 200 en rang,
notre file tenait une rue entière
après le dejeuné on est allé visiter
les saint sepulcre et on est allé
dans le Magasin des Pères
et on s'est acheté des choses.
~~après on est~~ la 1re et la 2ème di
et nous est allé à pied pour
Soleime

page six

arrivé à soleime on à continué la
promenade et on à passé au pied
de l'abéi elle était imense
seulement on n'à pas
pu la visiter parce qu'on
avait pas le temps au pied
de l'abei on à trouvé des marbres
et quantité il y en avait des
gros et des petits et j'en
ai pris six et j'en ai donné
trois

~~8 pages~~ 7ème page

~~après on est~~ et il y en avais
un qui avait environ 1m50
et 2m de longeur alors on
m'à dit de le mettre dans
ma poche seulement
je ne pouvais même pas
le remuer et il était trop grand
après on est allé gouté sur l'herbe
à soleim

第二章

小王子的青春年少

“我从六岁开始写作。不是飞行让我去写书。我想如果我是一名矿工，可能我就会在地底下汲取经验。如果我是个学者，或许我会在图书馆里……找到我的创作主题。”

<<<

1910 年从勒芒（le Mans）寄给其母亲的信件片段

>>>

安托万，约 1907 年

圣－埃克苏佩里家的五个孩子。从左到右：玛丽－玛德莱娜、加布里埃尔、弗朗索瓦、安托万和西蒙娜

安托万·德·圣－埃克苏佩里1900年6月29日出生在里昂。他是让·德·圣－埃克苏佩里（Jean de Saint-Exupéry）和玛丽·德·丰斯科隆布（Marie de Fonscolombe）的第三个孩子，却是第一个儿子。排在他前面的有玛丽－玛德莱娜（Marie-Madeleine）和西蒙娜（Simone），之后有弗朗索瓦（François）和加布里埃尔（Gabrielle）。作为家里的长子，他对所有家人都有无伤大雅的掌控欲。家中的兄弟姐妹关系非常亲近，因为年龄相仿，也因为意趣相投，他们是真正的一家人。在充满艺术和文学气息的家庭中长大，安托万在追忆自己的兄弟姐妹时这样说："我们是一个部落。"1904年，丈夫突发心脏病离世，玛丽·德·圣－埃克苏佩里失去了生活来源。她带着孩子搬到里昂，借住在姨妈特里戈（Tricaud）伯爵夫人家中。与小安托万朝夕相处的人几乎都是女性：守寡的姨妈、母亲，保姆保拉（Paula）和"发霉"（Moisi）[1]，钢琴老师和女仆……为数不多的男性是每周来享用一次午餐的神甫先生，以及被孩子们戏称为"癞蛤蟆齐齐"的男仆西普里安（Cyprien）。当然，他母亲的叔叔和兄弟们时不时也会前来探访，但是他们不会天天过来说教。圣－埃克苏佩里家孩子们的生活随着季节的更替而变化。冬天他们住在姨婆家位于贝尔古尔广场（place Bellecour）的大公寓里。等到了四月

1　指来自法国德龙省（Drôme）的女家庭教师玛格丽特·夏贝（Marguerite Chapays），孩子们给她取了绰号"发霉"。——本书所有脚注均为译者注。

份，天气转暖后，一家人又会搬到安省（Ain）的圣莫里斯德雷芒的城堡（le château de Saint-Maurice-de-Rémens）中居住，这个地方在安托万心中很重要，后来他在每本著作中都提到了这座城堡。

这段对他影响至深的童年岁月，深受母亲讲给五个孩子听的《圣经》故事和童话的熏陶。最自然不过的，在弟弟和姐妹们的陪伴下，安托万将《圣经》故事或古典神话中的伟大时刻改编成一些小短剧，然后在“大人们”面前表演。假期时，每当天气不佳，孩子们无法前往圣莫里斯家族城堡中的花园玩耍，也不能去丰斯科隆布外祖父母所居的拉莫尔（La Mole）庄园嬉戏，大人就教孩子们玩一些尾韵接龙游戏和字谜，或教他们玩“猜猜这是什么”和“先生和夫人”的游戏。有那么多可以让他们想象力天马行空又适合在室内玩的游戏。写作成了一种游戏，一种不需要一本正经去表达自己的方式。圣－埃克苏佩里家有三个孩子日后都出版了作品：安托万；玛丽－玛德莱娜——她留下一部遗著，那是一部关于自然的短篇小说集《牝鹿的朋友们》(*Les Amis de Biche*)；西蒙娜在印度支那当档案管理员时写了几个故事，以《流星》（*Météores*）为书名结集出版，为了不给弟弟的作品造成影响，这

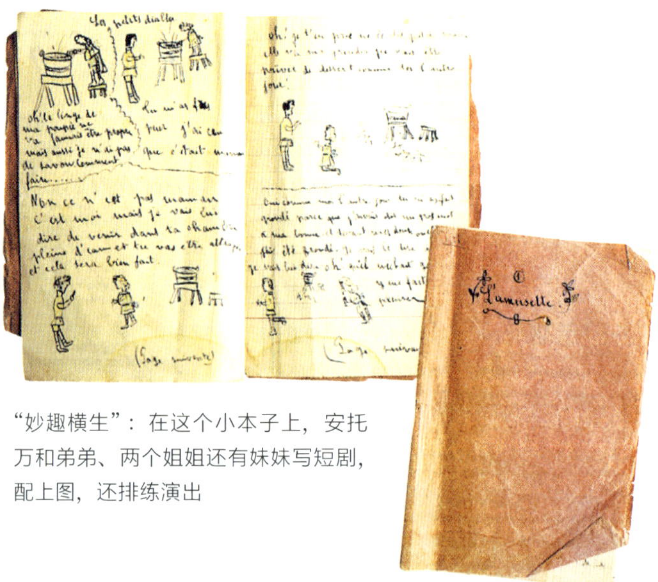

“妙趣横生”：在这个小本子上，安托万和弟弟、两个姐姐还有妹妹写短剧，配上图，还排练演出

本书她用了西蒙娜·德雷芒（Simone de Rémens）的笔名出版。

圣－埃克苏佩里的早期作品种类多样：诗歌，散文，甚至还有一出歌剧的开头——《雨伞》（*Le Parapluie*）。他对这个有些怪诞的主题非常着迷，想请过去在圣莫里斯教过他的钢琴老师安娜－玛丽·彭塞（Anne-Marie Poncet）小姐为这出剧谱曲。钢琴老师的拒绝扼杀了这位少年投身歌剧创作的志向。

家人度假的情景

圣－埃克苏佩里的书信是他作品的一个重要组成部分，也是了解他童年及成长历程的源泉。即使很多书信已经丢失，现存的部分也足以证明他一直有和他所爱的人保持联系的需求。

1949年，他的母亲玛丽·德·圣－埃克苏佩里向法国国家档案馆的私人档案部捐赠了她儿子在1910—1944年期间寄给她的一百八十五封信。其中有一些在当时尚未公开发表，在这本书里也会出现。

1909年，在祖父费尔南·德·圣－埃克苏佩里（Fernand de Saint-Exupéry）的要求下，安托万和弗朗索瓦定居勒芒，并在圣克鲁瓦耶稣会学校（collège jésuite de Sainte-Croix）走读，这里也曾经是他们已逝的父亲成长的地方。那段时间，写作成了安托万逃避现实的方法。他和被他称作“和平之源”的母亲经常通信，了解母亲的一些消息。孩子们分散在不同的城市（男孩们在勒芒，女孩们在里昂）让这位母亲要往返于这两座城市。在信中，安托万详细讲述生活的点点滴滴，并不断恳求妈妈来看望他。

他很少大书特书自己的优异成绩。那是当然，因为这个学生是异想天开的小淘气，只有真正使他感兴趣的主题才能让他专心致志，才能让他展现出自己最好的一面。我们可以看到他最初探索文学的一些作品，如《帽子历险记》（*L'Odyssée d'un chapeau*），这部作品的手稿至今仍保存在勒芒中学的档案馆里；还有《小桌的谣曲》（*La Ballade du petit bureau*），是他在巴黎博絮埃中学（lycée Bossuet）备考海军学院（l'École navale）时写的。从这些作品可以看出：圣－埃克苏佩里不乏幽默感。

1914 年第一次世界大战爆发后，玛丽·德·圣－埃克苏佩里希望儿子能够离她近一点，就将圣－埃克苏佩里兄弟二人送进索恩河畔自由城（Villefranche-sur-Saône）的蒙格雷中学（Collège de Mongré）。但是他们并不适应这所学校，兄弟二人苦于寄宿学校森严刻板的约束，最后他们回到勒芒结束那一年的学业。1915 年，两兄弟寄宿在瑞士弗里堡（Fribourg）的圣让别墅（Villa Saint-Jean），这里的教学模式十分现代，与巴黎斯坦尼斯拉斯中学（Collège Stanislas）成功应用的教学法相似。学校给予学生的自主权深深吸引了安托万。作为一个狂热的读者，他发现了陀思妥耶夫斯基（Dostoïevski），尤其是波德莱尔（Baudelaire）、勒孔特·德·利勒[1]、埃雷迪亚[2]和马拉美（Mallarmé），所有这些都成了他诗歌创作的灵感来源。

1917 年，安托万成功通过哲学会考。但伴随这个巨大的喜悦而来的是他人生中的第一个悲痛：他十五岁的弟弟弗朗索瓦在夏天死于风湿性关节炎。圣－埃克苏佩里只有一次在《战地飞行员》中提到这个哀痛的经历，他用几句话描述了弗朗索瓦临终时刻：“……一个比我小的弟弟，被认为是病入膏

1　勒孔特·德·利勒（Leconte de Lisle，1818—1894），法国诗人，拥护“纯艺术论”，巴那斯派主要代表。

2　若泽－马里亚·德·埃雷迪亚（José-Maria de Heredia，1842—1905），出生在古巴，后加入法国籍。父亲是西班牙人，母亲是法国人。巴那斯派大诗人，擅长写十四行诗。

育了。”这一失去让他刻骨铭心，虽然后来很多亲友也离他而去。“他意识到，自己失去的是一位朋友，以往与他们相处的每时每刻都尤为珍贵。”

年轻的安托万全身心投入到校园生活中：尽管数学很差，但他还是打算考海军学院，于是他在博絮埃中学准备他的入学考试。他除了学习，就是和一帮表兄弟一起外出，他们轮流带他出入剧院、散步和参加招待会。那个时期的信件见证了这个外省年轻人的喜悦，他抓住巴黎能给他创造的一切机会；也表现出他为了改善生活水平而对母亲提出越来越苛刻的要求（甜品、个人物品、零花钱）。战争似乎对他没有产生什么影响。他除了在两封信件中提及战时的巴黎，在其余给亲友的信中很少涉及这个话题。在一封信中，他讲述了当他发现巴黎为了减弱路灯的亮度而披上了一层蓝光时的惊讶，另一个故事则描述了他在警戒的夜晚在圣路易高中（lycée Saint-Louis）的屋顶上欣赏德军的轰炸。

战争结束时，安托万已经历了三次报考海军学院和一次报考中央理工学院（l'École centrale）的失利，他的年龄对第四次报考来说已经太大了。于是失去目标的他成了巴黎美术学院建筑系的旁听生。教授们看他常常不来上课，相反他成了马拉盖河岸（quai Malaquais）和波拿巴路街角的那家咖啡馆的常客，忙着在本子上写写画画，不过不是在画速写，而是在写诗。二十一岁时，因为要像同龄的年轻人一样服兵役，于是他弃艺从戎。又因为他不能加入自己最向往的海军，于是在 1921 年征兵入伍时，他决心申请加入空军。

后来考试的日子到了，
毕业的日子也到了，
怀着紧张的心情穿过某扇门，
然后一下子，成了大人。

圣克鲁瓦班级照，1910—1911 年。安托万在最后一排右二

谢内圣母院朝圣之旅

谢内圣母院（Notre-Dame-du-Chêne）是萨尔特省（Sarthe）专供圣母玛利亚的小礼拜堂之一。在该省的许多教区，弥撒最后会唱响著名的赞美谢内圣母院的颂歌，这样的传统世代相传。此次朝圣证明勒芒的圣克鲁瓦圣母院的耶稣会会士在那里组织一年一度的出游，朝圣终点是位于萨尔特河畔萨布莱（Sablé-sur-Sarthe）的索莱姆本笃会修道院（l'abbaye bénédictine de Solesmes），是聆听圣歌的圣地。

那天的故事再现了学生们朝圣一路上的欢乐景象，他们脚上是沾满尘土的笨重的木底皮面防湿套鞋，头上是戴得歪歪斜斜的帽子，身上是胡乱裹着的披风，一堆人全挤在学校预订的老马拉的马车车厢里。圣克鲁瓦班上的大多数人都是寄宿生，他们看不起安托万这个走读生。小安托万担心要“像大人一样”徒步走一段朝圣路。

我们要向安托万极具个性化的拼法[1]致敬，他当时已经十岁了，但他的异想天开经常让他受到耶稣会士的强烈指责。当时，拼写这件事在学校可不是闹着玩的！

1 圣－埃克苏佩里在信件中犯了许多拼写错误。

亲爱的妈妈：

我很想再见到你。阿娜伊丝（Anaïs）姨妈要在这里待一个月。今天我和皮埃罗（Pierrot）去圣克鲁瓦学校的一个同学家。我们在他家吃了点心，玩得很开心。今天早上，我在学校领了圣体。接下来我要告诉你我们朝圣的经历：首先要在7点45分到达学校。之后我们排队进入火车站。到了车站后要坐火车坐到萨布莱。到达萨布莱后要改乘马车一直到谢内圣母院，每辆马车车厢里起码有52个人。车厢里里外外挤满了中学生，全是中学生。车厢很长，每辆车由两匹马在拉。我们在车上玩得不亦乐乎。一共五辆马车，两辆载着唱诗班的孩子，三辆载着中学生。到达谢内圣母院后，我们听了弥撒，之后在那儿吃了午饭。护士学校第七、第八、第九、第十组的学生要坐马车去索莱姆（Solème），但我不想坐车，于是申请［和一组二组的同学步行去。我们两百多人的队伍占据了整个街道。午饭过后我们参观圣墓，去神父商店购物。之后我和一组二组的同学步行前往索莱姆。到达后我们继续步行，来到了一座偌大的修道院，但由于时间不足，没能进去参观。在修道院墙脚下我们发现了许多大小不一的大理石。我挑了六块，三块送了人。其中有一块约1.5到2米长，他们让我揣兜里。只是石头太大我根本搬不动。之后，我们在索莱姆的草地上吃了午后点心。我给你写了八页的信。后来我们参加了圣体降福仪式，然后排队去火车站。到车站后我们坐火车回勒芒，于八点到家。我在教理课作文中拿了第五名。

再见，亲爱的妈妈。

全心全意地拥抱您。］

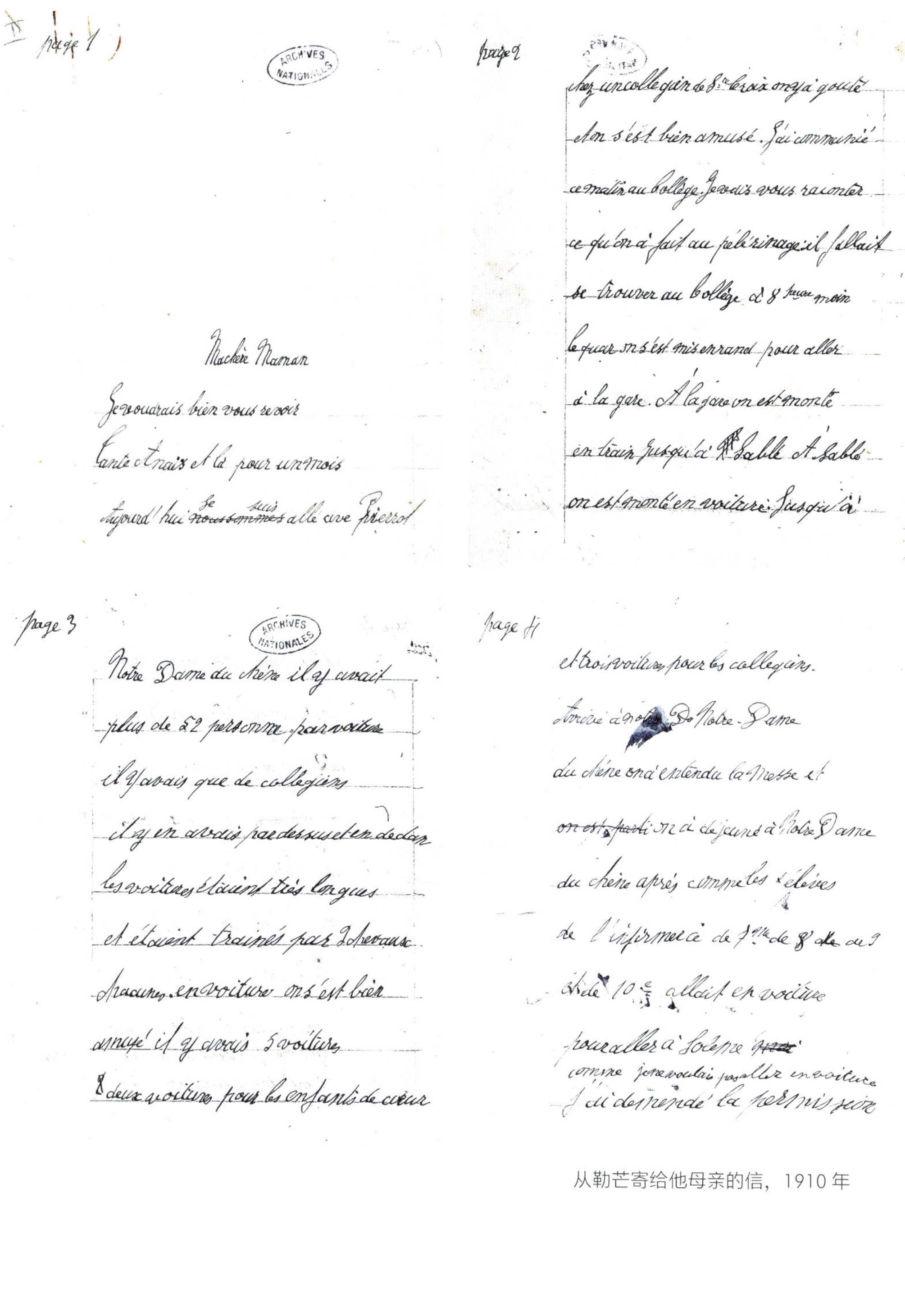

II page 1

Ma chère Maman

Je voudrais bien vous revoir
tante et nais et la pour un mois
aujourd'hui ~~nous sommes~~ je suis allé avec Pierrot

page 2

chez un collégien de Ste Croix on y a goûté
et on s'est bien amusé. J'ai communié
ce matin au Collège. Je vais vous raconter
ce qu'on a fait au pèlerinage il fallait
se trouver au Collège à 8 heures moin
le quar on s'est mis en rang pour aller
à la gare. À la gare on est monté
en train jusqu'à Sablé A Sablé
on est monté en voiture jusqu'à

page 3

Notre Dame du chêne il y avait
plus de 52 personne par voiture
il y avais que de collégiens
il y en avais par dessus et en dedan
les voitures étaient très longues
et étaient traînés par 2 chevaux
chacunes en voiture on s'est bien
amusé il y avais 5 voitures
& deux voitures pour les enfants de cœur

page 4

et trois voitures pour les collégiens.
Arrivé à Notre Dame
du chêne on a entendu la messe et
~~on est parti~~ on a déjeuné à Notre Dame
du chêne après comme les élèves
de l'infirmerie de 7me de 8e et de 9
et de 10e allait en voiture
pour aller à Solesme
comme je ne voulais pas aller en voiture
j'ai demendé la permission

从勒芒寄给他母亲的信，1910 年

圣莫里斯德雷芒，1914 年

圣莫里斯的小火炉

“在某个地方有长满黑色冷杉和椴树的花园，还有一栋我喜欢的老房子。”

圣莫里斯德雷芒城堡是玛丽·德·圣－埃克苏佩里的姨妈特里戈伯爵夫人的府邸，在比热地区（le Bugey）距昂贝略（Ambérieu）几公里的地方。1896年6月6日，安托万的父母就在这里举行了婚礼。五个孩子在这儿的花园里打造了他们共同的回忆。而1917年夏天，年纪轻轻的弗朗索瓦也是在这里离开了人世。

特里戈姨妈在1919年4月去世后将圣莫里斯城堡留给了外甥女玛丽·德·圣－埃克苏佩里，但不幸的是，玛丽没有足够的资金去维护城堡。尽管尽了最大的努力，保住这个产业对她来说仍是不可能之事。后来，圣莫里斯城堡于1932年被卖给了里昂市教育基金会。

［我所知道的最“美好”、最宁静、最亲切的东西就是圣莫里斯楼上房间的小火炉。从没有什么能让我对生活感到如此安心。当我在夜里醒来，它像个转动的陀螺呼呼作响，在墙上映出曼妙的影子。我不知道］为什么联想到了一只忠诚的贵宾犬。这个小炉子保护我们免受一切伤害。有时您上楼打开门，发现热腾腾的暖意包围着我们。您听它呼呼的声音正酣，就下楼了。我从没有过这样的朋友。教给我浩瀚无垠的不是银河，不是航空，也不是大海，而是您房间里的第二张床。生病真是绝佳的机会。我们都渴望轮到自己生病。流感让我们得到的关爱像无边的海洋。还有一个热气腾腾的壁炉。教给我永恒的，是玛格丽特小姐。我不确定童年之后自己是否还有过这样的感受。如今，我在写一本关于夜航的书。但在内心深处，这是一本关于黑夜的书。（只有在晚上九点之后，我才会感受到这一切。）开头是这样的，是对黑夜的最初回忆：“夜幕降临，我们在前厅做梦。我们等着灯光经过：人们捧着灯盏就像抱着一束束鲜花，每盏灯都在墙上摇曳出美丽的影子，像棕榈叶。然后幻景翻转，人们关上客厅的门，光束和昏暗的棕榈叶消失了。于是，这一天对我们而言已经结束了，［在我们儿时的小床上，我们被带往新的一天。”］……

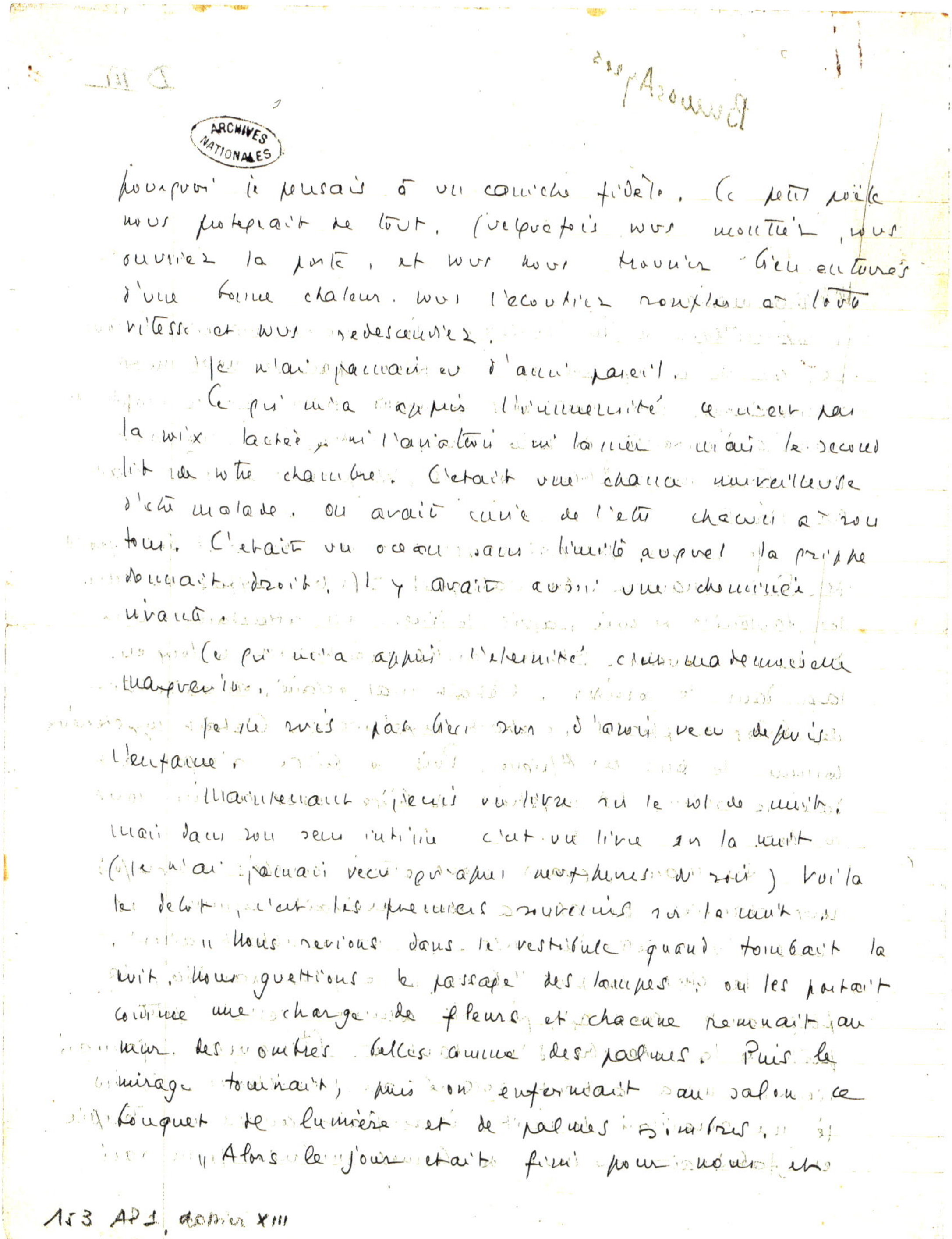

D III

Buenos Ayres

pourquoi je pensais à un concierge fidèle. Ce petit poêle nous protégeait de tout. Quelquefois vous montiez, vous ouvriez la porte, et vous nous trouviez bien entourés d'une bonne chaleur. Vous l'écoutiez ronfler à toute vitesse et vous redescendiez.

Je n'ai jamais eu d'ami pareil.

Ce qui m'a appris l'immensité ce n'est pas la voix lactée, ni l'aviation, ni la mer, mais le second lit de votre chambre. C'était une chance merveilleuse d'être malade. On avait envie de l'être chacun à son tour. C'était un océan sans limite auquel la grippe donnait droit. Il y avait aussi une cheminée vivante.

Ce qui m'a appris l'éternité c'est mademoiselle Marguerite.

Je ne suis pas bien sûr d'avoir vécu depuis l'enfance.

Maintenant j'écris un livre sur le vol de nuit. Mais dans son sens intime c'est un livre sur la nuit. (Je n'ai jamais vécu qu'après neuf heures du soir.) Voilà le début, c'est les premiers souvenirs sur la nuit :

« Nous rêvions dans le vestibule quand tombait la nuit. Nous guettions le passage des lampes : on les portait comme une charge de fleurs et chacune remuait au mur des ombres belles comme des palmes. Puis le mirage tournait, puis on enfermait au salon ce bouquet de lumière et de palmes sombres.

Alors le jour était fini pour nous et

安托万写给母亲的一封信的片段，1930 年 1 月，布宜诺斯艾利斯

勒芒圣克鲁瓦教会中学初四[1]的班级，1914 年
安托万·德·圣－埃克苏佩里站在最后一排右二

1 法国中学学制七年，其中初中四年（sixième, cinquième, quatrième, troisième），高中三年（seconde, première, terminale）。

帽子历险记

安托万当时十三岁，要写一篇作文，题目不限，于是他决定写一个完整的小故事。作文得到了“恺撒”的好评，“恺撒”是洛奈（Launay）神父的绰号，他发现这个年轻学生风格独特。尽管评语有所保留：“良好。拼写错误太多。文风有时稍显拖沓”，他还是打了一个好分数（13/20），因为拼写错误实在太多，很快又改成了 12/20，但“恺撒”让班上同学点评这篇文章就花了两个多小时。也正是这篇文章让安托万成了 1914 年“年度最佳作文”的获得者。

让我们一起回顾一下这篇黑色丝织高礼帽的故事吧：一开始，它被一位优雅的绅士买下并佩戴；后来，帽子被主人送给了他的马车夫做结婚礼物；但马车夫没有戴多久就把帽子卖给了旧货商人。一个叫马蒂厄（Mathieu）的人听了他妻子卡罗琳（Caroline，和圣克鲁瓦高中的钟楼同名）的建议，从旧货商人那里买下了这顶帽子。后来有一天刮大风，帽子被吹到了塞纳河上，又被一个捡破烂的人捡了去，转卖到非洲尼日尔（Niger）国王班布（Bam-Boum）二世的手中。这位国王再也没有和这顶帽子分开过。

我出生在一家大型制帽厂。几天以来，我受尽各种折磨：人们把我切开、拉紧，然后喷漆。最终，一天晚上，我和我的帽子兄弟们一起被送到了巴黎最大的帽商那里。

有人把我放在橱窗里，我是陈列架上两顶最高的礼帽之一。我熠熠生辉，没有哪位路过的女子不借我的漆的光泽自我顾盼；我如此优雅，没有哪位高贵的绅士不对我投来渴望的目光。

我悠闲度日，[等待有朝一日在世上闪亮登场。]

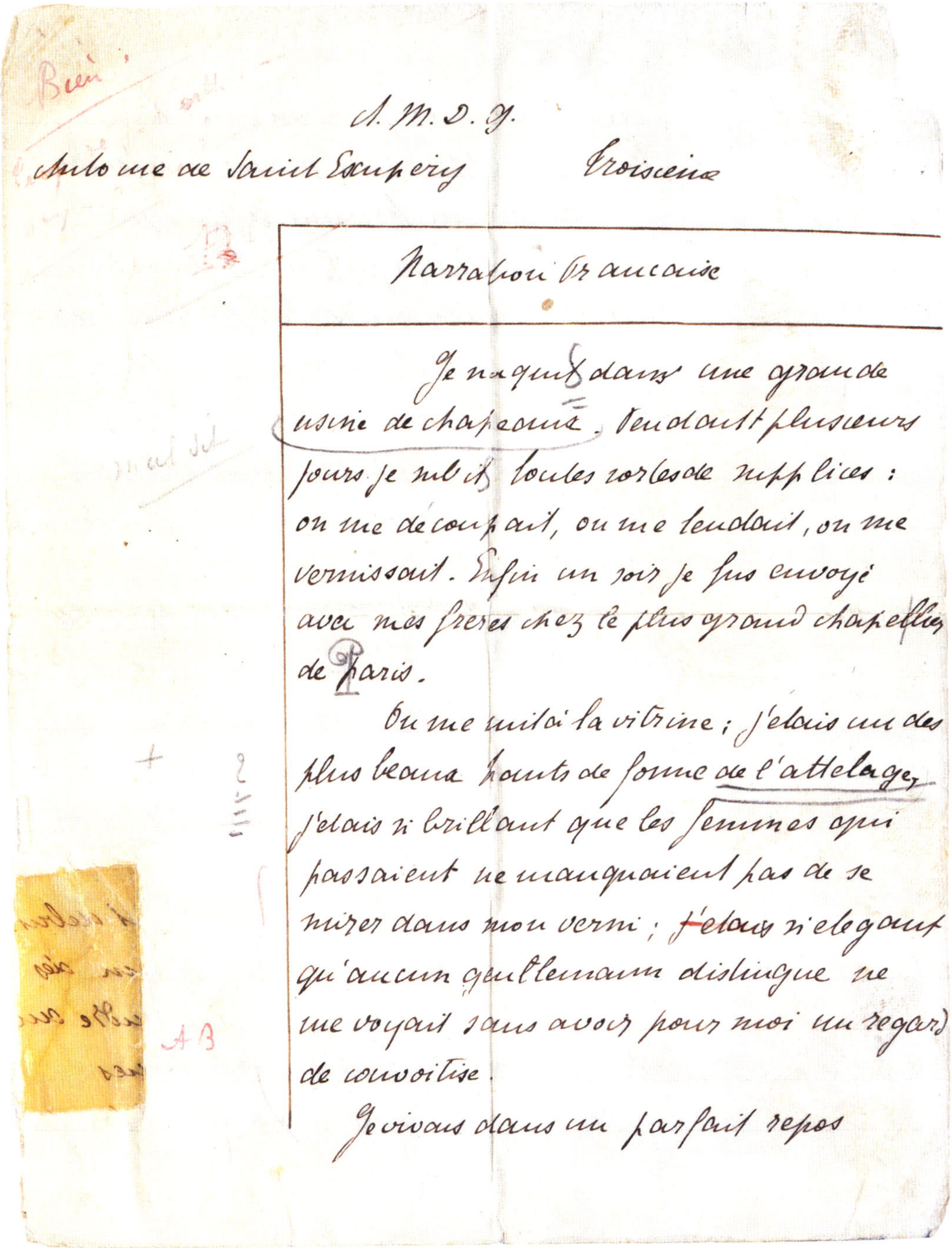

Bien ;

A. M. D. G.

Antoine de Saint Exupéry Troisième

Narration française

Je naquis dans une grande usine de chapeaux. Pendant plusieurs jours je subis toutes sortes de supplices : on me découpait, on me tendait, on me vernissait. Enfin un soir je fus envoyé avec mes frères chez le plus grand chapelier de Paris.

On me mit à la vitrine ; j'étais un des plus beaux hauts de forme de l'étalage ; j'étais si brillant que les femmes qui passaient ne manquaient pas de se mirer dans mon vernis ; j'étais si élégant qu'aucun gentleman distingué ne me voyait sans avoir pour moi un regard de convoitise.

Je vivais dans un parfait repos

安托万·德·圣－埃克苏佩初四作文《帽子历险记》的手稿，勒芒，1914 年

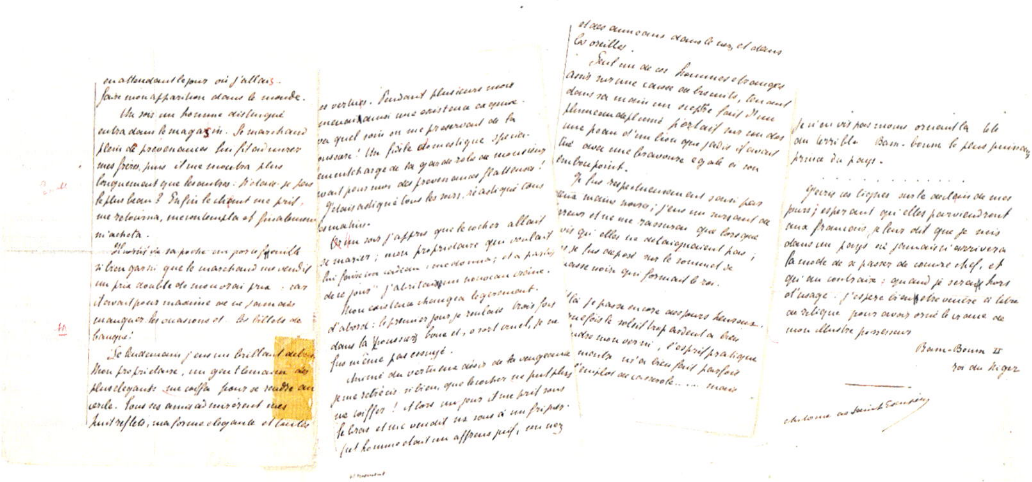

作文《帽子历险记》的另外几页

我美丽的小桥

和那个时代所有年轻小姑娘一样，西内提（Sinéty）家安托万的表姐妹们都有一些小本子，她们会让周围亲近的人写几行文字，配图或不配图。安托万很喜欢做这件事，还写了几首诗，《我美丽的小桥》（*Mon joli pont*）是送给表姐勒内（Renée）的，并写在她的纪念册上。配了精美插画的诗句唤起了他的记忆，那座横跨帕塞（Passay）城堡护城河的小桥，帕塞城堡是西内提家位于萨尔特省勒芒郊区的府邸。

安托万写这首诗时大概十二岁，他的灵感来自对自然的热爱和对这些熟悉的地方的依恋。

一座颤颤巍巍的小桥
横跨河的两岸
桥身爬满常春藤
光影变幻
让晃晃悠悠的木头变得迷人

我美丽的乡间小桥，
它既不壮观也不精致
也鲜有艺术气息
但有种神秘的东西
让它在水上熠熠生辉

有时，一只漂亮的燕雀
来到它的影子下休憩
无论哪个季节
都有成群的黄莺
来这里唱歌

小桥应该有些年头了
水中映着它粉红色的倒影
每一天，每一次日落
它柔和忧郁的色调
勾起无限遐思

[我爱这座摇摇晃晃的老桥
我对它的爱如此温柔
让我总想去到那里
在沉睡的木头的阴影里
躺一小会儿

有一天我很伤心
我朝河边走去
想看看我那座爬满常春藤的桥
却发现在地上
散落着几块积满尘土的残片

重建后
它不再是我爱的那座桥了
永远都不是曾经的那一座了
我寻找着它最后的碎片
为我的老朋友哭泣……

忆友人
安托万·德·圣-埃克苏佩里]

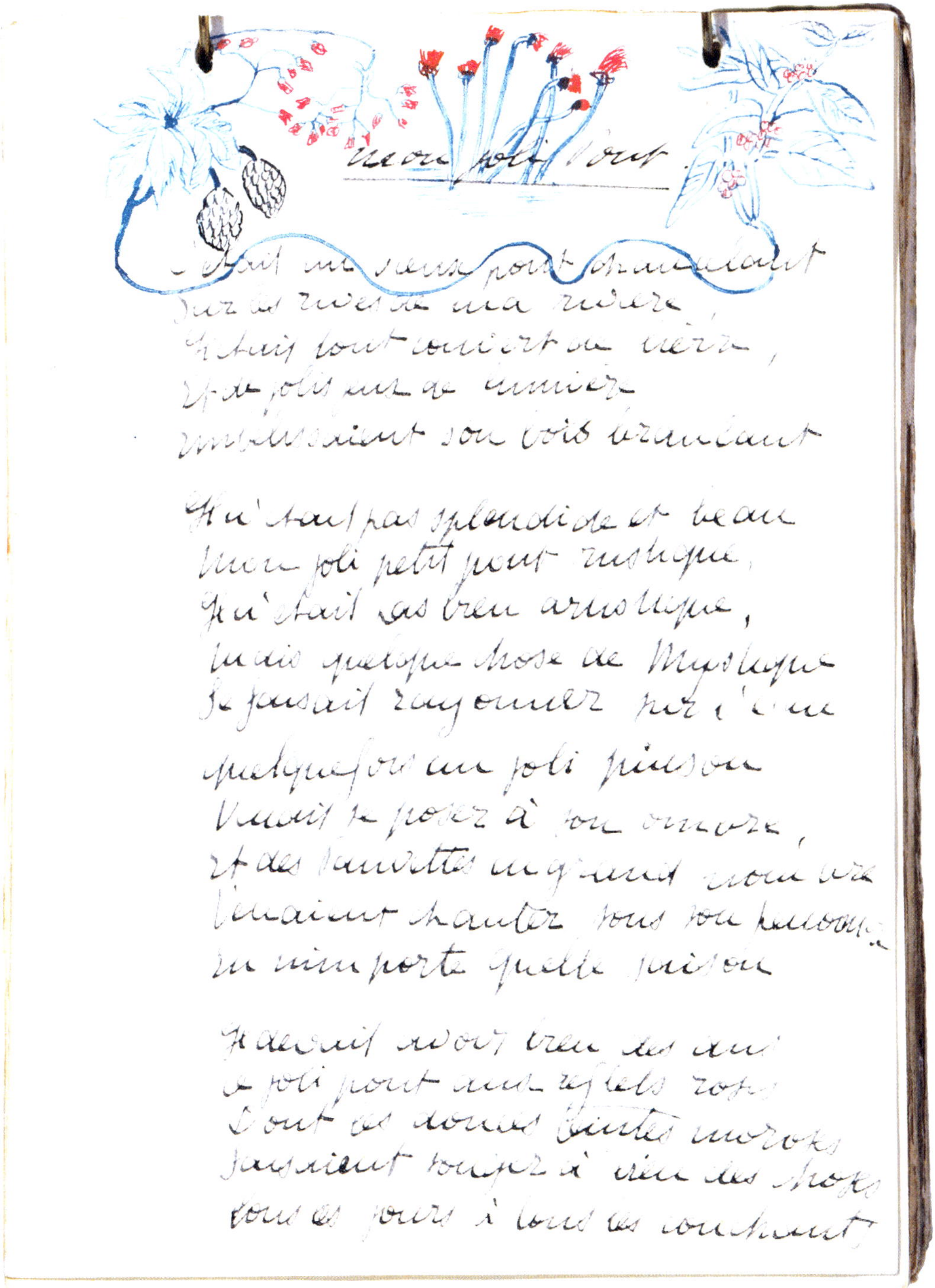

Mon joli pont

C'était un vieux pont chancelant
Sur les rives de ma rivière,
Il était tout couvert de lierre,
Et de jolis rais de lumière
Embellissaient son bois branlant

Qu'il était pas splendide et beau
Mon joli petit pont rustique,
Qui n'était pas bien artistique,
Mais quelque chose de mystique
Le faisait rayonner sur l'eau

Quelquefois un joli pinson
Venait se poser à son ombre,
Et des fauvettes en grand nombre
Venaient chanter sous son balcon
En n'importe quelle saison

Il devait avoir bien des amis
Ce joli pont aux reflets roses
Dont les douces teintes moroses
Faisaient songer à bien des choses
Tous les jours à tous les couchants

安托万在一个表姐的本子上写的未发表手稿

六岁的安托万和姨妈“玛德”·德·丰斯科隆布，玛丽·德·圣-埃克苏佩里的妹妹

“当我六岁时……”

《小王子》以一幅不像蟒蛇的画作为开篇，以小王子的离开作为结尾。在故事最后，小王子为了回到自己的星球，在沙漠里故意让一条黄蛇给咬了。在此期间，书中的主要角色如小王子、叙事者、玫瑰、蛇和狐狸都在作者的笔下和颜料中诞生。

因为难以忍受纽约的炎热，圣-埃克苏佩里便在新泽西（New Jersey）租了贝文公馆的房子，打算在那里度过 1942 年的夏天。应出版社要求，他投入到一本童书的创作中，他还推荐朋友贝尔纳·拉莫特为这本书画插图。但拉莫特做了几次不同的尝试，圣-埃克苏佩里都不满意，最后决定自己来为文字画插图。铅笔和水彩颜料堆成了小山，他一整个夏天都在写作和画画。这本书原本定于圣诞节出版，但直到第二年春天才问世，刚好在圣-埃克苏佩里去北非的前夕。

当我六岁时，有一次，我看到了一幅奇妙的图画。画的是一条蟒蛇正在吞食一头猛兽。大概就是下面这个样子：

但我当时不会画画。[我]有一次画成这样，这是我的第一幅画。

我拿给大人们看，问他们："这是什么？"他们回答说是一顶帽子。可我画的不是帽子。而是一条正在吞食大象的蟒蛇。蟒蛇将猎物囫囵吞下，嚼也不嚼。然后在接下来的六个月里就一直睡觉。它一年只进食两次。六个月后，蟒蛇重新变得纤细苗条。我画了一幅画向大人们解释，

我把蟒蛇肚子里的情形画出来。那是我第二幅画。大人们建议我把心思放在语法上。我不情不愿地学了历史、算数和语法，之后再也没有画过画了。大人们总需要听很多解释。他们学了太多的历史、算数和语法。但对孩子来说，总要没完没了地跟他们解释，这可真够累人的。

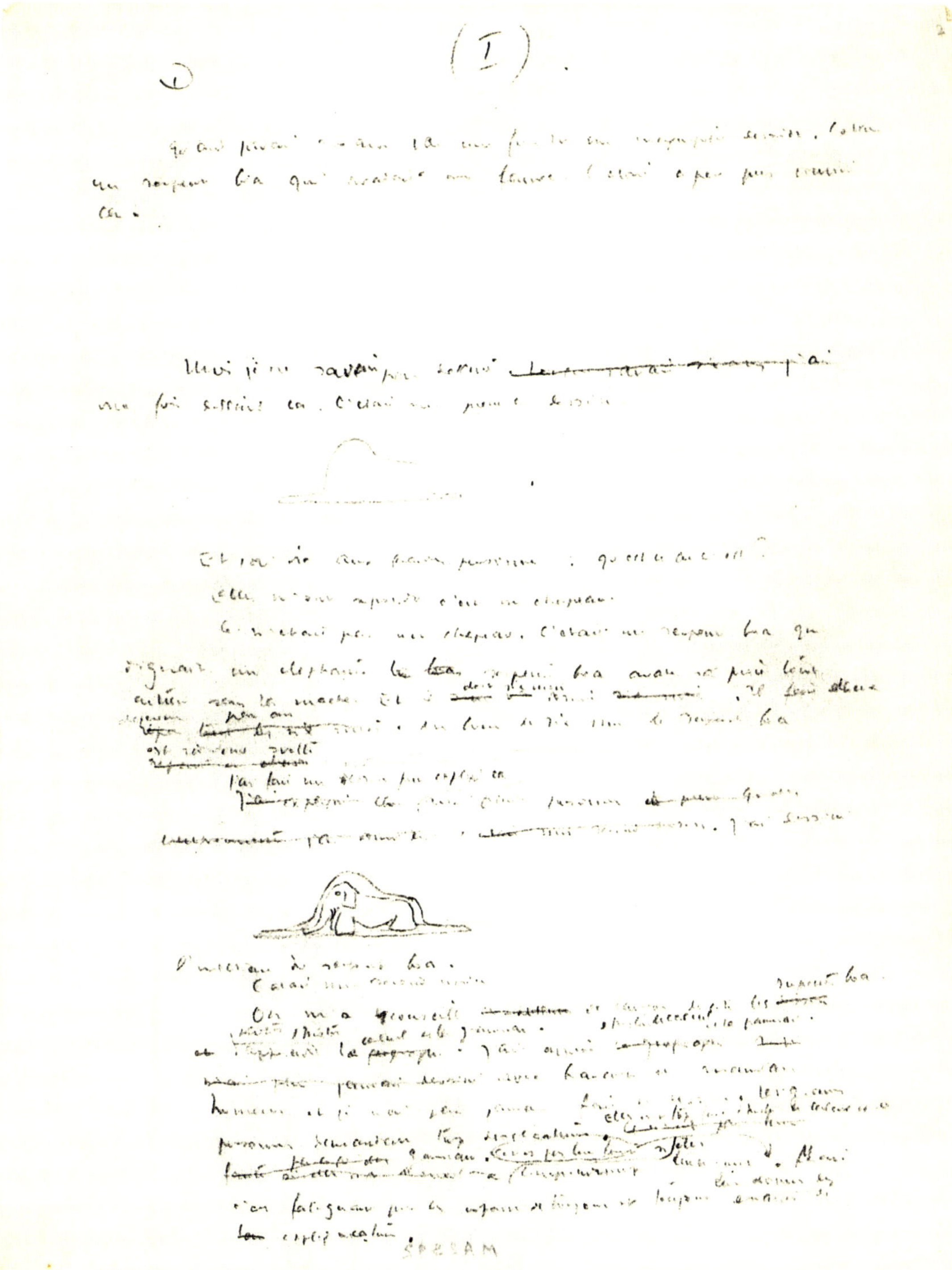

准备阶段的《小王子》配图手稿

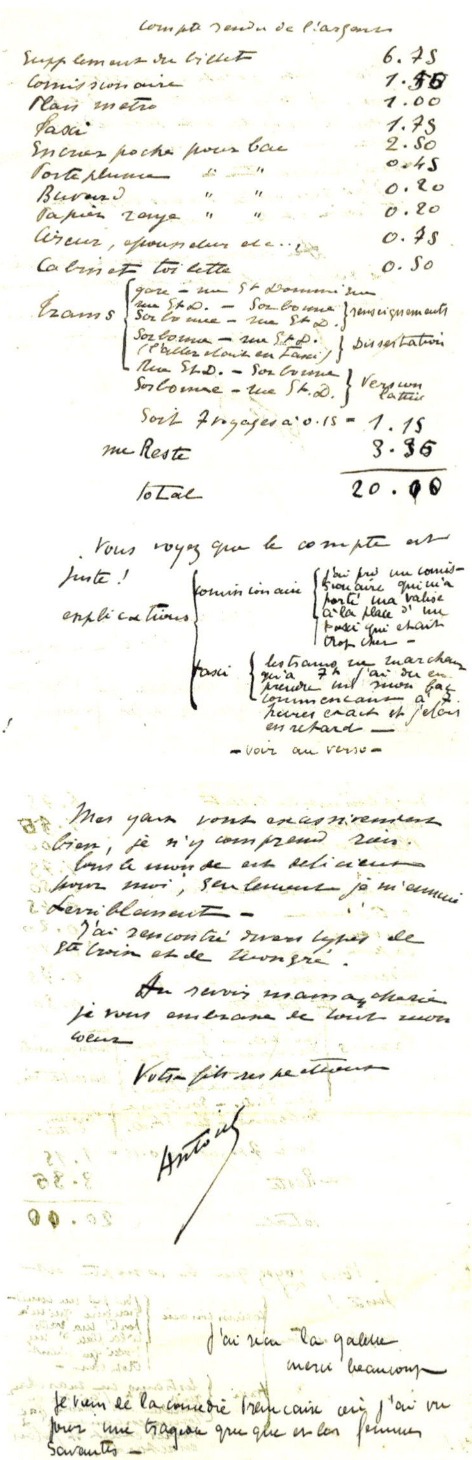

Compte rendu de l'argent

Supplément du billet	6.75
Commissionnaire	1.50
Plan métro	1.00
Taxi	1.75
Encrier poche pour bac	2.50
Porte plume " "	0.45
Buvard " "	0.20
Papier rayé " "	0.20
Cireur, époussetage etc...	0.75
Cabinet toilette	0.50

Trams
- gare – rue St Dominique; rue St D. – Sorbonne; Sorbonne – rue St D. : renseignements
- Sorbonne – rue St D. (l'aller était en taxi) : Dissertation
- Rue St D. – Sorbonne; Sorbonne – rue St D. : Version latine

Soit 7 voyages à 0.15 = 1.15

me Reste 3.36

Total 20.00

Vous voyez que le compte est juste!

explications
- Commissionnaire: J'ai pris un commissionnaire qui m'a porté ma valise à la place d'un taxi qui était trop cher –
- Taxi: les trams ne marchant qu'à 7h j'ai dû en prendre un mon bac commençant à 7 heures exact et j'étais en retard –

– voir au verso –

Mes yeux vont extraordinairement bien, je n'y comprend rien. Tout le monde est délicieux pour moi, seulement je m'ennuie terriblement –

J'ai rencontré divers types de St Croix et de Mongré.

Au revoir maman chérie je vous embrasse de tout mon cœur

Votre fils respectueux

Antoine

J'ai reçu la galette merci beaucoup –

Je viens de la comédie française où j'ai vu pour une tragique grecque et les Femmes savantes –

账单

补票	6.75
搬运工	1.50
地铁线路图	1.00
出租车	1.75
会考用的墨水袋	2.50
吸墨纸	0.45
红纸	0.20
打蜡、除尘等	0.75
洗手间	0.50

有轨电车
- 火车站—圣多米尼克街；圣多米尼克街—索邦；索邦—圣多米尼克街：咨询
- 索邦—圣多米尼克街（去程是出租车）：作文
- 圣多米尼克街—索邦；索邦—圣多米尼克街：拉丁语翻译

共计坐了7趟车，每趟0.15 =	1.15
剩下	3.36
共计	20.00

您瞧，账目是对的！

解释
- 搬运工：我找了一个搬运工把我的行李搬到出租车上，价格太贵了
- 出租车：有轨电车7点才开，我只好打了一辆出租车，因为我的会考7点整开始，我已经迟了

见反面

我的视力出奇的好，我不明白是什么缘故。

所有人都对我很好，只是我感觉百无聊赖。

我碰到圣克鲁瓦中学和蒙格雷中学的好几个同学

再见，亲爱的妈妈，我全心全意地拥抱您

敬爱您的儿子

安托万

钱收到了，非常感谢。

我刚从法兰西喜剧院出来，我在那里看了一出希腊悲剧和《女学究》。

安托万寄给他母亲的未发表信件，1916年

安托万通过了高中毕业会考

在勒芒的圣克鲁瓦中学走读了几年后，安托万和弗朗索瓦与母亲间的关系变得更加亲密了。1914 年母亲在离圣莫里斯不远的昂贝略昂比热（Ambérieu-en-Bugey）火车站建了一个医护站。为了和孩子们靠近点儿，她让安托万和弗朗索瓦在耶稣会士开办的位于索恩河畔自由城的蒙格雷中学注册上学。学校严格的规章制度令孩子们沮丧，以至于他们回到勒芒的圣克鲁瓦中学完成了第一学期的学业，然后被送到弗里堡的圣让别墅的玛利亚会会士手中，这所学校的教学体系与巴黎的斯坦尼斯拉斯中学相似。就是在那里，安托万与路易·德·博纳维（Louis de Bonnevie）和夏尔·萨莱斯（Charles Sallès）建立了诚挚的友情。

尽管学习成绩一般，安托万还是通过了文学毕业会考。考试分两次进行（高二期末和高三期末），安托尼 1916 年在巴黎、1917 年在里昂通过考试。

亲爱的母亲：

我现在从索邦大学出来，在那里我刚刚做完我和邻居的拉丁语作文，我邻居是个很友善的男生，但学习一无是处，明天我还要帮他做希腊语的翻译作业……

虽然翻译作业一点也不简单，但我相信我能很好地完成，至于法语作业，三个题目一个比一个无聊，我选了一个不那么愚蠢的，我做得也毫无出彩之处！

后天，我有口试（如果上帝保佑我笔试通过的话！）……我会如何走出基内（Quinet）阶梯教室呢？真是不确定啊。周五，维尤特雷（Villoutreys）会去丰斯科隆布姨妈家，这可是一件好事。

圣马尔（Saint-Mares）的叔叔（？）邀请我去他家待（？）四天。我想不起来那是在哪儿了：肯定会是趟美妙之旅，因为能听到大炮声音，到处都是战壕。只是我的钱包（这是个隐喻，因为我没有钱包），我的钱包不是金矿（还是个隐喻，我太了不起了！）。钱剩得不多了！

请寄点钱给我，如果您有的话（用电汇）！

昨天和今天天气都很不好，我对此感到高兴！可惜，天气要转好了！让希腊语翻译作业见鬼去吧！

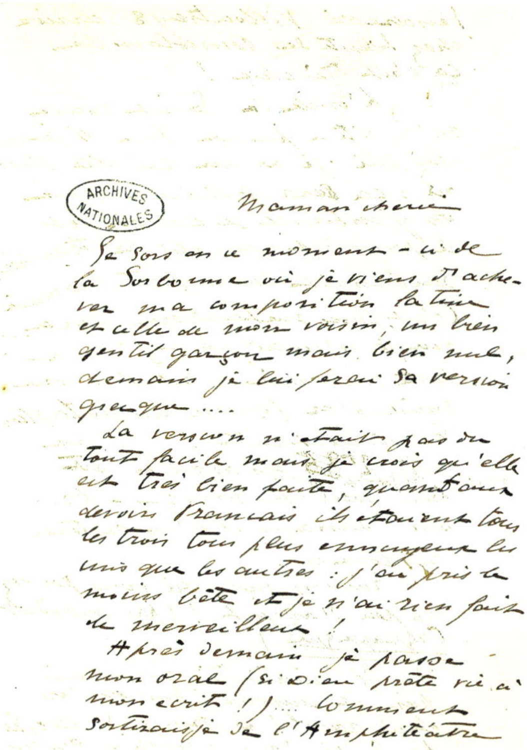

Maman chérie

Je sors en ce moment-ci de la Sorbonne où je viens d'achever ma composition latine et celle de mon voisin, un bien gentil garçon mais bien nul, demain je lui ferai sa version grecque....

La version n'était pas du tout facile mais je crois qu'elle est très bien faite, quant aux devoirs Français ils étaient tous les trois tous plus ennuyeux les uns que les autres : j'ai pris le moins bête et je n'ai rien fait de merveilleux !

Après demain je passe mon oral (si Dieu prête vie à mon écrit !)... Comment sortirai-je de l'Amphithéâtre

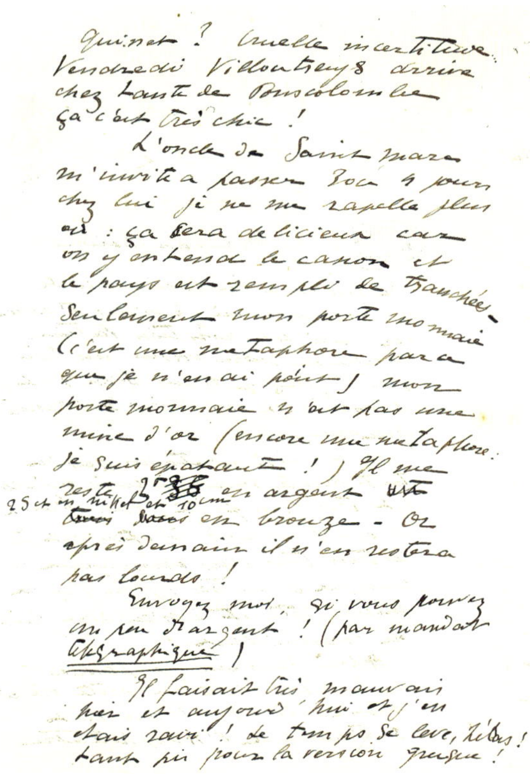

Quinet ? Quelle incertitude.
Vendredi Villoutreys 8 arrive chez tante de Pouscolombe ça c'est très chic !

L'oncle de Saint Marc m'invite à passer 3 ou 4 jours chez lui je ne me rapelle plus où : ça sera délicieux car on y entend le canon et le pays est rempli de tranchées.
Seulement mon porte monnaie (c'est une métaphore parce que je n'en ai point) mon porte monnaie n'est pas une mine d'or (encore une métaphore. Je suis épatant !) Il me reste 3 fr 35 en argent 25 ct en nickel et 10 cm sous en bronze - Or après demain il n'en restera pas lourds !

Envoyez moi si vous pouvez un peu d'argent ! (par mandat télégraphique)

Il faisait très mauvais hier et aujourd'hui et j'en étais ravi ! Le temps se lève, hélas ! tant pis pour la version grecque !

安托万写给母亲的一封未发表信件，
1916 年

博絮埃中学的寄宿生安托万·德·圣-埃克苏佩里，1918—1919年

数学！

顺利通过文科毕业会考后，安托万却开始为一份对数学和科学有着高要求的职业做起了准备。因为他决定报考法国海军学院，所以在巴黎的圣路易中学备考。为了重建大战中受损的军队，政府决定在 1919 年春秋各设一场考试。于是安托万在夏天花了一段时间去贝桑松（Besançon）补习德语，尽管如此，考试中这门科目仍是他的弱项。十一月他通过了初试，却败在了口试上，这一轮考试一百一十二名复试生里只录取六十名。

于是他家的友人便说服他去巴黎中央理工学院碰碰运气（离开备考海军学院的“船队”，加入到备考中央理工学院“活塞队”的行列！），为此，他寄宿在卢森堡公园另一侧的博絮埃中学，以便在圣路易中学继续备考。接着是再次落榜。可他仍旧没有泄气，在新的一年最后一次报考了海军学院，然而还是止步于复试。这一系列打击终于熄灭了他进入“大学校”（grande école）的热望，转而暂时选择巴黎美术学院就读。

［……］您待在南方真是幸运，但我去不了。您都多久没给我写信了？我这边天气阴沉沉的，糟心透了，还冷得要死……脚上都长冻疮了……脑袋也冻僵了，因为数学让我头都大了。真好笑，讨论双曲抛物面的问题时我不知所云，做无穷大的题目时又晕晕乎乎，花好几个小时在一些所谓虚数上绞尽脑汁，被称作虚数是因为这些不是真实存在的数字（而实数只是特例），以及求二阶微积分，还有……还有……**真见鬼！**

这重重的感叹号把我从这种自我麻醉中拽出来，让我清醒点儿了。我跟 QQ' 也就是帕热斯（Pagès）先生聊过了，把钱给了他：您本该交给他的是 405 法郎，不过他会把多余的钱算到下学期的学费里。他说我的数学还有希望，这让我心里稍微好受些。尽管我还是有些沮丧，但您不必担心，一切都会过去的！幸好，您现在在美丽的南方！跟贴心的蒂希（Diche）[1] 在一块儿，您的晚年生活也得到了慰藉。

我把一些若尔丹夫人（Mme Jordan）之流的小书带到这儿来了，读得我目瞪口呆。我觉得这些小书大有益处。明天我再去找她要几本。还有一部不错的戏剧，有道德教育意义，叫《损坏的货物》(« Les Avariés »)，我想应该是布里厄 [2] 写的。信就写到这里，亲爱的妈妈，没什么要跟您说了，全身心地拥抱您并请您像从前一样每天给我写信！

敬爱您的儿子，

安托万

1　安托万的妹妹加布里埃尔·德·圣－埃克苏佩里的昵称，除此之外，家人也会叫她蒂蒂（Didi）。

2　欧仁·布里厄（Eugène Brieux，1858—1932），法国剧作家，代表作有《损坏的货物》《独立的女人》等。

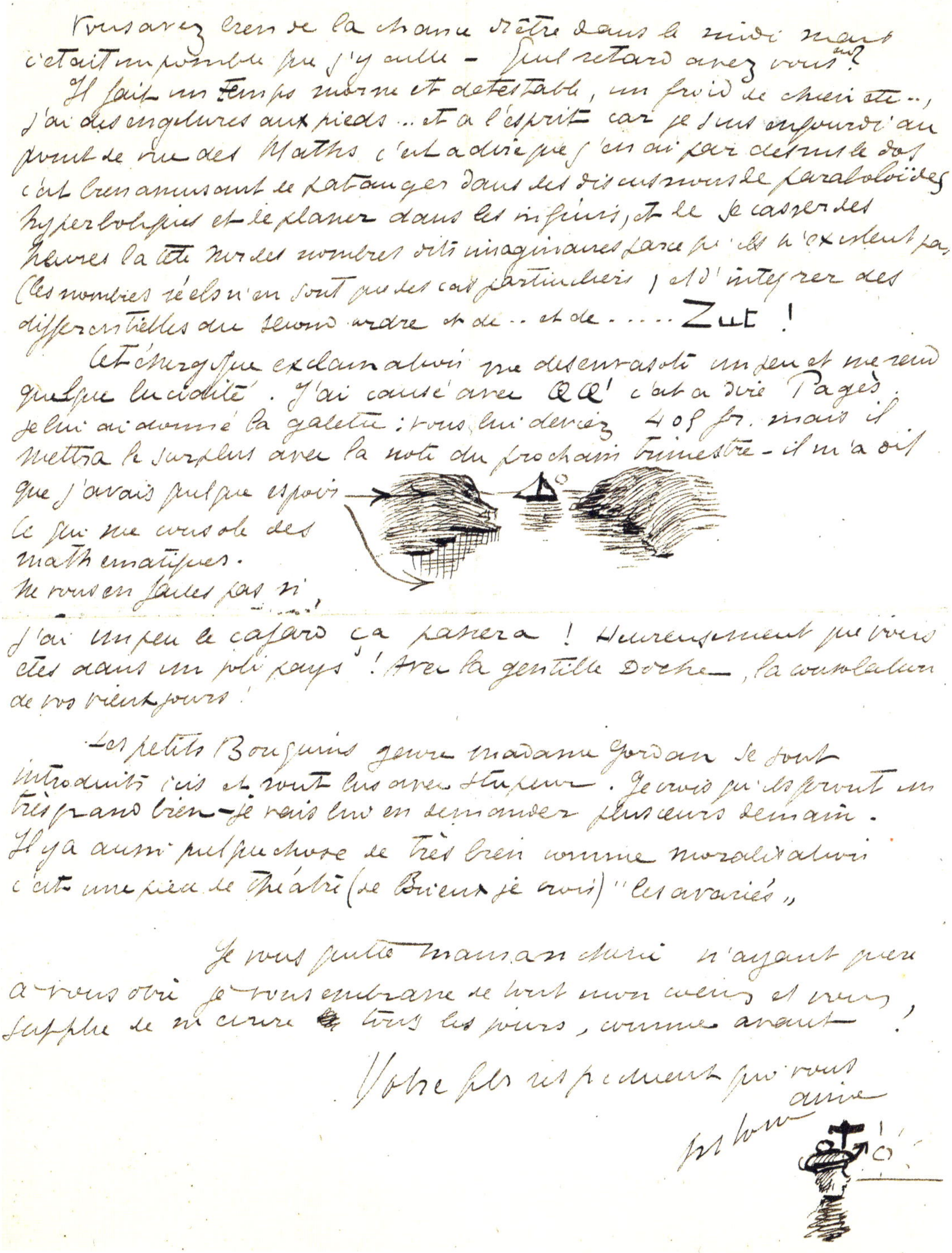

Vous avez bien de la chance d'être dans le midi mais c'était impossible que j'y aille – Quel retard avez-vous eu ?

Il fait un temps morne et détestable, un froid de chien etc.., j'ai des engelures aux pieds.. et à l'esprit car je suis aujourd'hui au point de vue des Maths c'est-à-dire que j'en ai par-dessus le dos c'est bien amusant de patauger dans les discussions de paraboloïdes hyperboliques et de planer dans les infinis, et de se casser des heures la tête sur des nombres dits imaginaires parce qu'ils n'existent pas (les nombres réels n'en sont que des cas particuliers), et d'intégrer des différentielles du second ordre et de.. et de.... Zut !

Cet énergique exclamation me désenrasote un peu et me rend quelque lucidité. J'ai causé avec QQ' c'est-à-dire Pagès, je lui ai donné la galette : vous lui devez 40 f. mais il mettra le surplus avec la note du prochain trimestre – il m'a dit que j'avais quelque espoir ce qui me console des mathématiques.

Ne vous en faites pas si.. j'ai un peu le cafard ça passera ! Heureusement que vous êtes dans un joli pays ! Avec la gentille Doche, la consolation de vos vieux jours !

Les petits Bouquins genre madame Gordan se sont introduits ici et sont lus avec stupeur. Je crois qu'ils feront un très grand bien – je vais leur en demander plusieurs demain. Il y a aussi quelque chose de très bien comme moralisation c'est une pièce de théâtre (de Brieux je crois) "Les avariés".

Je vous quitte maman chérie n'ayant rien à vous dire je vous embrasse de tout mon cœur et vous supplie de m'écrire tous les jours, comme avant !

Votre fils respectueux qui vous aime

安托万在巴黎圣路易中学写给他母亲的配图信的片段，1918 年

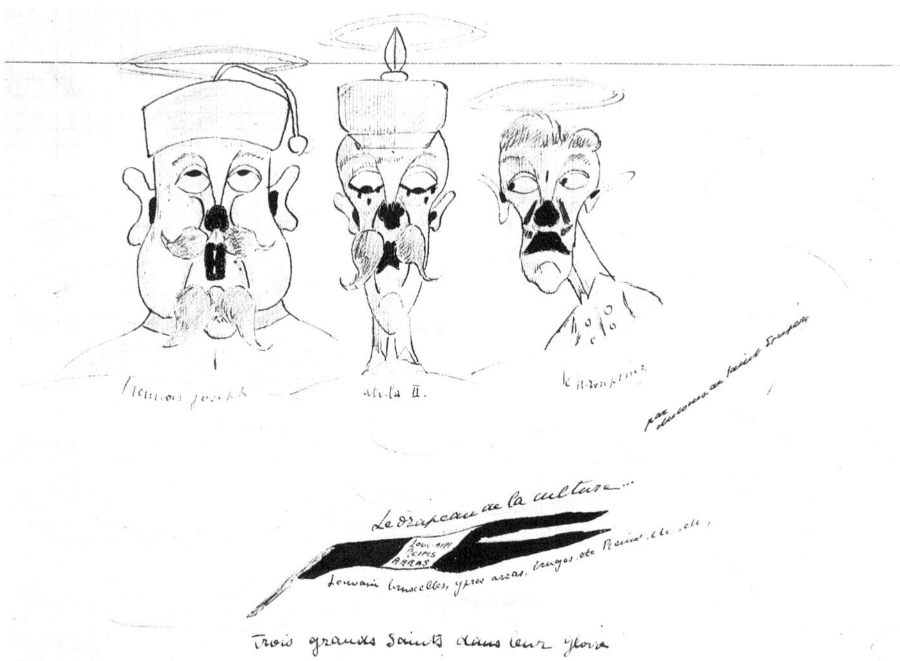

《德国佬的几幅画像》，安托万·德·圣－埃克苏佩里，1914 年

德军轰炸巴黎

1918 年春，在巴黎经历的那场战争似乎并没有给正在圣路易高中就读的年轻寄宿生留下深刻的印象。当时德军离首都巴黎很近，在贝尔莎大炮（Grosse Bertha）的狂轰滥炸下，空军给那一带造成了重大损失。从 2 月到 6 月发生了很多次空袭，这些袭击让民众感到恐慌，却让学生们感到兴奋。他们拒绝去防空洞，反而爬上学校的房顶欣赏当时的盛况："飞机探照灯的一道道光束穿透苍穹，发射器留下的尾迹纵横交错，如同仙境。我们听着机枪声，更多的是响个不停的炮声，砰……砰砰……砰砰砰……砰砰……我们时不时会看到火光，听到炸弹的爆炸声，'哥们，交上火了——还要你说！'。我看到一架着火的法国飞机坠毁（因为被德国佬击落了好几架），它就像一个巨大的火炬。"

[……] 两轮空袭刚过，所有人都在逃命，火车站里人挨人、人挤人、全是人，场面陷入极度恐慌。很明显，要是今晚轰炸机再次出动，要是明天中午十二点前我没有收到您的电报的话，那么无论想要逃往哪个方向都无济于事了。

到处一片恐慌。您尽快给我发个电报，告诉我去哪儿取票！我现在一切都好。我收到外祖父的一封信，信里他告诉我，勒芒挤满从巴黎逃出来的巴黎人：真是一群胆小鬼！就为这点小事，我们大可不必烦恼，相反，我们觉得很好玩，我们满足于听天由命地在墙上写："哥达战略轰炸机（Gothas）什么时候会在乱糟糟的圣路易中学投下炸弹呢？"只不过，一半的夜晚（？）人们都躲在地下室度过，这太让人筋疲力尽了。再见，亲爱的妈妈，深情地拥抱您！

天哪！刚刚从圣但尼（Saint-Denis）方向具体不知从哪儿（？）传来了可怕的爆炸声，学校所有的窗玻璃都碎了。刚刚我们所有人都爬到屋顶上看。只见一股浓烟滚滚，太魔幻了，太不可思议了。

又及：我们刚刚得知是一个工厂完全被炸毁了。

拥抱您。

安托万

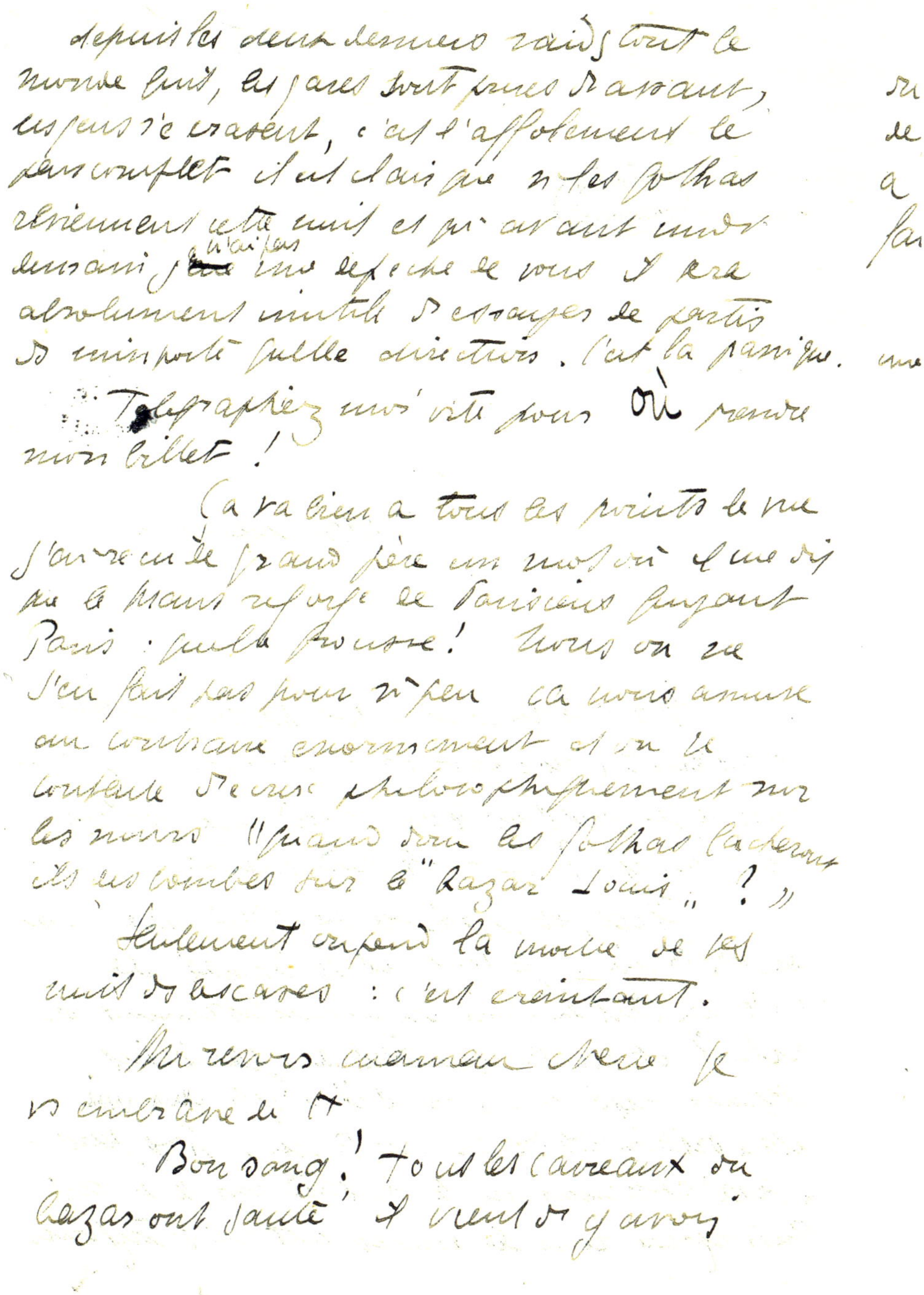

depuis les deux derniers raids tout le monde fuit, les gares sont prises d'assaut, les gens s'écrasent, c'est l'affolement le plus complet. Il est clair que si les Gothas reviennent cette nuit et qu'avant lundi je n'ai pas une dépêche de vous il sera absolument inutile d'essayer de partir dans n'importe quelle direction. C'est la panique.

Télégraphiez moi vite pour où prendre mon billet !

Ça va bien à tous les points de vue. J'ai reçu de grand père un mot où il me dit que la masse énorme de Parisiens fuyant Paris : quelle frousse ! Nous on ne s'en fait pas pour si peu ça nous amuse au contraire énormément et on se contente d'écrire philosophiquement sur les murs "quand donc les Gothas lâcheront-ils les bombes sur le "Lazar Louis" ? "

Seulement on perd la moitié de ces nuits dans les caves : c'est éreintant.

Au revoir maman chérie je vous embrasse et et

Bon sang ! tous les carreaux du Lazar ont sauté il vient d'y avoir

安托万写给母亲的一封未发表信的片段，1918 年 4 月

Cher Léon Werth

J'aurais bien voulu vous embrasser mais Consuelo va venir me prendre et je lui ai promis de déjeuner avec elle.

Je tâcherai de vous revoir avant de repartir.

NB : la poule Soissons s'est trouvée très bien. La Seine n'est plus papaïe mais pas désespéré.

Tonio

第三章

圣-埃克苏佩里的友人们

“真正弥足珍贵的，只有人与人之间的关系。”

<<<

写给雷翁·维尔特的配图信

>>>

安托万·德·圣-埃克苏佩里，1921 年

安托万·德·圣－埃克苏佩里的画

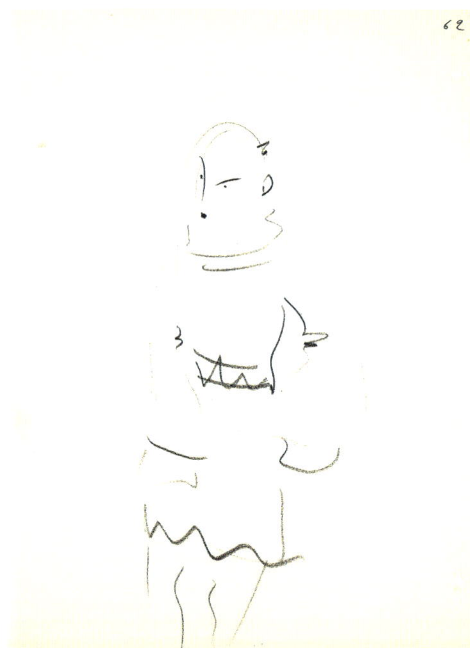

最早和小安托万一起玩耍的孩子是他的弟弟、姐姐、妹妹，还有表兄弟姐妹。安托万活泼开朗、富有想象力，很容易和同班同学打成一片，他们都欣赏他的奇思妙想。在勒芒的圣克鲁瓦，他最常被叫的绰号是“小鞋子”（Tatane），有时也会被叫“摘月手”（Pique la Lune）[1]。他毫不犹豫地和几个同学一起创办了一份班报：《初四回声报》（*L'Écho des troisièmes*），他是报纸的主编。可惜这份刊物没有出版第二期。

一战期间，在瑞士上寄宿学校的圣-埃克苏佩里和同学夏尔·萨莱斯成了好朋友，夏尔的父母在离圣莫里斯不远的地方有一处房产。他们初次见面时，安托万就跟夏尔讲述了三年前夏天的一段经历：“你知道！我登上了一架飞机，太美妙了！”从那一刻起，一段深厚的友谊在夏尔·萨莱斯和圣-埃克苏佩里之间建立起来。这一点可以从他们互通的长信中看出来。他们从学生时代到长大成人一直有书信往来，一有几天的空闲就心血来潮穿过大半个法国去看望彼此。就像圣-埃克苏佩里会突然到巴黎或到夏尔·萨莱斯拥有的在塔拉斯孔（Tarascon）附近的小农庄。尽管安托万的生活一团糟，这两个人仍旧保持着规律的书信和电话往来，直到 1940 年底圣-埃克苏佩里去了美国。

在弗里堡，马克·萨布朗（Marc Sabran）和路易·德·博纳维充实了安

1 形容某人喜欢做白日梦。

托万在里昂的朋友圈。1921 年圣－埃克苏佩里在摩洛哥和他们二人重逢，后来马克和路易都在那里去世，先后相隔一年时间。

回到巴黎以后，安托万在大学预科班认识了亨利·德·塞戈涅（Henry de Ségogne），然后在美术学院结识了贝尔纳·拉莫特，1941 年安托万在美国再次见到贝尔纳，并请他为《战地飞行员》画插图来见证他们的友情。

战后几年，安托万过得很快活，他沉醉在巴黎旋涡般的生活里。之后很长一段时间，他和贝特朗·德·索西内（Bertrand de Saussine）的姐姐丽内特（Rinette）[1] 多有书信往来。多亏了这姐弟二人的介绍，安托万结识了维尔莫兰一家，在维利耶（Verrières）受到这家人的接待，并爱上了露易丝·德·维尔莫兰（Louise de Vilmorin），两人于 1923 年订婚。但同年秋天，这些计划都泡汤了，他们的婚约也取消了。尽管如此，无论彼此相距多远，露易丝和安托万依然会互相写信。安托万留在巴黎，他的表姐伊冯娜·德·莱斯特朗热（Yvonne de Lestrange）嫁给了特雷维兹（Trévise）公爵，常在她马拉盖河岸的府邸举办沙龙聚会，招待巴黎文学圈的名流。在

1　1897 年生于法国萨尔特省，原名勒内·德·索西内，丽内特是她的昵称。她的弟弟贝特朗·德·索西内和圣－埃克苏佩里是圣路易中学的同学，两人因此相识，交往甚深。

她家，安托万结识了加斯东·伽利玛（Gaston Gallimard）、安德烈·纪德（André Gide）、让·施伦贝格（Jean Schlumberger）和让·普雷沃[1]。1926年，普雷沃在阿德里安娜·莫尼耶[2]创办的文学杂志《银舟》(*Le Navire d'argent*)上发表了圣-埃克苏佩里的处女作。

两年的服兵役生涯让安托万和朋友们天各一方，但1923年6月5日安托万离开军队后也没能和朋友们重新聚首，因应未婚妻父母的要求，他放弃了飞行员的职业，转而投身更"接地气"的工作：索雷（Saurer）[3]公司在外省的卡车推销员。他奔波在布尔日（Bourges）、蒙吕松（Montluçon）、维希（Vichy）等地之间，但每次一有机会，他就会逃离外省那些死气沉沉的地方，回巴黎和朋友们相聚。

十八个月以来一直从事销售卡车的工作却毫无业绩，圣-埃克苏佩里厌倦了这种让他感到失望的闲散生活。他在博絮埃中学老校长苏杜尔（Sudour）神甫的介绍下认识了贝波·德·马西米（Beppo de Massimi），于1926年10月加入拉泰科埃尔航空公司（Latécoère），这让他十分高兴。他也因此结识了一些非常优秀的人，这些人也将成为他冒险经历的同伴：梅尔莫兹（Mermoz）、吉尧梅（Guillaumet）、塞尔（Serre）、雷纳（Reine）、里盖勒（Riguelle）……1929年在寂寥的朱比角待了一年后，圣-埃克苏佩里在南美洲重新见到了梅尔莫兹和吉尧梅。他们仨都是阿根廷航空公司的飞行员，每个人都有特定的任务：梅尔莫兹是天空的开拓者，由他来负责着手开辟新的航线。"就这样，梅尔莫兹开垦了沙漠、高山、黑夜和海洋。"吉尧梅在安第斯山脉上空运送邮件。1930年6月，正值安第斯山区的冬天，吉尧梅

1 让·普雷沃（Jean Prévost，1901—1944），法国作家、记者，著名的抵抗运动斗士。

2 阿德里安娜·莫尼耶（Adrienne Monnier，1892—1955），法国著名书店女主人和文学出版人，同时也是作家和诗人。

3 瑞士卡车品牌，圣-埃克苏佩里曾于1924—1936年为该卡车生产商效力。

的飞机因风暴迫降在结冰的钻石湖（Laguna Diamante）上，所有人都认为他没救了，除了圣－埃克苏佩里。他在安第斯山脉上空飞了三天，只为找到失踪的吉尧梅。在一望无垠的冰雪中，没有人能看到他，只有吉尧梅能看到来回搜寻的飞机。他猜到是圣－埃克苏佩里为了他在铤而走险："因为除了你，没有人敢飞得这么低。"

梅尔莫兹，那位让圣－埃克苏佩里"受不了的朋友"，教养和政见和他迥异，还有吉尧梅，他的"哥们儿"，他们两人直到意外身亡前（梅尔莫兹于1936年去世，吉尧梅于1940年去世）都和圣－埃克苏佩里保持着极高的默契，这种默契源于他们真正的友谊，扎根在他们心底，超越了信仰和表象。

1931 年标志着邮航历险的结束。圣－埃克苏佩里因获了费米娜奖的《夜航》而闻名遐迩。他移居巴黎，并在那里结识了一些文学圈的朋友：莱昂－保尔·法尔格（Léon-Paul Fargue）、约瑟夫·凯塞尔（Joseph Kessel）、亨利·让松（Henri Jeanson），尤其是雷翁·维尔特：一位比他年长二十二岁的前辈，犹太人、无政府主义者、自由思想家。对安托万而言，这位作家代表了他非常思念的父亲形象，同时也是一个朋友，一个知己，一个笔友，最后还是一个挑剔细心的读者。圣－埃克苏佩里一有空，就去汝拉（Jura）山区的圣阿穆尔（Saint-Amour）找雷翁·维尔特，给他读正在创作中的作品片段，尤其是《堡垒》。《小王子》后来也题献给了雷翁·维尔特。

1939 年战争爆发，圣－埃克苏佩里要求加入空中侦察中队。他被安排在埃纳省（Aisne）奥尔孔特（Orconte）的 2/33 大队。飞行员们对这位新成员的到来感到惶恐，因为他的贵族头衔和文学光环。当圣－埃克苏佩里伸出手来，用"圣－埃克苏佩里，飞行员"这些简单的话介绍自己时，他们是多么惊讶！他与加瓦耶（Gavoille）、奥什德（Hochedé）、迪泰特（Dutertre）、洛（Laux）和伊斯拉埃尔（Israël）一同感受那个冬季的严寒，为任务的到来而紧张，为同志的死亡而悲伤，为飞行员的平安归来而喜悦。所有这些人不朽的名字都将在《战地飞行员》中看到。

1940 年年底，圣－埃克苏佩里前往美国，希望美国人可以参与欧洲的时局纷争。乘船途中，他遇见了让·雷诺阿（Jean Renoir），两人住在一个客房，一见如故，打算把《人类的大地》拍成电影。后来，在 1942 年，导演在飞行员来好莱坞小住期间接待了他。去美国流亡本应只逗留几周，但持续的时间比预期要长。圣－埃克苏佩里强忍住内心的焦躁。幸好，他又见到了画家老朋友贝尔纳·拉莫特。他和圣－埃克苏佩里的美国出版商雷纳尔（Reynal）、皮埃尔·拉扎雷夫（Pierre Lazareff）、让－热拉尔·弗勒里（Jean-Gérard Fleury）一样，都是他亲近的朋友，圣－埃克苏佩里不停地跟他们说自己渴望回去战斗。最终，在 1943 年 4 月，圣－埃克苏佩里接到任务。他穿越大西洋回到 2/33 大队。“我回家了。2/33 大队就是我的家。”在突尼斯的艾格瓦特（Lagouath），他终于和战友们重逢了。

1944 年 7 月 31 日，圣－埃克苏佩里消失了，“在那些曾经见过他笑容的人的心中，哪怕只见过一次，留下了难以治愈的伤口”。

安托万·德·圣－埃克苏佩里的画

“有（像你这样的）朋友，真温暖……”

1915年11月，在瑞士弗里堡圣让别墅中学里夏尔·萨莱斯认识了安托万。夏尔永远记得他们在食堂凳子上第一次聊天谈论的主题就是飞行。

特里戈伯爵夫人收留外甥女玛丽·德·圣-埃克苏佩里和她的孩子们在她圣莫里斯德雷芒的府邸居住，而夏尔家在对面有一处庄园。

两个年轻人从此再没有离开过彼此的视线：夏尔1923年考进巴黎高商（HEC），学以致用，经营位于塔拉斯孔附近的帕尼斯（Panisse）农场。1940年法德签署停战协定后，安托万来到帕尼斯农场与夏尔重聚，并在这里等待预计十月中旬下发的去美国的签证。冒着法国南方特有的凛冽的密史脱拉风，小行李箱卡在行李架上，两位老友一同前往火车站。从此，他们再也没有见过面……

CAFÉ RICHE

我的老朋友：

在这个地方我已经转悠两天了，实习时间比我想象的要长一个月。我现在还没有汽车，只能坐火车往返，弯弯曲曲的小铁路也没什么景致。

你知道的，你的来信让我很高兴。生活中能拥有像你这样的朋友真温暖，但是见不到你又让我很难过。如果有我在还不足以吸引你来巴黎，那就再加一部在麦克斯·林代（Max Linder）影院[1]放映的佳片，夏尔洛（Charlot）的《朝圣者》（*Le Pèlerin*）[2]，是一部真正的喜剧杰作，非常细腻。这家伙的观察能力简直太出色了。

我已经看了你跟我提到过的那部电影，我尤其喜欢它的开头。朴素、节制，每个动作都揭示了生命内在的强大力量。不重要的内容都一笔带过，但开头部分一过，我再也没找到这种让我着迷的优点。后面的电影细腻、敏锐、有趣、伤感，但所有这些优点都是次要的，电影的前十分钟［营造了一个比剩余部分内涵更丰富、最重要的故事，情节发展在影片一开头就已经一览无遗，而这个其实没必要在开头就交待得那么清楚。］

1 1912 年由法国喜剧演员麦克斯·林代在巴黎开办的影院，1914 年 12 月首次开放。

2 《朝圣者》是查理·卓别林于 1923 年拍摄的一部喜剧电影，夏尔洛是他塑造的系列影片中的一个经典人物形象。

CAFÉ RICHE

H. MILLOT
PROPRIÉTAIRE

Téléphone 21

R. C. 5226

Montluçon, le 192

Mon vieil ami

Me voici depuis deux jours en tournée dans ma région. Mon stage ayant duré un mois de plus que je ne le pensais je n'ai pas encore de voiture et me transbahute en chemin de fer aussi sur ces lignes de tortillards manque de charmes.

Ta lettre m'a fait plaisir comme tu le sais. C'est doux dans l'existence d'avoir des amis comme toi. Mais c'est bien triste de ne plus te voir. Si ma présence ne suffit pas il y a pour t'attirer à Paris un film adorable qui passe à Max Linder "Le Pèlerin" de Charlot, qui est vraiment un chef d'œuvre, — comique et d'une sensibilité si fine. Le don d'observation de ce type là est merveilleux.

J'ai vu celui dont tu me parles. Le début surtout m'a plu. Il y a de la sobriété, chaque geste décèle un capital puissant de vie intérieure. Le plus insignifiant est dense mais après le départ je ne retrouve plus cette qualité qui me ravit. C'est fin, c'est observé, c'est drôle, c'est habile, ça a toutes les qualités nécessaires, mais les deux

安托万·德·圣－埃克苏佩里写给夏尔·萨莱斯的信

写给亨利·德·塞戈涅的一封配图信的局部

Carissime[1]

1917 年开学之际，安托万便结识了亨利·德·塞戈涅。那时，安托万寄宿在巴黎的博絮埃中学。没过多久，两人之间就建立起了坚固的友谊。在一次难忘的操场打架中，塞戈涅被一名身材魁梧的“圣西尔军校生”欺负，是圣 - 埃克苏佩里前去搭救，这让他们的友情更加坚不可摧。他们一起备考位于圣路易的海军学院，组织一年一度的毕业舞会，也双双考试落榜。

后来，两人各奔东西，但关系依然十分亲密。1923 年，安托万第一次飞机失事，亨利·德·塞戈涅是最早接到通知的人，因为伤者身上带着一张文书，上面指定塞戈涅为“紧急联络人”。此外，是安托万让塞戈涅接受了天空的洗礼。塞戈涅热衷于攀岩和登山运动，他的假期都是在枫丹白露山林或登山比赛中度过的。在下面这封信中，安托万跟塞戈涅开玩笑，取笑他总是被更高的山峰吸引。

1 拉丁文，意思是“亲爱的”。

亨利：

你就是个混蛋。我很沮丧，我耗费了 3.75 法郎，就为了听到你那迷人的嗓音，而你却裹在被单里连床也不想下。你总是不愿受到打扰。

你是个十足的混蛋。我真想冲你说些难听刺耳的话。对你破口大骂让我感到很痛快——可惜你一点儿也不在乎。你就是我们要找的那位“先生”，我们给你打电话，还礼貌地问你哪天晚上有空。我们还向你表达了敬意。而你呢，与此同时，你在打桥牌，你低头看着牌，一副不屑的样子。这让我很反感。你这混蛋。我要让你难受死。我的弱点就是对你太好了，就像那些年轻的处女，最大的特点就是天真幼稚。这也让我厌恶自己。我要报仇：有人告诉我，据可靠消息，说你第一次（你自己说的）攀登艾吉耶维尔特峰（L'Aiguille Verte）[1]的时候，在上面发现了以下图文。

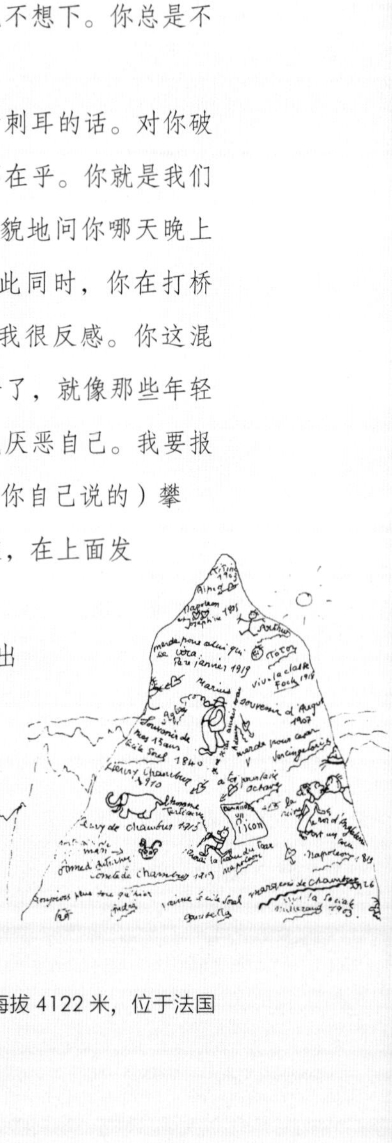

当然，你没有吹嘘这件事，因为你不爱出风头。[我很高兴得知你还活着。我没什么要对你说的，除了叫你写信给我。

安托万]

1　字面意思是“绿针”，是阿尔卑斯山脉的一座山峰，海拔 4122 米，位于法国上萨瓦大区。

GRAND HOTEL CENTRAL

Place Bonnyaud

GUÉRET (CREUSE)

GARAGE

TÉLÉPHONE 80

R. C. Guéret 824

Guéret, le 192

Henry –

Tu es un salaud. J'avais le cafard, je m'apprêtais à 7h 35 pour entendre ta voix de Sirène mais tu n'as pas voulu quitter tes draps. Tu ne veux jamais te déranger.

Tu es un salaud. Je voudrais te dire des choses pénibles et entendre, j'éprouve une joie vive à t'engueuler — malheureusement ça t'est égal. Tu es le monsieur que l'on cherche, à qui on téléphone, à qui on demande poliment quelle soirée sera libre, on te présente des hommages. Pendant ce temps tu joues au bridge et incline la tête d'un air condescendant. Ça me dégoûte.

Tu es un salaud. Je voudrais t'être infiniment désagréable. Ma sympathie pour toi est une faiblesse de jeune pucelle, la marque d'un caractère niais. Ça me dégoûte aussi de moi.

Je vais me venger en m'a racontant de notre voie que sans doute tu as fait la première (que tu dis) de l'aiguille verte tu as trouvé en haut les inscriptions suivantes. ——>

Tu ne t'en es pas vanté bien sûr à cause de ton orgueil peu sportif.

写给亨利·德·塞戈涅的另一封信，1925 年

1929 年安托万·德·圣－埃克苏佩里和亨利·吉尧梅在一架拉泰 28（Laté 28）飞机前面

“我的老朋友吉尧梅”

亨利·吉尧梅，这个人物因安托万·德·圣-埃克苏佩里的作品《人类的大地》而不朽。吉尧梅比安托万年轻两岁，出生于马恩省（Marne）的布伊市（Bouy）。在获得飞行员驾驶证之前，他曾是南热塞（Nungesser）的学生。复员后，他和让·梅尔莫兹一起加入了拉泰科埃尔航空公司，比圣-埃克苏佩里早二十个月。他于1926年在航空公司认识了圣-埃克苏佩里。之后，他开始负责飞卡萨布兰卡（Casablanca）航线。1927年2月7日，吉尧梅驾驶一架布雷盖（Brequest）飞机，圣-埃克苏佩里陪同勒内·里盖勒驾驶另一架布雷盖飞机，从朱比角飞往锡兹内罗斯城（Villa Cisneros）。但是，在飞行过程中，第二架飞机由于机械故障，坠毁在靠近努瓦克肖特（Nouakchott）的沙漠上。吉尧梅前去营救他们，所幸两名飞行员都安然无恙。三年后，变成了圣-埃克苏佩里为了寻找失踪的吉尧梅，在安第斯山脉的崇山峻岭里盘旋飞行了整整一个星期。吉尧梅在获救后，向圣-埃克苏佩里吐露道：“我敢发誓，我所做的事，是任何别的动物绝对做不到的。”

1940年11月27日，吉尧梅罹难，当时他正驾机护送被任命为高级专员的让·夏普（Jean Chiappe）前往黎巴嫩和叙利亚。好友的死亡让圣-埃克苏佩里十分痛苦：“吉尧梅牺牲了，这天晚上我觉得自己再也没有朋友了。”

我的老朋友吉尧梅：

从上面这张照片可以看出，我等你等得望眼欲穿：谁也不能把我从沙丘上拽下来，我站在那里眺望地平线。

从下面这幅画，你可以看出我是怀着多大的热情来给你写信的——我甚至都顾不上收拾东西。

你的汇报实在是太精彩了。法兰西学院若是空出一个席位，我会强烈建议你把它占了。这是一件事。[我没别的要对你说的了，因为酒喝多了，现在口干舌燥。其实我是在开玩笑。(我删掉了这一句，因为不太合适，而你又过于腼腆。)这真是异常温柔。我在剧场顶层楼座里得到安慰。我越来越觉得口干。想了半天，这是唯一想到要对你说的。瞧，为了让你高兴，我打算整理一下东西。

收拾好了。晚安。

你的老朋友

安托万]

又是这该死的地心引力

Mon vieux Guillaumet

Tu vois par la photographie ci-dessus que j'attends impatiemment ton arrivée. On ne peut plus m'arracher de la dune d'où je considère l'horizon.

Et par le dessin ci-dessous avec quelle ardeur je t'écris — je ne pense même plus à mettre de l'ordre !

Ton rapport était épatant. Il reste un fauteuil à l'académie je te conseille vivement de l'enlever. C'est une affaire.

写给亨利·吉尧梅的信，约 1932 年（?）

维耶尔宗的一点余音

让·埃斯科是1921年5月在斯特拉斯堡认识安托万·德·圣-埃克苏佩里的，当时他正在法国第二炮兵团服役。此前，他已经在维拉库布莱（Villacoublay）就读过航空学校并顺利考取了军事飞行员驾驶证。两个飞行员后来在阿沃尔（Avord）航空学校重逢，在那里接受空军预备役军官培训，之后是凡尔赛，在那里继续接受飞行训练，获许什么时候想飞就可以飞 。在日复一日的飞行训练中，两人建立了深厚的友情，纵使日后分隔两地、命运迥异也不会改变。

圣-埃克苏佩里真心信任这位朋友，总是把自己写的小说第一个拿给他看。其中包括《飞行员》，在得到埃斯科的品读和评论后，他才在阿德里安娜·莫尼耶创办的《银舟》杂志上发表。他曾对埃斯科吐露："在我的所有朋友中，你的判断是最准确的。"

亲爱的让：

我到维耶尔宗（Vierzon）了。我准备去吃晚餐，然后美美地睡上一觉。今天的旅途十分愉快：

我的守护天使一直都在，只是，我不知道该怎么画它

从巴黎到奥尔良的旅程

从奥尔良到萨尔布里（Salbris）的旅程

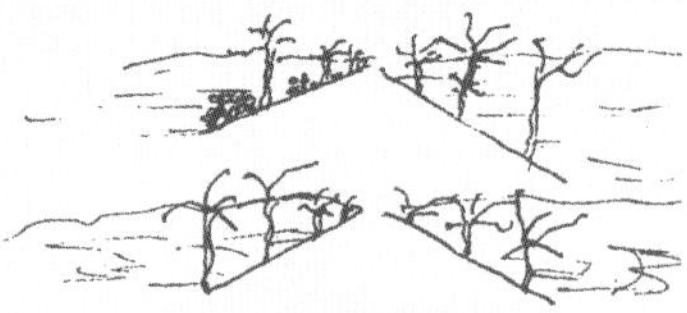

从萨勒布里到维耶尔宗的旅程

（天黑了）

因为没有其他的消遣，我在旅途中只能靠想象你恣意洒脱的生活来打发时间。

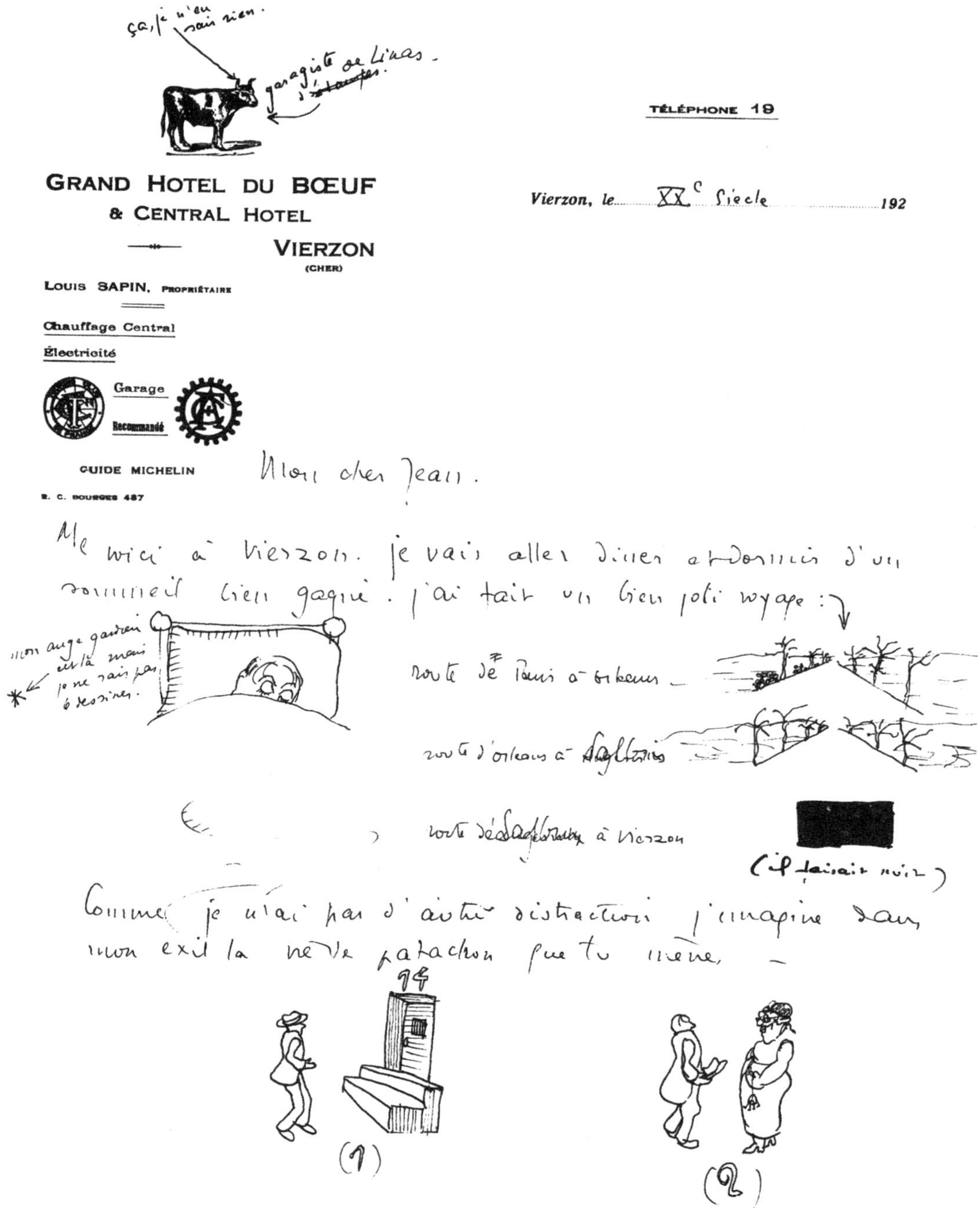
ça, je n'en sais rien.

garagiste de Linas ~~d'étampes~~.

TÉLÉPHONE 19

GRAND HOTEL DU BŒUF
& CENTRAL HOTEL
VIERZON
(CHER)

LOUIS SAPIN, PROPRIÉTAIRE

Chauffage Central

Électricité

Garage
Recommandé

GUIDE MICHELIN

R. C. BOURGES 487

Vierzon, le XXe Siècle 192

Mon cher Jean.

Me voici à Vierzon. je vais aller dîner et dormir d'un sommeil bien gagné. j'ai fait un bien joli voyage :

mon ange gardien est là mais je ne sais pas le dessiner. *

route de Paris à Orléans —

route d'Orléans à Salbris

route de Salbris à Vierzon

(il faisait noir)

Comme je n'ai pas d'autre distraction j'imagine dans mon exil la vie de patachon que tu mènes. —

14

(1)

(2)

安托万・德・圣－埃克苏佩里写给让・埃斯科（Jean Escot）的配图信（正面）

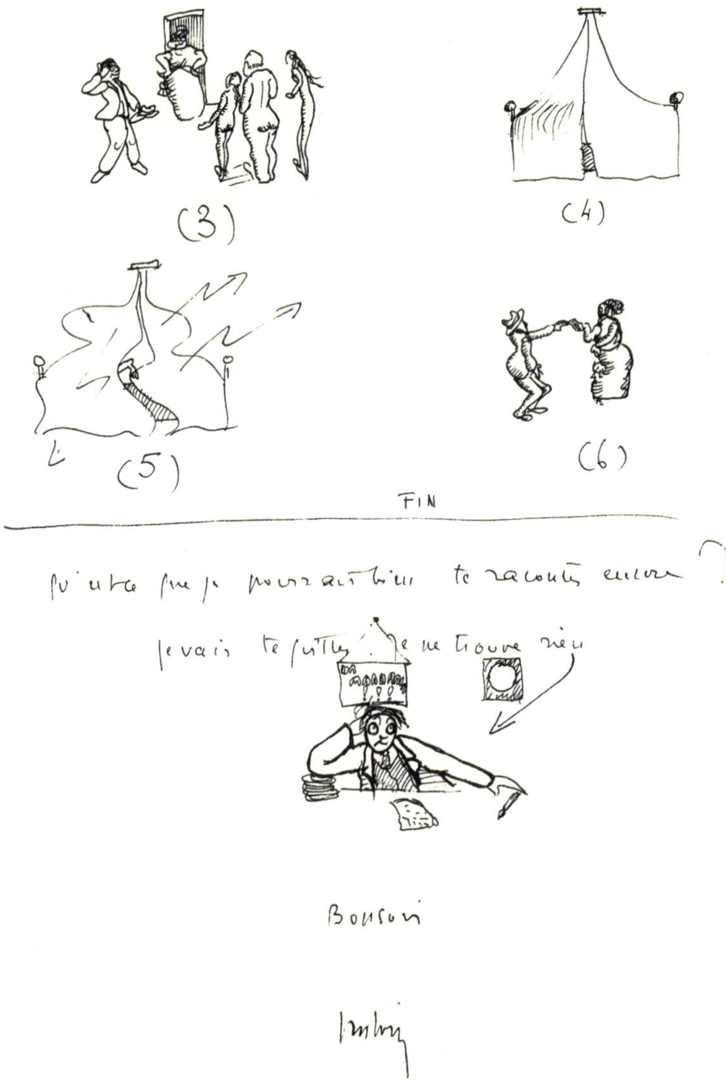

安托万·德·圣－埃克苏佩里写给让·埃斯科的配图信（背面）

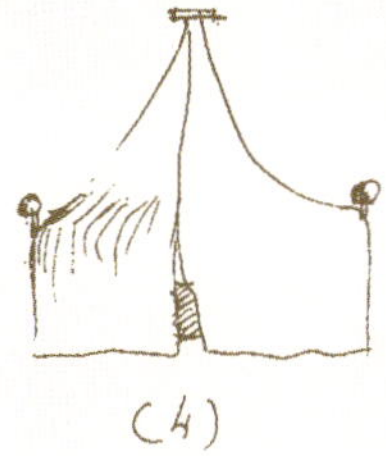

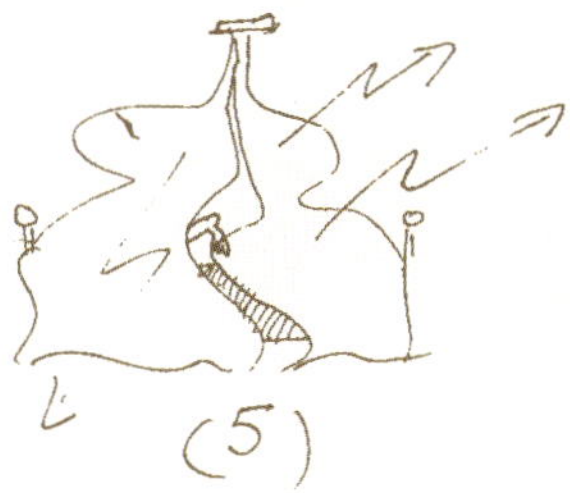

结束

还有什么可以说给你听呢？

算了，就到这吧。我想不出来。

晚安

安托万

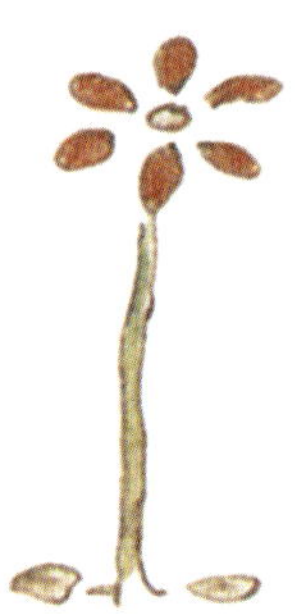

布尔日的一点余音

由于未婚妻露易丝·德·维尔莫兰家人的坚持，圣－埃克苏佩里不无遗憾地离开航空业，接受平凡的生活。他先是在一家制瓦公司上班，这家公司位于热闹繁华的圣奥诺雷郊区街（rue du Faubourg-Saint-Honoré）[1]，但依然无法掩盖工作本身的无趣。圣－埃克苏佩里很快放弃了这份工作，转而去销售索雷卡车，他是该公司在法国中部的代理商。有段时间，让·埃斯科把自己的车借给他外出公干，定期会收到圣－埃克苏佩里的消息，常常是配了图的。两人之间一直有书信往来，其中一些留存下来的信件讲述了在绝情的年代里，一个很特别的代理商的苦楚以及他所处的凄惨境地。

安托万以幽默的口吻、辛辣的笔触向他的朋友讲述了自己一成不变的生活中的波澜：一次棘手的汽车故障，在冷清的饭店里的孤独，无聊的工作，以及过着自己厌恶的生活的悲哀。

1　巴黎最时尚的街道之一，拥有几乎全球所有知名时尚品牌。

亲爱的让，

我在布尔日给你写信。这是个相当漂亮的小镇。当地居民被称作布尔乔亚（bourgeois）[1]，小孩子们则被称作布尔容（bourgeons）[2]。

上面这幅画画的是城市风光。

另一条街很奇怪，有很多无人问津的咖啡馆。

布尔日咖啡馆的标识：

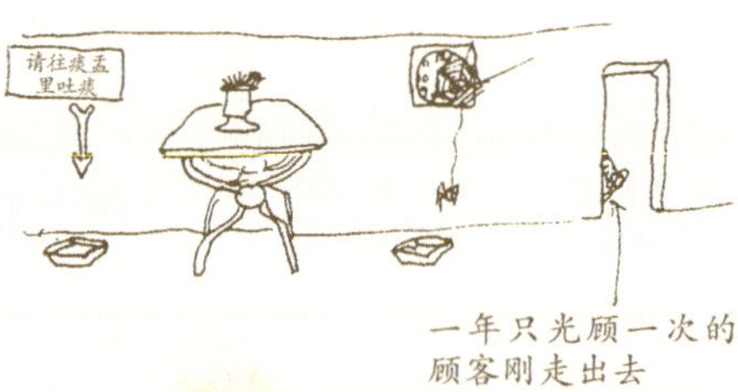

1 法文意为“中产阶级”。

2 法文意为“嫩芽”。

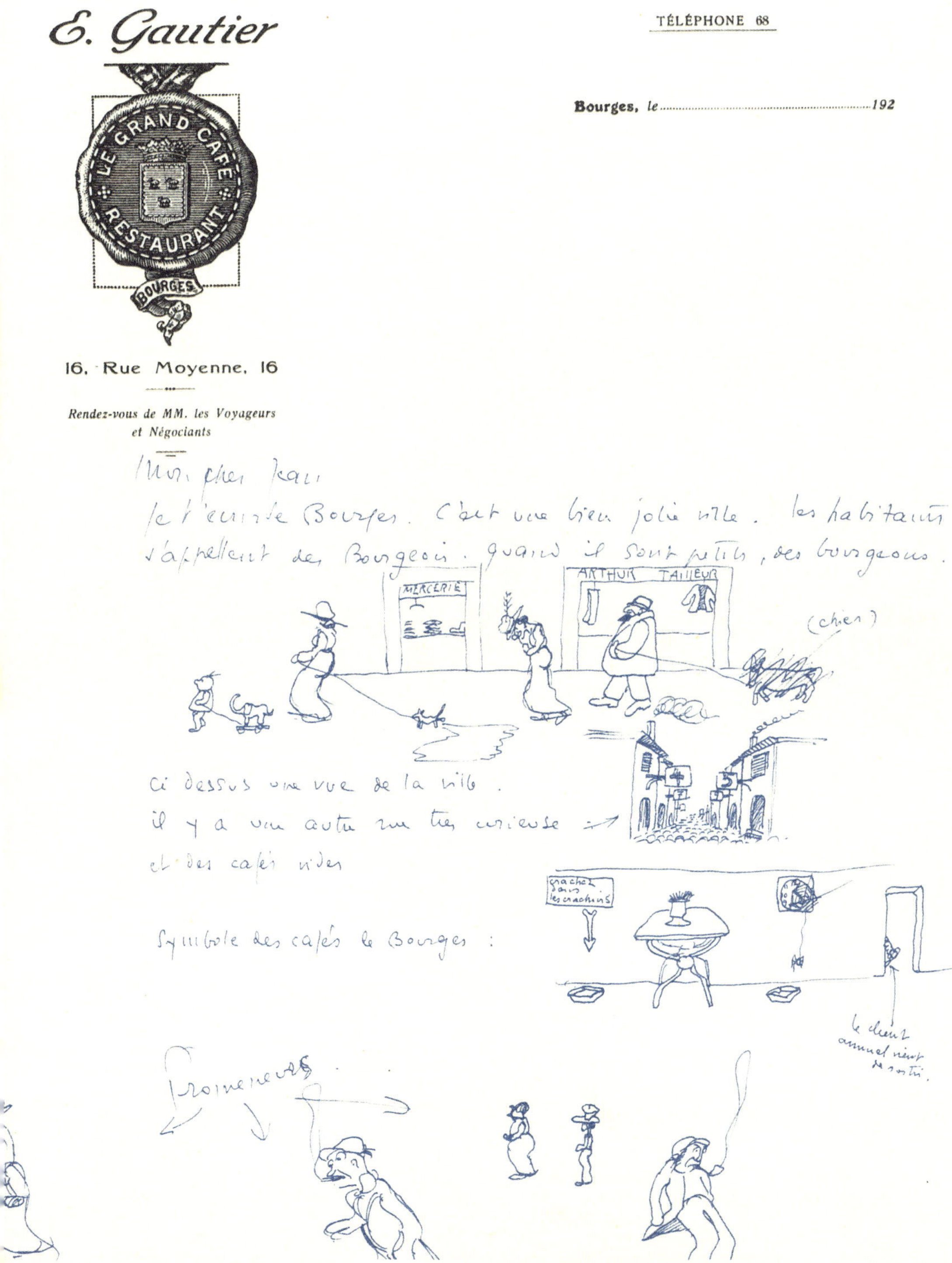
E. Gautier

TÉLÉPHONE 68

LE GRAND CAFÉ RESTAURANT

BOURGES

Bourges, le 192

16, Rue Moyenne, 16

Rendez-vous de MM. les Voyageurs et Négociants

Mon cher Jean

Je t'écris de Bourges. C'est une bien jolie ville. Les habitants s'appellent des Bourgeois. Quand ils sont petits, des bourgeons.

Ci dessus une vue de la ville.

Il y a une autre rue très curieuse →

et des cafés vides

Symbole des cafés de Bourges :

安托万·德·圣－埃克苏佩里写给让·埃斯科的配图信（正面）

安托万・德・圣－埃克苏佩里写给让・埃斯科的
另一封配图信（背面）

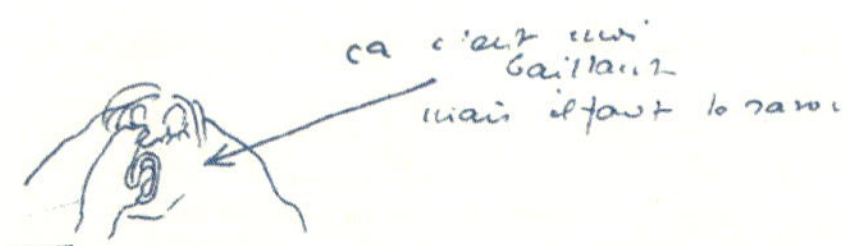

唯一的消遣……

晚安，我要去见另一位顾客

安托万

这张是我在打哈欠

不过不说可能看不出来

此地长眠着

索雷卡车的上一个买家

愿他安息

“我几乎永远都认为您是对的……”

谁也没想到，圣－埃克苏佩里和比他年长二十二岁的作家雷翁·维尔特之间会结下一段地久天长、非同一般的友谊。雷翁·维尔特是一位真正的左派人士，他创作了许多介入作品，圣－埃克苏佩里经常和他意见相左。1931年的某个晚上，多亏了勒内·德朗日（René Delange），两人在双叟咖啡馆（Deux Magots）相识。“这不是思想层面的契合，因为他们从未停止过争论，但是对彼此而言，都是一见倾心。”柯蒂斯·凯特（Curtis Cate）在其为圣－埃克苏佩里所著的传记中这样写道。

后来，圣－埃克苏佩里在1943年发表了《给一个人质的信》，这封信被用作雷翁·维尔特一本书的序言，同年，圣－埃克苏佩里又将《小王子》题献给他，并写道：“请孩子们原谅我把这本书献给了一个大人。我有一个很充分的借口：这个大人是我在这个世界上最好的朋友。[……] 所有的大人都曾是孩子。（可惜很少有大人记得这一点。）”

安托万·德·圣－埃克苏佩里在给雷翁·维尔特的信的空白处画的画

Je voudrais bien que vous sachiez ce que vous savez d'ailleurs très bien. J'ai infiniment besoin de vous parce que vous êtes d'abord, je crois, celui que j'aime le mieux de mes amis — et puis parce que vous êtes ma morale. Je crois que je comprends les choses un peu comme vous et vous m'enseignez bien. Et j'ai souvent de longues discussions avec vous. Et je ne suis pas partial : je vous donne presque toujours raison. Mais aussi, Léon Werth, j'aime boire avec vous un Pernod sur les bords de la Saône en mordant dans du saucisson et du pain de campagne. Je ne sais pas dire pourquoi cet instant-là me laisse un goût de plénitude si parfaite — mais je n'ai pas besoin de le dire puisque vous le savez mieux encore que moi. J'étais bien content. Je voudrais bien recommencer. La paix ce n'est pas quelque chose d'abstrait. Ce n'est pas la fin du risque et du froid. Ça me serait égal. Je n'ai peur ni du risque ni du froid et suis bien fier de mes guerres à Orconte, au réveil, j'ai héroïquement atteint ma douzième. Mais la paix c'est que ça ait un sens de mordre dans du saucisson et du pain de campagne sur les bords de la Saône en compagnie de Léon Werth. Ça m'attriste que le saucisson n'ait plus de goût.

Voici ma vie — mais nous ne disons pas ce [illegible] — non triste — mais attristante. Nous irons passer la journée à Reims, nous tâcherons de découvrir un bon bistro. Et puis on devrait venir vous à Delange qui amènerait Consuelo et Suzanne. Je vous invite tous à un grand banquet — venez vite me rendre joyeux. Il faut vous dépêcher parce que si [illegible] jusqu'au 1/12 je serai très loin de Paris.

安托万·德·圣-埃克苏佩里写给雷翁·维尔特的信

[……] 我真想让您知道，况且您也很清楚，我无比需要您，首先因为您是我最喜爱的朋友，其次也因为您是我的道德准则。我认为我看问题的方式和您有些相似，您教给我很多东西。而且我经常与您促膝长谈。我并无偏见：我几乎永远都认为您是对的。不过，雷翁·维尔特，我也喜欢在索恩河畔和您一起喝一杯佩尔诺酒（Pernod），一边吃着香肠和乡村面包。我说不上来为什么这一刻让我感觉如此圆满，但我也不需要说出来，因为您比我更清楚这一点。我感觉很好，很高兴，真想再来一次。和平不是一个抽象的概念。这并不是风险和寒冷的终结。这对我来说也无所谓，因为我不畏风险也不惧严寒，当我在奥尔孔特醒来，英勇地走到我的壁炉前时，我为自己感到骄傲。但只有在雷翁·维尔特的陪伴下，在索恩河畔啃香肠、吃乡村面包，和平才有意义。否则香肠也是食之无味，令我忧伤。

来看看我吧，但不要到队里来，人多热闹本身并不忧伤，但让人悲从中来。我们白天到兰斯（Reims）待一天。尽量找一家不错的小酒馆。然后我们约上德朗日，他会带卡姆（Cam）和苏珊娜（Suzanne）来。我邀请大家参加一场盛大的宴会——赶快来，这会让我很高兴。您得抓紧时间，因为如果我调往五十二联队第一中队，我离巴黎就很远了。

给朋友们画的画

这个片段并没有被作者保留在《小王子》的终稿里，只出现在这本书的原稿中。在 1943 年 4 月圣－埃克苏佩里出发前往北非之前，他将这份原稿送给了一位红颜知己，西尔维娅·汉密尔顿（Silvia Hamilton）。原稿现藏于纽约的皮尔庞特·摩根图书馆（Pierpont Morgan Library），以一百七十五页活页的形式保存，其中八页文字有插图，共三十五张画，大部分是作者的水彩画。

我们还可以在法国国家图书馆中查阅到一份打字稿，成稿时间更晚，作者修订过并且部分配了插图。圣－埃克苏佩里在纽约时将这份手稿赠予纳迪娅·布朗热。

这两个文本都不同于最终的版本，第一个法文版于 1943 年 4 月在美国由雷纳尔和希契科克（Reynal & Hitchcock）出版社定稿。迄今为止，该作品已有一百四十多个外文译本，也是全球最畅销的作品之一。

《小王子》的草图

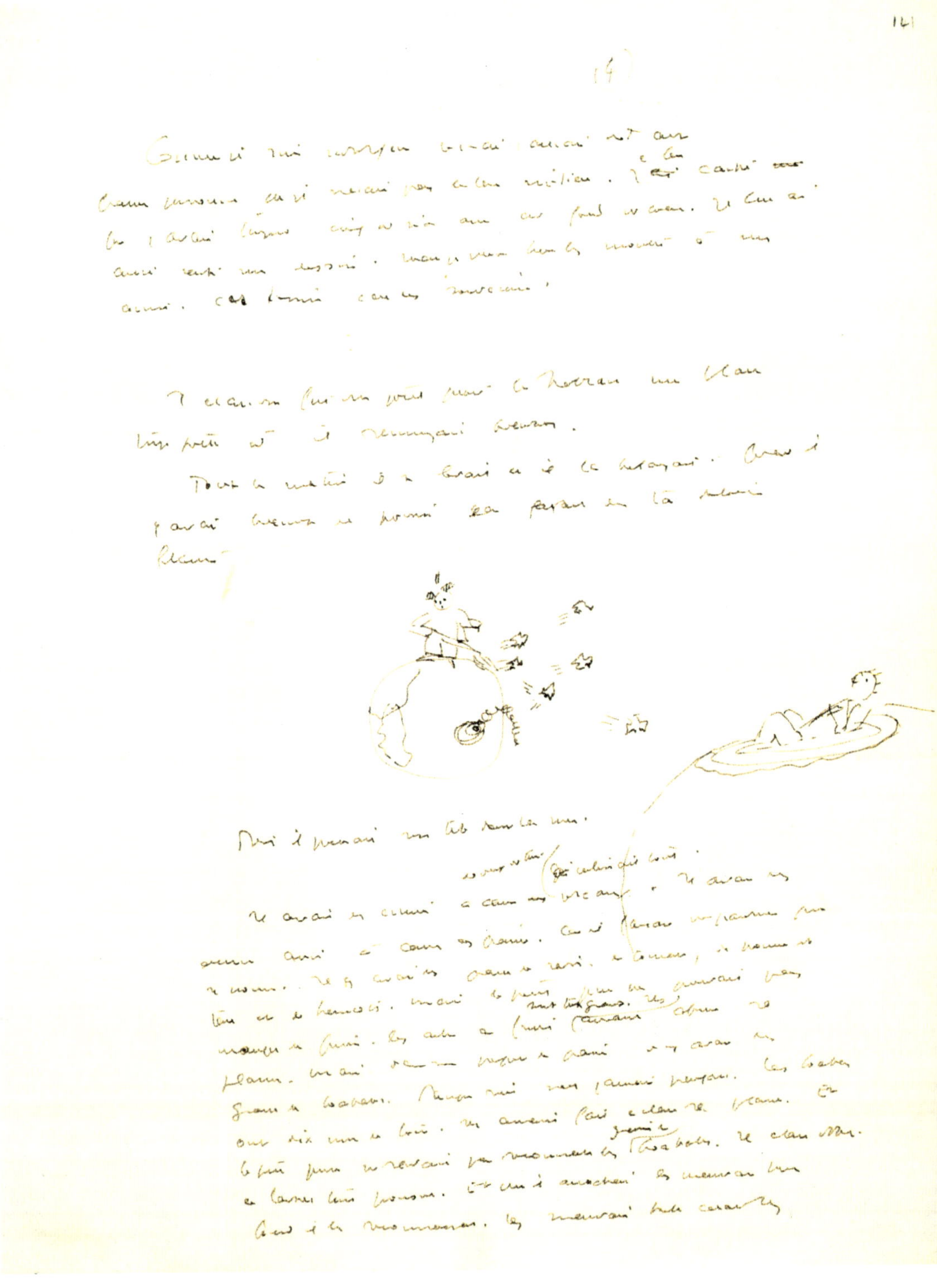

准备阶段的《小王子》配图手稿

因为我置身事外，我从来没有和大人们说我和他们不是一类人。我向他们隐瞒了，其实在内心深处我一直只有五六岁。同样，我也把我的画藏起来不给他们看。但我却很想把这些画拿给朋友们瞧一瞧。这些画，满满都是回忆。

从前，有个小王子住在一颗很小的星球上，他非常无聊。

他每天早上起床并且打扫这个星球。灰尘太多的时候，就会产生［几个字迹难辨的词］。

但是他在海里洗澡。

火山让他烦心，因为火山弄得到处都脏兮兮的。一些种子也让他烦心。因为他辟了一个花园来养活自己，花园里有小红萝卜种子、番茄种子、土豆种子还有四季豆种子。但是小王子不能吃水果。因为果树太高大了，会破坏他的星球。但是在他的种子包里，有猴面包树的种子。从来就没有什么是完美的。猴面包树的周长有十［一个字迹难辨的词］，它们会把他的星球挤爆。而小王子不知道怎么辨认猴面包树的种子。他想让所有种子自由生长。一旦发现杂草他就把它们拔掉。［……］

“于是我们就都感到幸福了。”

《堡垒》第一百零八章是一曲对真正的友谊的颂歌，进一步肯定了圣－埃克苏佩里在《给一个人质的信》中对雷翁·维尔特说的话，后来雷翁·维尔特在《我所认识的圣－埃克苏佩里》中这样评论道：“显然，他把友谊和伙伴间的情谊，抑或是基于相同思想或共同嗜好的淡淡的好感区分开来。我们所处的这个时代，经常把友谊和同一兽群里的野兽互相感受到的吸引力混为一谈。我看到那些友谊，那些浮于表面、虚假的友谊，因观念一致而结下，又因意见相左而消弭。但因观念相同而产生的友谊，本体论的友谊，是多么的贫乏啊！对此，圣－埃克苏佩里回答：‘我能辨别出真正的友谊，它不可能破裂……’”

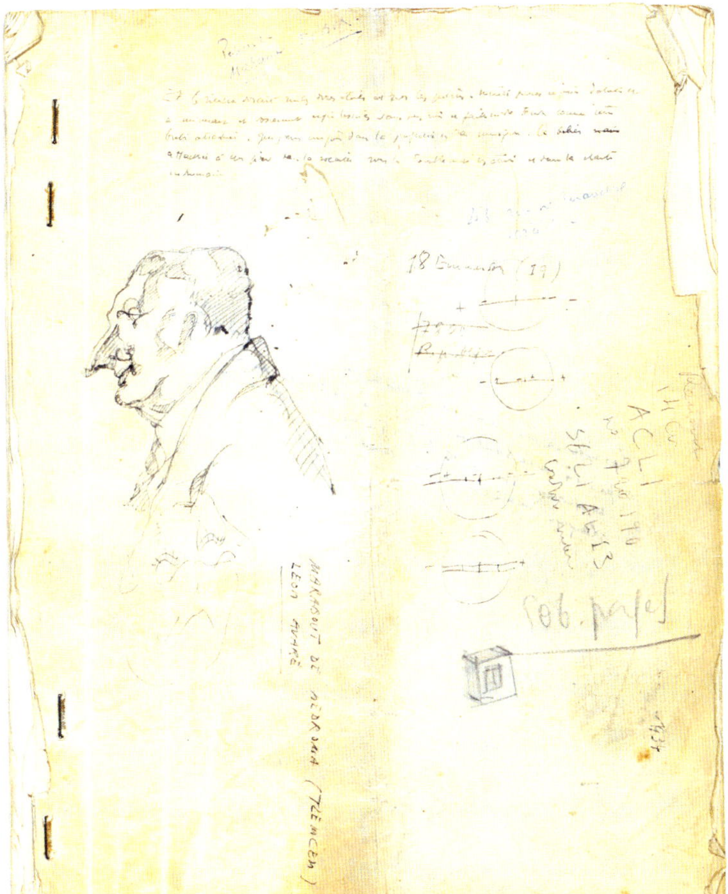

安托万·德·圣－埃克苏佩里在《堡垒》打字稿的空白处画的画

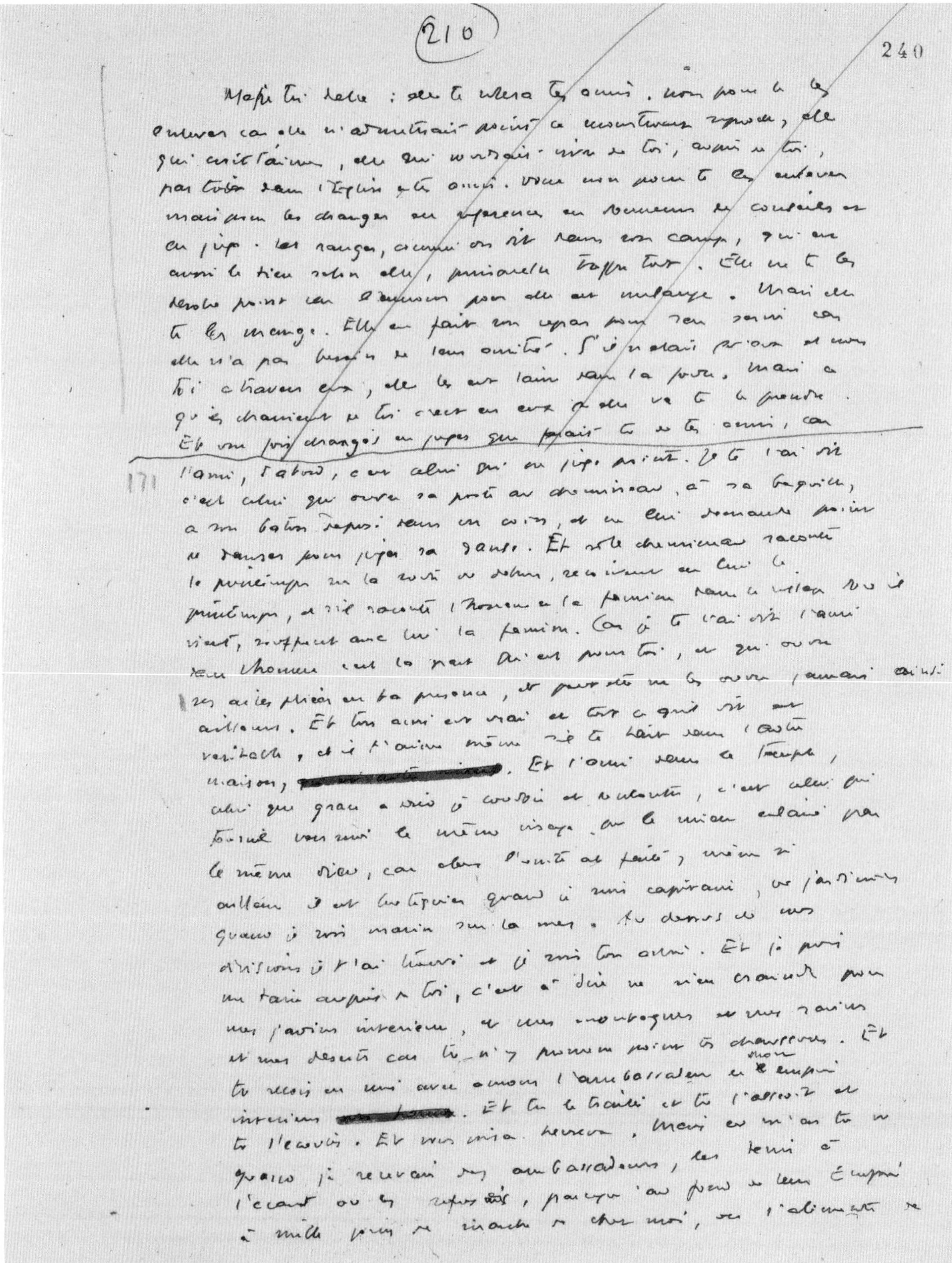

《堡垒》的手稿

朋友，首先是不妄加评判的人。我曾对你说过，朋友是那个给流浪汉打开大门，让他把拐杖和棍子放在角落，不会要求他跳舞来评判他的舞蹈的人。如果流浪汉说起外面大路上的春天，朋友就会在心中感受到春天；如果流浪汉说起他来的那个村子遭受的可怕饥荒，朋友也一样会感同身受。因为我对你说过，朋友就是一个人心中为你着想，会为你打开一扇或许从不向别人敞开的门。你的朋友是真的，他说的一切也是真的，他爱你，即使他在另一幢房子里或许会恨你。圣殿里的朋友，因为上帝才与我迎面相逢擦肩而过，朝我扭过头，露出和我一样、被同一个上帝照亮的面容。因为那时我们已经结为一体，即使在别处他是店主，我是军官，或者他是园丁，我是水手。我超越了我们的分歧见到了他，成了他的朋友。在他身边我可以缄默不语，也就是说丝毫不用担心我的内心花园、我的山岭、我的沟壑、我的沙漠，因为他绝不会涉足其间。你，我的朋友，你带着爱接纳我，就像造访我内心帝国的大使。你好好款待他，请他坐下，倾听他说话。于是我们就都感到幸福了。[……]

PANCHO'S BAR

Marinoni & Rodriguez
Florida 261
U. T. 37 - 7868

Buenos Aires ....

[illegible] le jazz. [illegible] musiciens [illegible]

[illegible]

[illegible]

[illegible] le jazz, les chevaux [illegible] les voitures. Ce bruit

[illegible]

[illegible]

[illegible] le bruit [illegible]

第四章

航线飞行员

“我认为，而且我不是唯一一个这么想的，当我们的飞机上有了可靠的引擎和无线电波之后，邮政航空就失去了很多它本来的魅力。我们再也感受不到那种迷人的微微的紧张不安：我能坚持到底吗？飞机不会出故障吧？我现在在哪里？在不久之前的每次旅程中，我们都会问自己这些问题。但现在，我们的引擎不会再出任何事故；我们也没任何必要去辨别我们的航线，因为无线电会给我们指示。说真的，这种条件下的航行几乎变成了小职员的例行公事。这种生活缺少出人意料的波澜。我们也喜欢这样，但是另一种生活……”

<<<

一页《夜航》的手稿，写在有“潘乔酒吧”（Pancho's Bar）抬头的纸上

>>>

安托万·德·圣－埃克苏佩里，航线飞行员

穿着飞行员服的安托万·德·圣－埃克苏佩里

安托万·德·圣－埃克苏佩里画的一架飞机的速写

昂贝略机场离圣莫里斯德雷芒只有几公里远。1912年，这还只是一片用来停靠飞机的广阔草地。木头和帆布做成的“古怪机器”在这片草地上轰隆隆地起飞和降落。安托万被他头上往来穿梭的飞机深深迷住了。他的梦想就是有朝一日能登上这些长翅膀的大昆虫，从高处凝望大地。安托万和他的妹妹加布里埃尔，昵称蒂蒂，经常骑着自行车沿着跑道溜达。可爱的小安托万走近正在维修飞机的机械师，缠着他们问一连串的问题。问到最后，他终于问出了自己最关心的问题。但机械师们都断然回答道：“如果你得到了你母亲的同意，我们可以带你飞一圈。”可问题就出在这儿：玛丽·德·圣－埃克苏佩里不愿意儿子进行一场这样的冒险。尝试多次无果，安托万当然知道母亲永远都不会让步，所以他决定不再征求母亲的同意。终于安托万坐在机舱里，进行了一场二十多分钟的空中漫游。加布里埃尔·弗罗布莱夫斯基－萨尔维兹（Gabriel Wroblewski-Salvez）操纵着方向舵，驾驶着一架他和兄弟们一起制造的飞机。对安托万而言，这太奇妙了。他的志向从此诞生，他要成为一名飞行员！

但长大以后，他一开始是打算在海军中大展身手，因为中学毕业会考之后，他就在准备海军学院的考试。可命运弄人，他多次参加入学考试，均以失败告终。1921年，圣－埃克苏佩里应召入伍，决定在空军服役。他被派往斯特拉斯堡，在诺伊霍夫（Neuhof）的第二战斗飞行大队服役。不幸的是，因为他没有接受过任何训练，他被分到空军地勤部门工作，没有机会学开飞

睡着的飞行员，为《小王子》准备的插图

机。很快，兵营的生活让圣－埃克苏佩里感到厌烦。“毫无新意。显然，比起军营生活，有意思的事儿多得很。渐渐地，便有些抑郁。”于是，他便萌生了考民用飞行执照的想法，在当时，考取该执照，飞行时长需达到二十五个小时。训练费用虽然昂贵，却可以让他随后去考军事飞行执照，而不用延长服役期限。他赶紧联系母亲，后者则更希望儿子把业余时间用在学习上。拗不过，母亲最终同意让他接受训练。罗贝尔·艾比（Robert Aéby），一战时期的飞行员，在配备双操作系统的法尔芒 40（Farman 40）飞机上给安托万上了头几节飞行课，随后在一架索普威思（Sopwith）飞机上授课。三个月后，圣－埃克苏佩里被派往摩洛哥，在卡萨布兰卡接受特训。1921 年 12 月他获取了军事飞行员合格证书。1922 年 2 月他回到法国，被提拔为下士，在阿沃尔军营度过了几个月。

圣－埃克苏佩里很想成为职业飞行员，但 1923 年他与露易丝·德·维尔莫兰订婚时，他未来的岳父家要求他放弃这种冒险的生活，换一个更稳定的环境。于是他成为一家制瓦厂的会计，之后又担任法国中部地区卡车销售代表……他忍受着这些索然无味的工作。退婚之后，他花了两年时间才回到他心心念念的航空事业。1926 年 6 月 23 日，他获得了民航飞行员执照，持有它便可以运送乘客。之后圣－埃克苏佩里进入法兰西航空公司，在巴黎上空执行处女航飞行任务并以此谋生。同年十月，通过他博絮埃中学的老师苏杜尔神甫的介绍，他认识了拉泰科埃尔公司的经理贝波·德·马西米。马西米被他的坚韧不拔所吸引，于是将圣－埃克苏佩里派到图卢兹进行了一系列的面谈，公司开发部主任迪迪叶·多拉聘用了圣－埃克苏佩里并立即将他派往车间学习修理飞机发动机。经过几星期的学习后，他能够驾驶布雷盖 14（Breguet 14）飞机了，一开始能飞到佩皮尼昂（Perpignan），后来可以穿越比利牛斯山和地中海。最终，在 1927 年 1 月中旬，圣－埃克苏佩里被分配到卡萨布兰卡—达喀尔航线工作。在这条航线上飞行十分危险，它要飞越一个动荡地区，出没在北非撒哈拉沙漠里的武装团伙会毫不犹豫地朝飞机和人射击。在这样危险的飞行中，圣－埃克苏佩里依然有一种自由的感觉，并且他还试着在信中与亲朋好友分享他的感受。在这些充满敌意的地区执行飞行任务通常由两架飞机来完成，其中一架飞机上会配备一名翻译，这名翻译要在飞行员面临紧急状况时有能力救他们于危难。在沙漠中的第一次抛锚，与摩尔人（Les Maures）的第一次接触，虽然他们并不总是友好的，在星光下的第一次露营，这些情节在他书中俯首可见。在负责运送邮件一年后，圣－埃克苏佩里被任命为朱比角中途停靠站的负责人，工作不像以前那样四处奔波，因为他负责验收飞机，确保它们可以性能完好地再次出发飞行。回到法国，圣－埃克苏佩里带回了一部手稿，以《南线邮航》之名在伽利玛出版社出版：这是最早书写航空主题的作品之一，在很长一段时间里，没有人相信这种交通方式。他先做了几个月拉泰 25（Laté 25）和拉泰 26（Laté 26）飞机的试飞员，之后便被派往布宜诺斯艾利斯负责阿根廷邮航公司的工作。他很快就领略到了在当地飞行的困难，因为巴塔哥尼亚（Patagonie）的狂风会妨碍飞机的起飞和降落，而且穿越安第斯山脉也是一项需要不断挑战的壮举。圣－埃克苏佩里负责开辟一条从布宜诺斯艾利斯到火地岛 (Terre de Feu) 的航线，为了建一些新基地，他在这个国家四处走访：“我们一下子拉近了偏远小城市与世界其他地方的距离，因此，他们的市政府犹如迎接救世主般欢迎我们。”他也曾对夜间飞行感到恐惧，而这些可怕的经历被写进他的第二部作品，名为《夜航》，荣膺1931年费米娜文学奖。

1931年3月，邮政航空公司清盘，圣－埃克苏佩里也失去了固定工作。他再次前往摩洛哥，驾驶更现代的飞机往返于卡萨布兰卡和艾蒂安港。然而，此时的他已经没有了最初驾驶布雷盖飞行的热情。1933年平安夜，他在圣拉斐尔（Saint-Raphaël）海岸试驾一架新式水上飞机时险些丧生，这一新的职业生涯也随之夭折了。

从那时起，圣－埃克苏佩里便开始了断断续续的飞行：他为法国航空公司做宣传巡演。尽管在1933年法航成立之初，公司并不想把他招募进飞行员队伍，但借助这些宣传活动，他得以环游地中海，游览了卡萨布兰卡、雅典、开罗和大马士革等城市。后来，法航为在非洲开辟出一条连接塞内加尔圣路易斯（Saint-Louis-du-Sénégal）和巴马科（Bamako）的新航线，选中圣－埃克苏佩里去考察。他随后也参加了航空部组织的长途飞行。此次飞行的目的是测试飞机在加速时能达到的最高性能，而打破时速纪录的飞行员会得到重金奖赏。对当时囊中羞涩的圣－埃克苏佩里来说，这无疑是个天赐良机。于是在1934年7月，他登上了一架水上飞机，执行了第一次航行任务。在抵达湄公河海峡后，他被迫紧急降落。随后，由于患了热带的热症，他便回到了法国。1935年，在机械师安德烈·普雷沃的陪同下，圣－埃克苏佩里决定开着他的戈德龙·西蒙飞机从巴黎出发，用不到98小时53分的时间飞抵西贡。同年12月29日，他们草草准备后，便从巴黎出发了。30日凌晨，飞机撞上一个沙丘，旅行不得不在利比亚沙漠结束。飞机已经无法修复，但所幸两人都没有受伤。1938年2月，圣－埃克苏佩里又开始了从纽约到火地岛的第二次长途飞行。他在危地马拉加油时，燃料补给错误让飞机变重导致无法起飞，最后在跑道尽头坠毁。“当别人把我拉出来时，我伤得比飞机还重。”他全身留下了八处骨折，一个肩膀脱臼，眼睛肿胀，这场事故造成的坏疽还让他险些失去了右手。

圣－埃克苏佩里的民事飞行生涯于二战前夕结束。尽管驾驶技术不断

安托万·德·圣－埃克苏佩里、杜梅尼尔（Dumesnil）、吉尧梅、安托万和雷纳，朱比角，1928年

发展，飞机的舒适度也在不断提高，但他始终对早期飞行充满怀念。

经历过那一时期的所有伙伴们聊起驾驶布雷盖飞机的旧时光时都充满惆怅。我们怀念当时在飞机上感受到的生的喜悦，那种滋味，我们再也找不回来了。相比而言，今天的飞行让我们感到索然无味。

坐在贝尔多－弗罗布莱夫斯基飞机上，安托万·德·圣－埃克苏佩里在昂贝略接受了蓝天的洗礼

“我……沿着谢夫勒斯河谷低空飞行”

年轻的士官安托万·德·圣－埃克苏佩里曾先后被派遣到斯特拉斯堡、卡萨布兰卡、摩洛哥、伊斯特尔以及布尔日附近的阿沃尔执行飞行任务。在兵役期将满之际，他被派到凡尔赛，和让·埃斯科一样，得到特许，想飞几次就飞几次，为了能攒够毕业要求所需的飞行时长。

在给母亲的这封信中，这位年轻飞行员的喜悦之情跃然纸上，确认了飞上蓝天是他的夙愿。童年时期，他曾在圣莫里斯德雷芒度假，那里距离昂贝略机场仅四公里，当时他就萌生了成为飞行员的梦想。

1912 年 7 月，圣－埃克苏佩里冲破家庭的禁令，在一架贝尔多－弗罗布莱夫斯基（Berthaud-Wroblewski）飞机上接受了蓝天的洗礼。他说服了那架飞机的驾驶员加布里埃尔·弗罗布莱夫斯基－萨尔维兹，说自己最终得到了母亲的准许，这让他坐上这架单翼机绕机场飞了两圈。

航空研究中心

克罗伊区

凡尔赛

我亲爱的妈妈：

终于，从四天前开始，我每天都在开飞机，而且还会继续开下去，我幸福得简直就像国王一样。今天我独自一人出发，没有带上一个伙伴。我先在凡尔赛上空盘旋，然后沿着谢夫勒斯河谷低空飞行。

这次我驾驶着“布雷盖”，这是一架300马力的大飞机，但它沉重的身躯并没有影响到它飞行时的轻盈。感觉就像是坐火车一样。这是一架非常稳当的飞机。

我现在来到了我刚刚去过的埃莱娜阿姨家的上空。

我亲爱的妈妈，你们一直没有把我的袜子寄过来！而且我没有袜子穿了！

比希[1]怎么样？今天或明天我会给她回信。她给我寄了一封美妙的信。她过得好吗？我们的课程大约在28—30号之间结束。我真想亲自去瑞士把温柔的比希接回来。

重要的是：今天您能把我黑色的便装送到里昂清洗吗？还有［缺少信的结尾］

1 安托万·德·圣－埃克苏佩里的大姐玛丽－玛德莱娜的昵称。

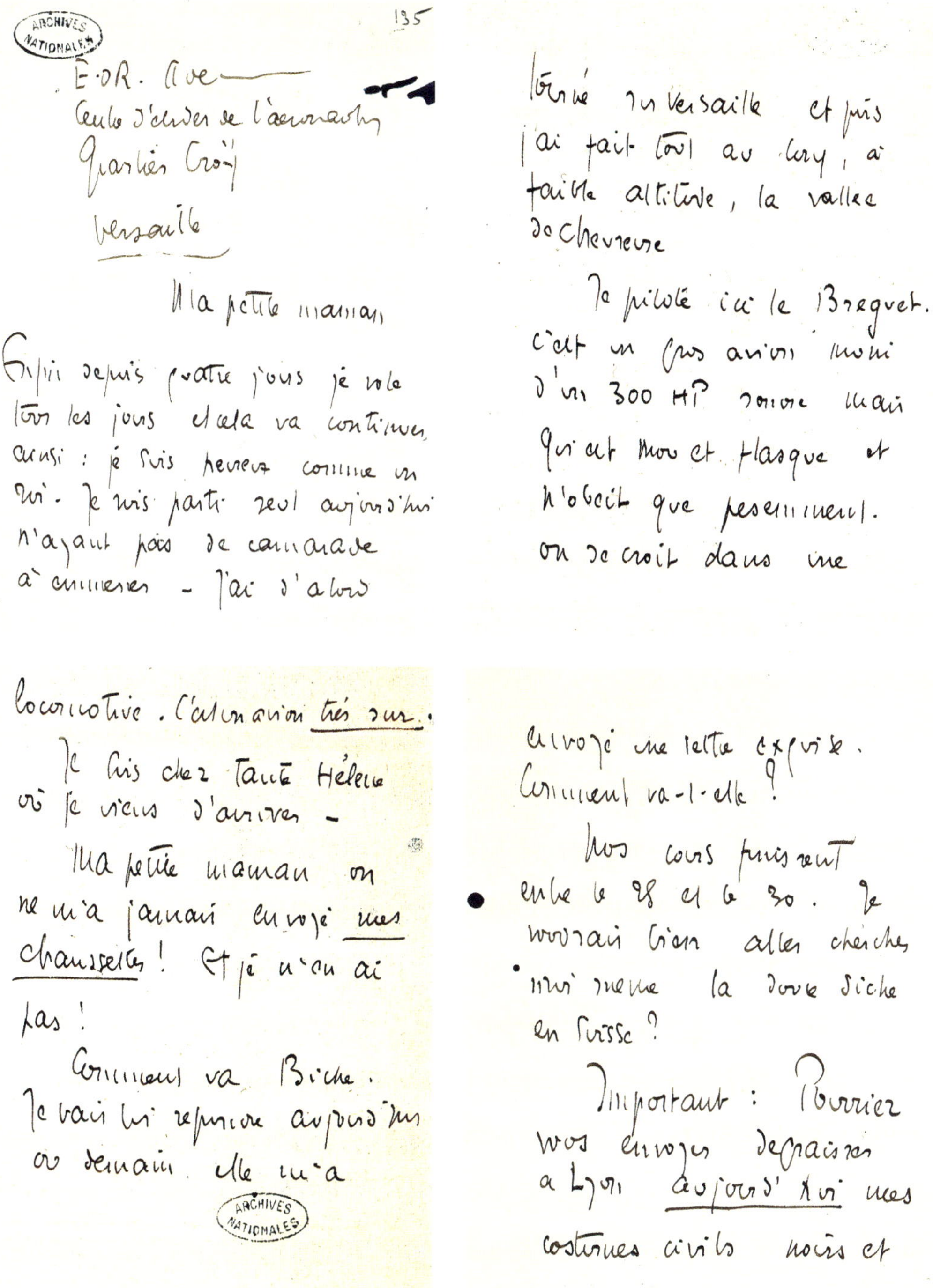
ARCHIVES NATIONALES
135
E.O.R. Ave
Centre d'études de l'aéronautique
Quartier Croÿ
Versaille
Ma petite maman
Enfin depuis quatre jours je vole tous les jours et cela va continuer ainsi : je suis heureux comme un roi. Je suis parti seul aujourd'hui n'ayant pas de camarade à emmener – j'ai d'abord
tourné sur Versaille et puis j'ai fait tout au long, à faible altitude, la vallée de Chevreuse.
Je pilote ici le Breguet. C'est un gros avion muni d'un 300 HP sonore mais qui est mou et flasque et n'obéit que pesamment. On se croit dans une
locomotive. C'est un avion très sûr.
Je suis chez Tante Hélène où je viens d'arriver –
Ma petite maman on ne m'a jamais envoyé mes chaussettes ! Et je n'en ai pas !
Comment va Biche. Je vais lui répondre aujourd'hui ou demain. Elle m'a
envoyé une lettre exquise. Comment va-t-elle ?
Nos cours finissent entre le 28 et le 30. Je voudrais bien aller chercher moi même la douce Biche en Suisse ?
Important : Pourriez vous envoyer de suite à Lyon aujourd'hui mes costumes civils noirs et
ARCHIVES NATIONALES

安托万写给母亲的未发表信件，凡尔赛，1922 年

“拉泰科埃尔公司航线”。法国—摩洛哥航线宣传海报，约 1930 年

“我有月亮”

1927年。在进入拉泰科埃尔公司一年后，圣－埃克苏佩里被上司迪迪叶·多拉任命为朱比角中途站站长。迪迪叶·多拉后来成了《夜航》中里维埃（Rivière）的原型。那里的风光就像《鞑靼人沙漠》（*Désert des Tartares*）和《西尔特沙岸》（*Rivage des Syrtes*）两本书中描写的一样：在西撒哈拉沙漠的边缘，一个西班牙堡垒俯临大西洋。沙漠和大海都一望无垠。

任务并不轻松：在这个动荡的地区，叛乱经常发生，被当地造反的摩尔人俘虏或杀害的飞行员数不胜数。圣－埃克苏佩里在那里的工作持续了十八个月。也是利用这段时间，他完成了他的第一部小说。拉泰科埃尔公司的飞行员每天都在冒着生命危险运送邮包，而这些运往目的地达喀尔的珍贵货物也成了他小说的书名：《南线邮航》。

［他转过身去。机械师，机上唯一的乘客，膝盖上放着一个手电筒，正在看书。机舱里只有垂下的头及其倒影被照亮了。］那个脑袋看上去很奇怪，好像灯笼一样是从里面被照亮的。他喊“救命！”但声音消失了。他用拳头敲了敲钢板：被灯光照亮的男人仍在看书。当他翻页时，他的面容显得很憔悴。贝尔尼再一次喊“救命！”虽然近在咫尺，但这个男人是够不到的。于是他放弃交流，转身朝前面。“我应该接近吉尔海峡（cap Guir）了，但我希望有人把我拉上来……情况很不妙。”他思索着，“我可能太靠海了”。他根据罗盘纠正了航向。他奇怪地感到自己就像一匹受惊的母马，被抛向右侧的汪洋大海，就好像左边真的有山峦向他压过来。“应该下雨了。”他张开伤痕累累的手。“20分钟后我将飞回海岸，然后就是平原……就没那么危险了……”

但突然，天气转晴了。乌云退散，星星就像洗过一样簇新簇新的。哦月亮……是最美的灯！阿加迪尔（Agadir）[1]的机场会亮三次灯，就像一块发光的广告牌一样。“我才不在乎这灯光呢，我有月亮！”

1 摩洛哥西南部的海港。

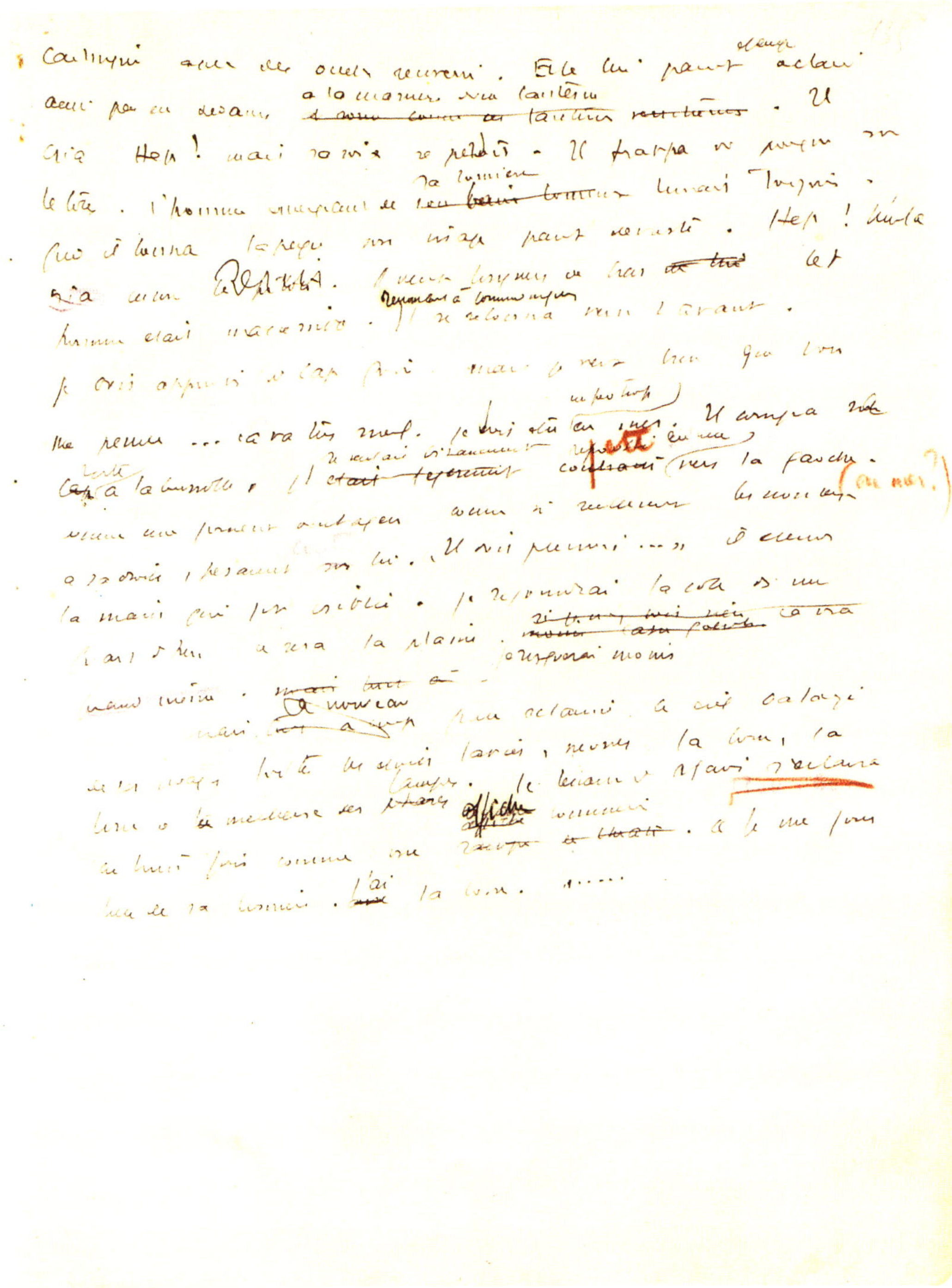

《南线邮航》的手稿，创作素材，1929 年

夏尔·萨莱斯

“这可耻的沉默”

1928 年，圣－埃克苏佩里被任命为朱比角机场负责人，他在那里的主要工作是和当地叛乱的民众谈判，协商释放因迷航或飞机失事而被俘虏的邮航飞行员的条件。

圣－埃克苏佩里驾驶一架布雷盖 14 A2（Breguet 14 A2）飞机抵达朱比角后，就在一间紧挨着西班牙要塞的简陋木屋里安顿下来，盘算着要如何完成任务。他与摩尔人首领来往密切，礼节性地前去拜会，又用东方的待客之道款待他们。数月后，他成功地和摩尔人结下友谊，顺利恢复了双方的正常关系，航线也重新开通了。

我的老朋友：

请把我这可耻的沉默归咎于天气，归咎于不可饶恕的懒惰，还有我对看到的所有新事物还无法理解吧！

其实，我给你写过三四次信，但都没有寄出。我试着向你解释原因，但还是没能做到。这里发生的事情既不可思议，又稀奇古怪。每次执行邮航任务都要飞越撒哈拉沙漠，去一趟是两千公里，回来一趟又是两千公里，其中的一千公里要经过叛乱部落上空。想象一下这片沙漠吧，总是这片一成不变的沙漠。因为飞机故障，我已经在沙漠中一个孤零零的小堡垒过了一夜。

我喜欢这种离群索居的感觉，但是它不可名状。而摩尔人部落和摩尔人的面孔让我着迷。有朝一日我会跟你讲述这一切。

不过相反，我不喜欢塞内加尔，太杂乱不堪了！达喀尔简直就是最污秽的郊外。并非［……］

Mon vieil ami

Mets sur le compte du climat, d'une impardonnable paresse, d'une impossibilité à comprendre encore tout ce que je vois de nouveau — ce honteux silence !

Pourtant je t'ai écrit trois ou quatre fois et mes lettres ne sont pas parties. J'essayais de t'expliquer cette vie et je n'y parvenais pas. C'est pourtant quelque chose de merveilleux et de bizarre.

Je fais à chaque courrier deux mille kilomètres de Sahara aller, deux mille retour. Dont mille au dessus des tribus dissidentes. Tu imagines ce sable, toujours ce sable. Et j'y ai déjà passé une nuit, en panne, dans un petit fortin isolé.

Et j'aime cet isolement. Mais je ne sais pas en parler. Et les tribus maures et les visages maures me passionnent. Je te raconterai tout ça un jour.

Par contre je déteste le Sénégal. Quelle poubelle. Dakar est la plus immonde banlieue. Ce n'est pas

安托万·德·圣-埃克苏佩里写给夏尔·萨莱斯的信，1927 年

“我已经在给你们写信了”

这封寄给亨利·吉尧梅的信是他写给所有飞行员伙伴的。安托万·德·圣-埃克苏佩里因患登革热不得不远离他们，这次发病也让他长期受风湿发作之苦，一连几星期卧床不起。他到阿盖城堡（Château d’Agay）的妹妹蒂蒂家中去康复疗养，期间朋友们去看望过他。

回到摩洛哥，他写信说了一些有关邮政航空公司的消息，他为公司飞图卢兹到卡萨布兰卡或达喀尔的航线。

亲爱的孩子们：

我多好，我已经在给你们写信了。我在卡萨遇到麻烦了，因为尽管让内（Jeannet）之前答应得好好的，临了却没有帮我找好住处——甚至压根就忘了我要来。你们可以友好地告诉他，我会找他算账的，因为我可不喜欢别人不拿我当回事儿。他不会把这句话一直带到天堂的（尤其是有没有天堂还不好说呢）。

离开你们让我很痛苦。你们是帮热情的小家伙，我很喜欢。

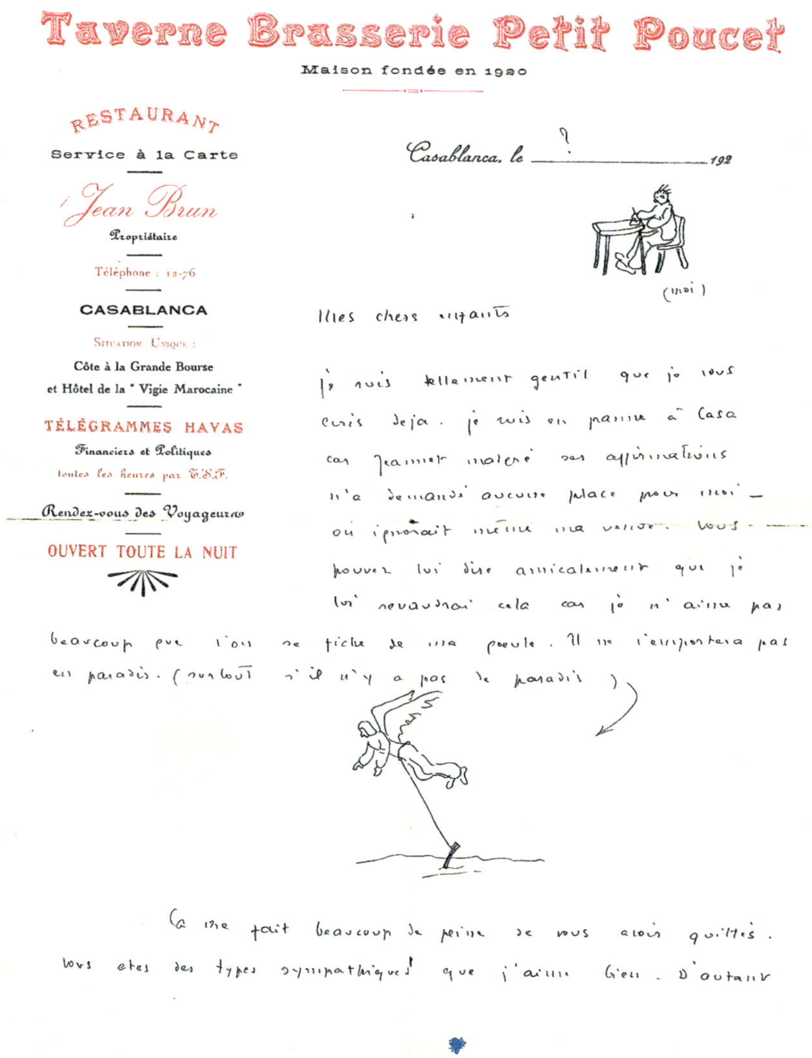

Taverne Brasserie Petit Poucet
Maison fondée en 1920

RESTAURANT
Service à la Carte
Jean Brun
Propriétaire
Téléphone : 12-76
CASABLANCA
Situation Unique :
Côte à la Grande Bourse
et Hôtel de la " Vigie Marocaine "
TÉLÉGRAMMES HAVAS
Financiers et Politiques
toutes les heures par T.S.F.
Rendez-vous des Voyageurs
OUVERT TOUTE LA NUIT

Casablanca, le ? 192

(moi)

Mes chers enfants

Je suis tellement gentil que je vous écris déjà. Je suis en panne à Casa car Jeannier malgré ses affirmations n'a demandé aucune place pour moi — on ignorait même ma valeur. Vous pouvez lui dire amicalement que je lui revaudrai cela car je n'aime pas beaucoup que l'on se fiche de ma poire. Il ne l'emportera pas en paradis. (surtout s'il n'y a pas de paradis)

Ça me fait beaucoup de peine de vous avoir quittés. Vous êtes des types sympathiques! que j'aime bien. D'autant

给亨利·吉尧梅的配图信（正面），卡萨布兰卡，1927 年（?）

plus que je me suis réconcilié avec Riguelle qui est un chic type. Et lui avec moi, qui suis un chic type. Il a bien essayé sournoisement de me faire chiper par les Maures mais ça a raté et je le lui pardonne. Et puis avec un héros comme Jeanniot je ne craignais rien. (Il voulait même m'emmener tout de suite et laisser la poste.)

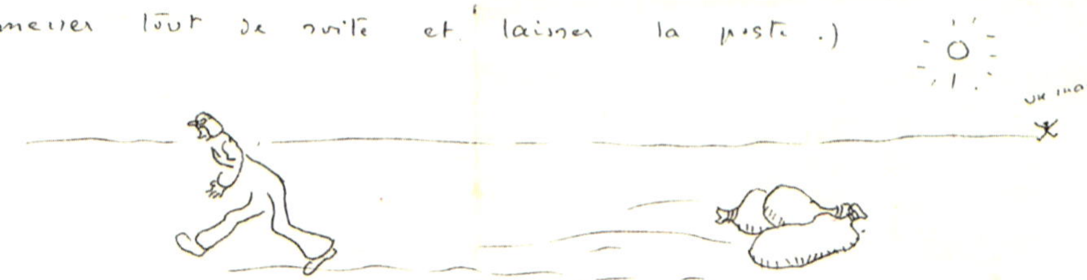

Je pense que Guillaumet continue à faire quatre petits pas par jour. Il devrait bien m'en garder un.

mais empêchez-le de trop se fatiguer pour qu'il en reste un peu lorsque je reviendrai.

Maintenant il me reste à vous remercier d'avoir été si gentils pendant ma maladie. De m'avoir ~~massé~~ frictionné de m'avoir nourri, de m'avoir distrait. Je me souhaite d'être bien vite de retour parmi vous et vous serre tous sur mon vaste cœur

Saintex

écrivez « Château d'Agay Agay Var »

et racontez-moi tous les petits tuyaux sur la ligne et sur votre vie. Ne me laissez pas tomber. Et je vous écrirai de mon côté tout ce que j'apprendrai à Toulouse et Paris

给亨利·吉尧梅的配图信（背面），卡萨布兰卡，1927 年（?）

另外我和里盖勒言归于好了，他是个很不错的家伙。他也和我讲和了，我也是个不错的家伙。之前，他试图偷偷地让我被摩尔人劫走，但失败了，我原谅了他。然后跟让内这样的人物在一起，我什么都不用担心。（他甚至想马上带我走，离开这里。）

我猜想吉尧梅还是继续每天训练四个小家伙，他真应该给我留一个。

不过你们可千万别让他太累了，好歹他要撑到我回去呀。

现在我要感谢你们在我生病期间对我这么好，给我按摩，喂我吃饭，给我解闷。希望我可以早日回到你们身边，紧紧把你们搂在怀里。

圣埃克斯

请写信到："阿盖城堡，阿盖（瓦尔省［Var］)"，告诉我航线上发生的所有大大小小的事情，别对我不理不睬，我也会给你们写信，告诉你们我在图卢兹和巴黎的见闻。

“我现在在达喀尔”

安托万·德·圣－埃克苏佩里和让·埃斯科在阿沃尔相识，并曾一起在凡尔赛参加飞行员培训。1924 年 11 月起，两位旧友一同住在位于奥尔纳诺大街（Boulevard d’Ornano）的泰坦尼亚酒店（L’hôtel Titania）的寓所，直到圣－埃克苏佩里赴拉泰科埃尔公司就职。虽分隔两地，但二人的联系不曾中断，往来信件接替了曾经的挑灯夜话。显然，孤身一人在达喀尔的圣－埃克苏佩里尤其怀念那段时光。

让我们听听让·埃斯科是怎么说的：“我们之间的友情从未令我失望过。这正是安托万在给他母亲的信中提到的定义友谊的准则：朋友就是从不令我失望的人。圣－埃克苏佩里还是个无私的人，我从未见过他伤害别人或寻思报复。我们之间从未有过争吵，虽然我可能比他更随和一点。”（《伊卡洛斯》［*Icare*］第一卷，第 114 页）

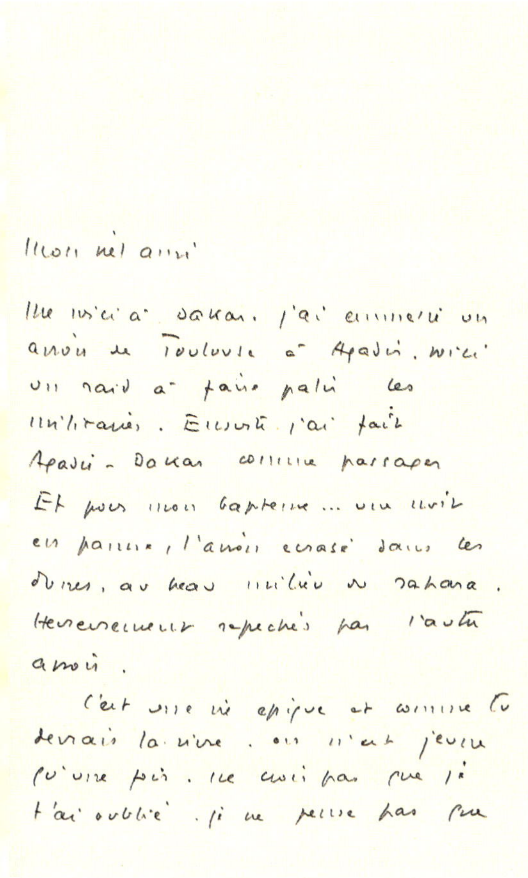

Mon vieil ami

Me voici à Dakar. J'ai emmené un avion de Toulouse à Agadir. Voici un raid à faire pâlir les militaires. Ensuite j'ai fait Agadir-Dakar comme passager. Et pour mon baptême… une nuit en panne, l'avion écrasé dans les dunes, au beau milieu du Sahara. Heureusement repêchés par l'autre avion.

C'est une vie épique et comme tu devrais la vivre. On n'est jeune qu'une fois. Ne crois pas que je t'ai oublié. Je ne pense pas que

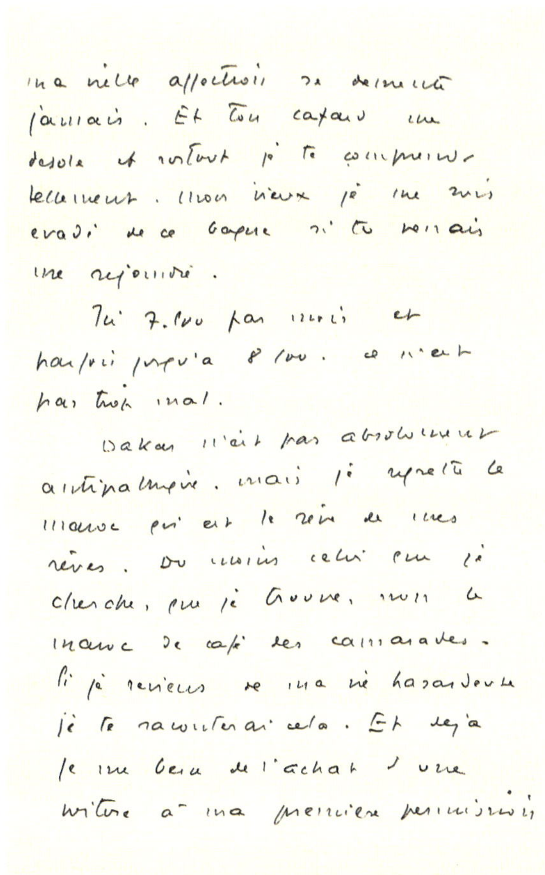

ma vieille affection se démente jamais. Et ton cafard me désole et surtout je te comprends tellement. Mon vieux je me suis évadé de ce bagne si tu venais me rejoindre.

J'ai 7.000 par mois et parfois jusqu'à 8000. Ce n'est pas trop mal.

Dakar n'est pas absolument antipathique. Mais je regrette le Maroc qui est le pays de mes rêves. Du moins celui que je cherche, que je trouve, non le Maroc de café des camarades. Si je reviens de ma vie hasardeuse je te raconterai cela. Et déjà je me berce de l'achat d'une voiture à ma première permission

给让·埃斯科的信，1927 年

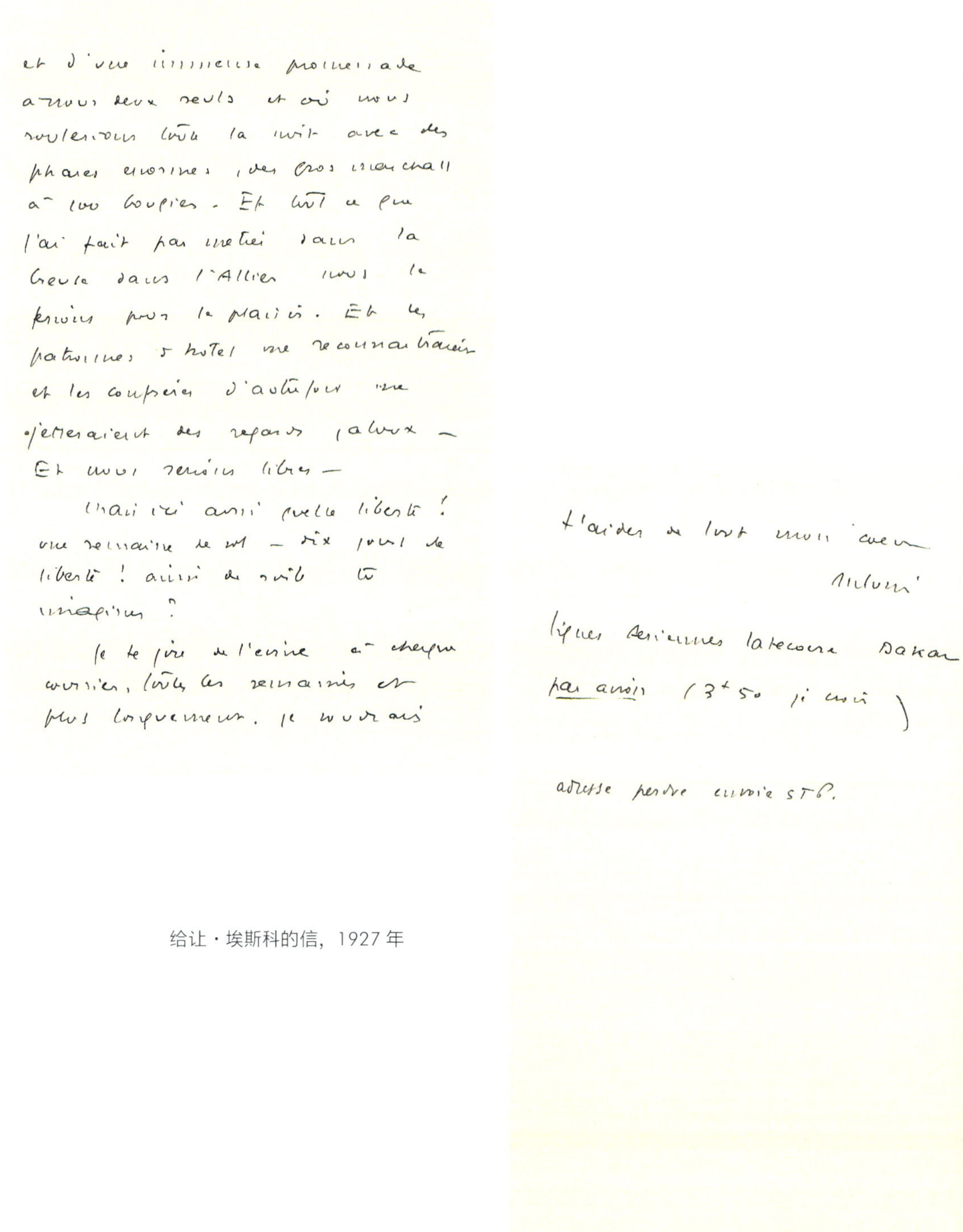
et d'une immense promenade
à nous deux seuls et où nous
roulerions toute la nuit avec des
phares énormes, des gros machins
à 100 bougies. Et tout ce que
j'ai fait pour mettre dans la
Creuse dans l'Allier nous le
prions pour la Maison. Et les
patronnes d'hotel me reconnaîtraient
et les coupeurs d'autrefois me
jetteraient des regards jaloux —
Et nous serions libres —
Mais ici aussi quelle liberté !
une semaine de [illegible] — six jours de
liberté ! aussi de [illegible] tu
imagines ?
Je te prie de l'écrire au chaque
courrier, toutes les semaines et
plus longuement. Je voudrais

t'aider de tout mon cœur
Melvin

lignes aériennes Latécoère Dakar
par avion (3 f 50 je crois)

adresse perdre envoie STP.

给让·埃斯科的信，1927 年

我的老朋友：

我现在在达喀尔。我驾驶飞机从图卢兹来到阿加迪尔。这是一次让那些当兵的吓得脸色发白的长途飞行。然后我又作为乘客从阿加迪尔飞到了达喀尔。而我所接受的洗礼……是一个发生故障的夜晚，飞机坠毁在撒哈拉沙漠中心的沙丘上，幸好我被另一架飞机救了。

这是史诗般跌宕起伏的经历，你也应该体验一下。我们只年轻一次。不要以为我已经把你忘了，我从不认为我对你的感情会消退。你的沮丧让我感到难过，尤其是因为我那么了解你。我的老朋友，如果你来找我，我就能从这苦海中解脱出来。

在这里我们一个月能挣7800，有时候甚至多达8100。这不算坏吧。

达喀尔没那么令人讨厌，但我还是更想念摩洛哥，那是我梦寐以求的地方。至少那是我要追寻并且找到的地方，不是那个同志们常去泡咖啡馆的摩洛哥。如果我结束了我的冒险，我就给你讲我的经历。我已经在遐想，在我第一次休假期间，我要买一辆汽车，开着刺眼的车灯，一千支光的大灯泡，跟你一起整晚开车出去兜风，只有我们俩。我在克勒兹（Creuse）还有阿利省（Allier）做的所有工作都是出于快乐而去做的。旅馆的老板娘们都认得我，我以前的同事都会向我投来嫉妒的目光——我们是自由的。

但在这里，也同样自由啊！飞一周——歇十天！以此类推，你能想象得到吗？

我向你保证，每次飞行我都会给你写信，每周都写，写得更长。我愿意全心全意帮助你。

安托万

拉泰科埃尔航空公司达喀尔航线

航空信（我想费用应该是3.5法郎）

如地址丢失，请寄回。

“这是个没有岸的夜晚”

《夜航》的这一选段用现实主义的手法描述了飞行员职业的艰苦。他们在南美洲开拓邮航线路，确保邮件的按时运送。圣－埃克苏佩里当时被任命为法国邮政航空旗下的阿根廷邮政航空经理，负责阿根廷国内航线业务。他在给儿时好友丽内特的信中满怀辛酸地抱怨道：“这条长达三千八百公里的航线每时每刻都在榨干我所剩无几的青春和无比热爱的自由。”然而，这些传奇的历险丰盈了他第二本小说的情节，也让他所经历的痛苦得到升华。在夜里驾驶飞机时，圣－埃克苏佩里回忆起他的童年、梦想和追求。尽管他认为夜航是“更加危险的旅程”，但他还是找到了理想的冥想场所——小小的驾驶舱。

巴西的邮航宣传海报，1933 年

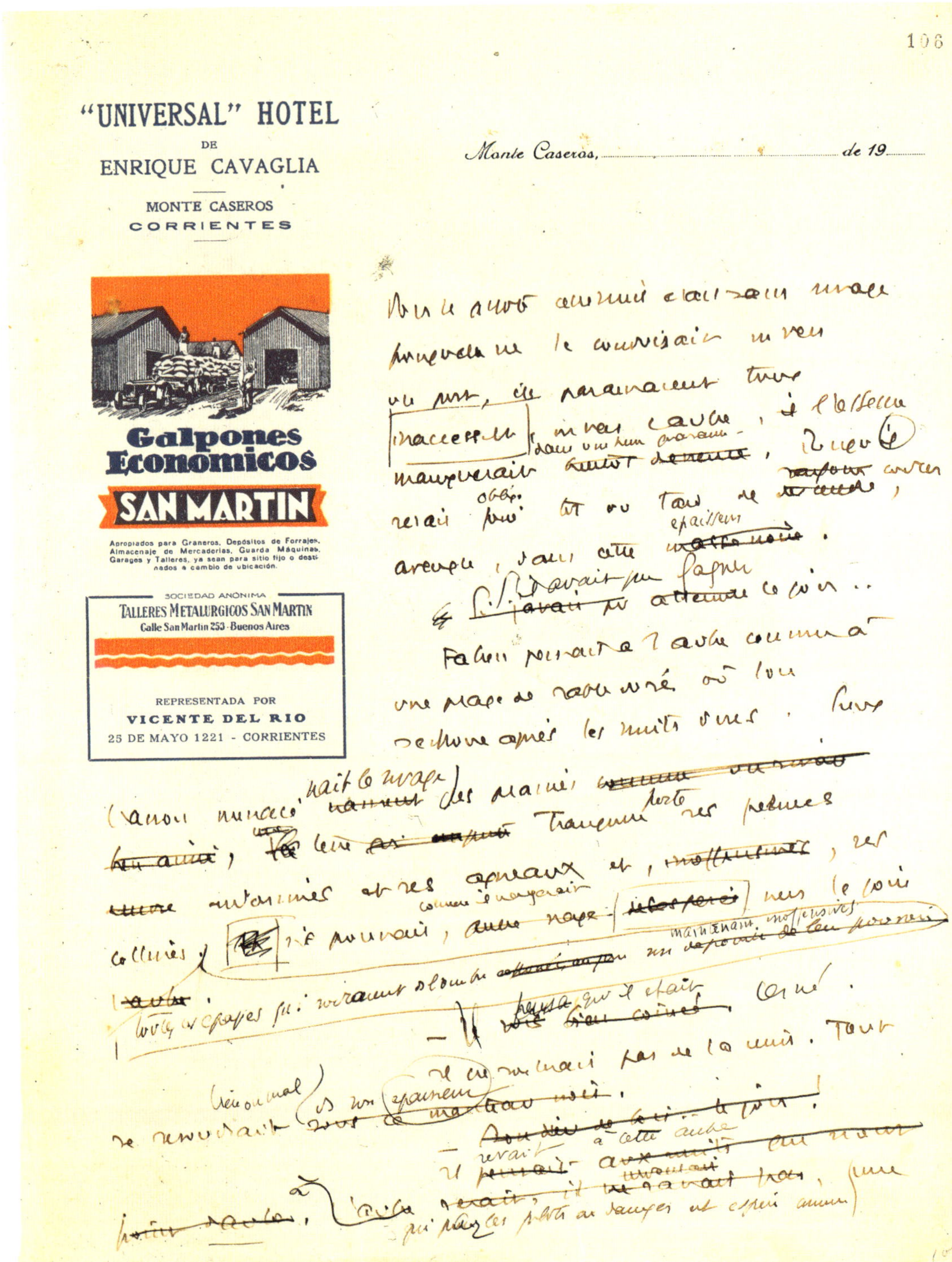
106

"UNIVERSAL" HOTEL
DE
ENRIQUE CAVAGLIA
MONTE CASEROS
CORRIENTES

Galpones Economicos
SAN MARTIN
Apropiados para Graneros, Depósitos de Forrajes, Almacenaje de Mercaderías, Guarda Máquinas, Garages y Talleres, ya sean para sitio fijo o destinados a cambio de ubicación.

SOCIEDAD ANONIMA
TALLERES METALURGICOS SAN MARTIN
Calle San Martin 253 - Buenos Aires
REPRESENTADA POR
VICENTE DEL RIO
25 DE MAYO 1221 - CORRIENTES

Monte Caseros, ... de 19....

《夜航》的手稿

在飞行员看来，这是个没有岸的夜晚，因为它既不通向港口（每个港口都遥不可及），也不通向黎明：一小时四十分钟后，汽油就会耗尽。飞机迟早要被迫盲目地在这漆黑厚重的夜里沉没。

如果能捱到天亮……

法比安想到黎明，就像一片金色的沙滩，经过这艰难险阻的一夜后，可以搁浅在那里。在危机四伏的飞机下面，会出现像岸一样的平原。静静的大地怀着它沉睡的农庄、羊群和山丘。所有在黑暗中翻滚的漂浮物都不足为患了。如果可以，他真想朝着黎明游去！

他想他已经被重重围住。是好是坏，一切都将在无边黑夜中落幕。

这是真的。有几次，天一亮，他就觉得自己得救了。

可是，两眼盯着太阳升起的东方又有什么用呢？在他和太阳之间，有无法跨越的漫漫长夜。

“乌云散去……”

由内丽·德·沃居埃捐赠，《夜航》的手稿现藏于法国国家图书馆。这部手稿本身也是作者的旅行指南，书稿中的一些页首总写着酒店、酒吧、餐厅的名字，偶尔还会出现作者在美洲和欧洲的行程记录：布宜诺斯艾利斯、里约热内卢、尼斯、图卢兹、巴黎……

伽利玛出版社于 1931 年 10 月出版了《夜航》，安德烈·纪德为此书写了序。1931 年 3 月，安德烈·纪德在阿盖（Agay）碰到了圣－埃克苏佩里，并在日记中记录了此次重逢：“很高兴再次见到圣－埃克苏佩里，［……］他从阿根廷带回了一本新书，还有一个未婚妻。我读了他的书，也见了他的未婚妻。我衷心地祝贺他，尤其祝贺他的书；我希望他的未婚妻也一样令人满意。”

同年，《夜航》荣膺费米娜文学奖。

吉尧梅驾驶波泰 25（Potez 25）飞机飞越安第斯山脉。热奥·阿姆（Géo Ham）给《插图》（*L'Illustration*）杂志的供稿，1932 年

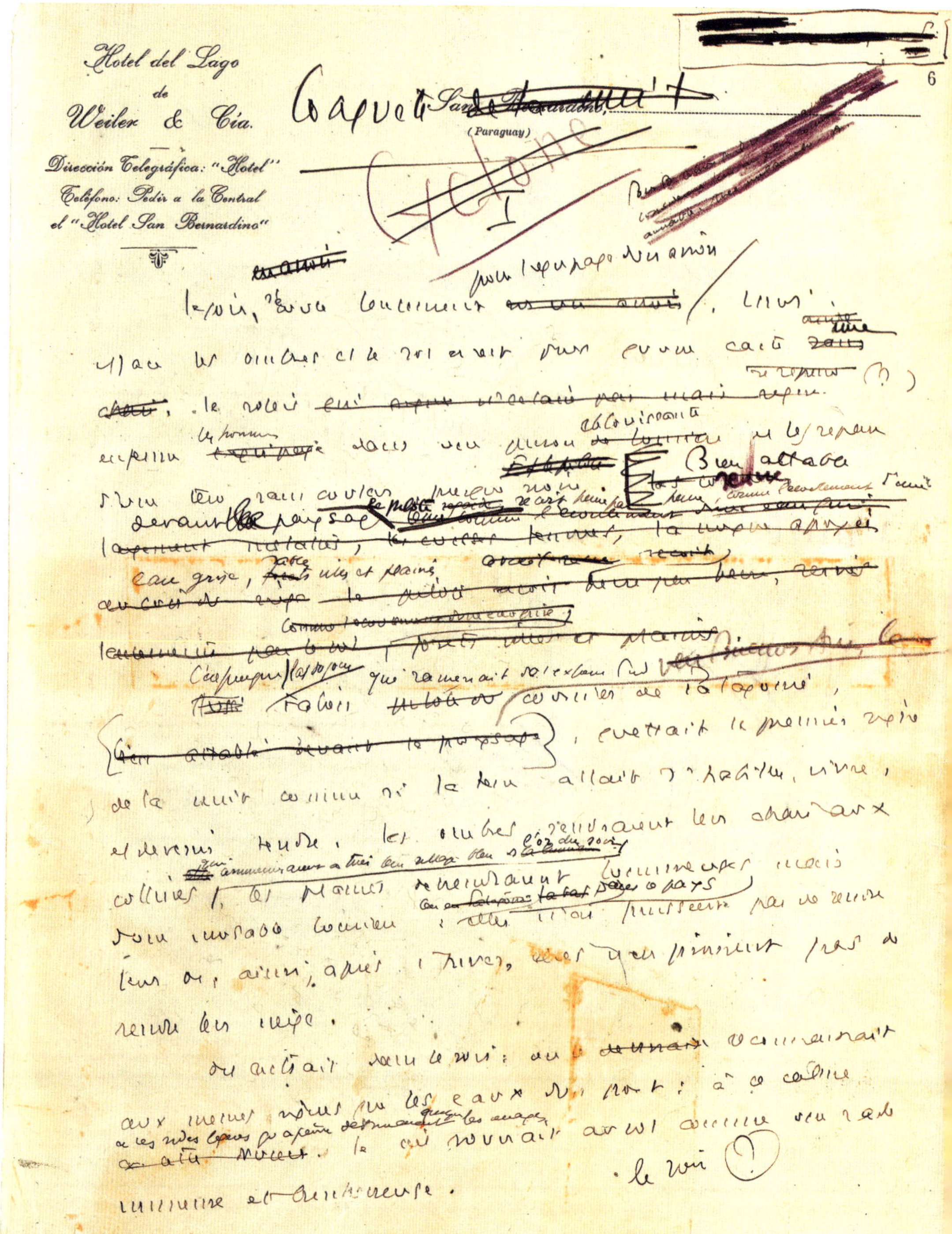

准备阶段的《夜航》手稿，和出版的文本有出入

对于飞机上的机组人员来说，日子过得很慢。正午的时候，地面上一点影子都没有，就像是一张什么都没有的地图。太阳把人关进一个光芒万丈的监狱里，把他们和黯然失色、几乎黑黢黢的地面分开。飞行员端坐在风景前，一个小时又一个小时，沙漠、城市和平原像灰色的流水不停地从他眼前淌过。正因如此，厌倦了白天的法比安，从最南边的巴塔哥尼亚驾驶邮航飞机回来，等待着黑夜的第一个信号，那时大地仿佛会穿上新衣，会活过来，会变得温柔，披上一抹柔和不刺眼的光芒。山丘在金色的落日余晖中慢慢显出它们的轮廓，暗影让它们［无法辨认的词语］，平原变得熠熠生辉，因为在这个地区，冰雪不断消融。夜晚来临了：从这份宁静，从那静止的云勾勒出的浅浅的褶皱中，我们认出了夜晚，就好像通过水纹认出了港口一样。乌云散去，天空就像一片停泊之地，张开广阔、幸福的怀抱。

“月亮也消殒了”

这段《人类的大地》的节选，圣 - 埃克苏佩里已经在给《不妥协报》写的第二篇名为《难忘的飞行，沙漠的牢笼》一文中发表了一部分，紧接着就是 1935 年 12 月他驾驶戈德龙 · 西蒙飞机在利比亚沙漠出事的经历。

作者对这次悲惨的经历记忆犹新，因此奠定了其第三部小说的道德寓意：“我们对自身的认知，大地给我们的教诲比任何书籍都要深远。因为大地桀骜不驯，而人只有在和障碍抗衡时，才会真正认识自己。”

乔治·帕里（Georges Parry）给 1939 年获得法兰西学院小说大奖的《人类的大地》画的海报

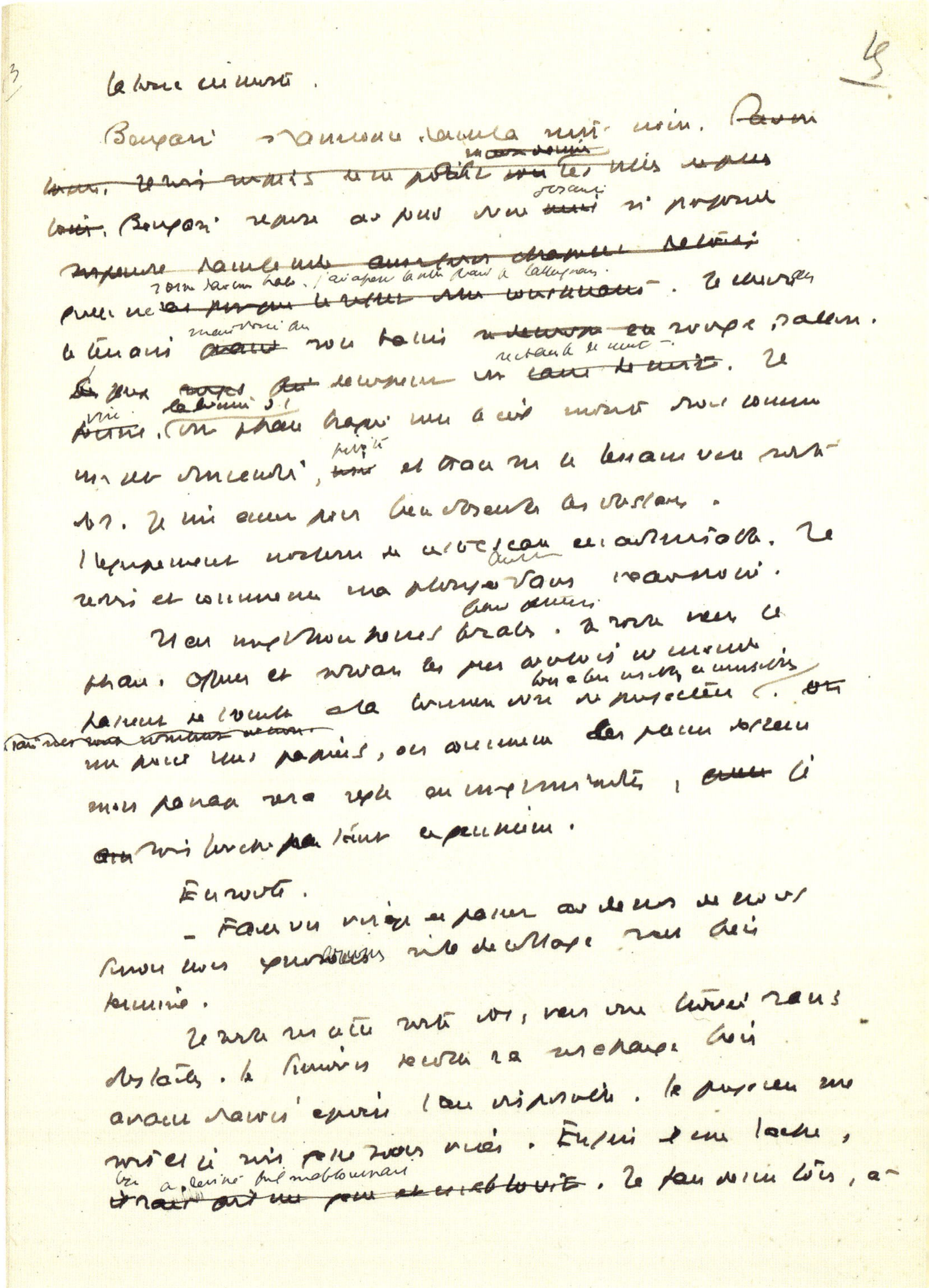

准备阶段的《人类的大地》手稿，关于沙漠的章节

月亮也消殒了。

班加西在黑夜里遥遥在望了。班加西憩在深沉的暗夜里，没有一点光晕做点缀。我在抵达的时候才看到这座城市。我在找机场，看见它红色的灯标亮了。灯光剪出一块黑色的长方形，我盘旋飞行。探照灯的光线直冲天空，像一根火柱，火柱旋转起来，在场地上划出一条金光大道。我继续盘旋飞行，以便更好地看清障碍物。这个中途站的夜间设备真是让人赞叹。我减速，开始俯冲，就像一头扎进黑色的海水里。

飞机着陆的时候是当地时间二十三点。我向灯塔滑行。殷勤的军官和士兵经过探照灯的红光，一会儿看得见，一会儿又看不见了。他们看了我的证件，给我的飞机加油。我的中途停靠将在二十分钟内完成。

“请绕一圈，从我们头顶经过，不然我们不知道起飞是否顺利。”

上路。

我在这条金光大道上滑行，朝没有障碍物的跑道冲去。我的“西蒙”飞机还没有滑行到跑道的尽头，庞大的机身就已经凌空而起。探照灯跟着我的飞机照过来，光线妨碍我盘旋飞行。最终，它放过了我，或许他们已经猜到探照灯刺我的眼了。我转了半圈。[……]

“我当了八年航线飞行员”

这位非凡的飞行员的飞行经历要从 1912 年他在昂贝略接受天空的洗礼开始说起，后来在 1921 年他在斯特拉斯堡学习飞行知识，也正是在那里，他第一次驾驶有双操作系统的法尔芒 F 40（Farman F 40）飞机飞了十五分钟。之后在 7 月 9 日，他在斯特拉斯堡第一次独自驾驶索普威思 F-CTEE（Sopwith F-CTEE）飞机。1922 年，他上了阿沃尔的预备役军官名单，随后被派往凡尔赛实习，在维拉库布莱机场练习飞行。同年 10 月 10 日，他被任命为少尉并选择了布尔歇的驻地。第二年年初，他出了第一次飞行事故，因未经许可就驾驶 HD-14 飞机，被停飞了半个月。

之后他在巴雷斯（Barès）将军的推荐下考入法国航空公司并成为了中级飞行员。1926 年 6 月 23 日，他拿到了航线运输驾驶员执照，同年 10 月 14 日，进入了图卢兹的拉泰科埃尔公司，此后他经常飞卡萨布兰卡和达喀尔。安托万·德·圣－埃克苏佩里后来成为了该航线的飞行员。

《南线邮航》手稿空白处的插图

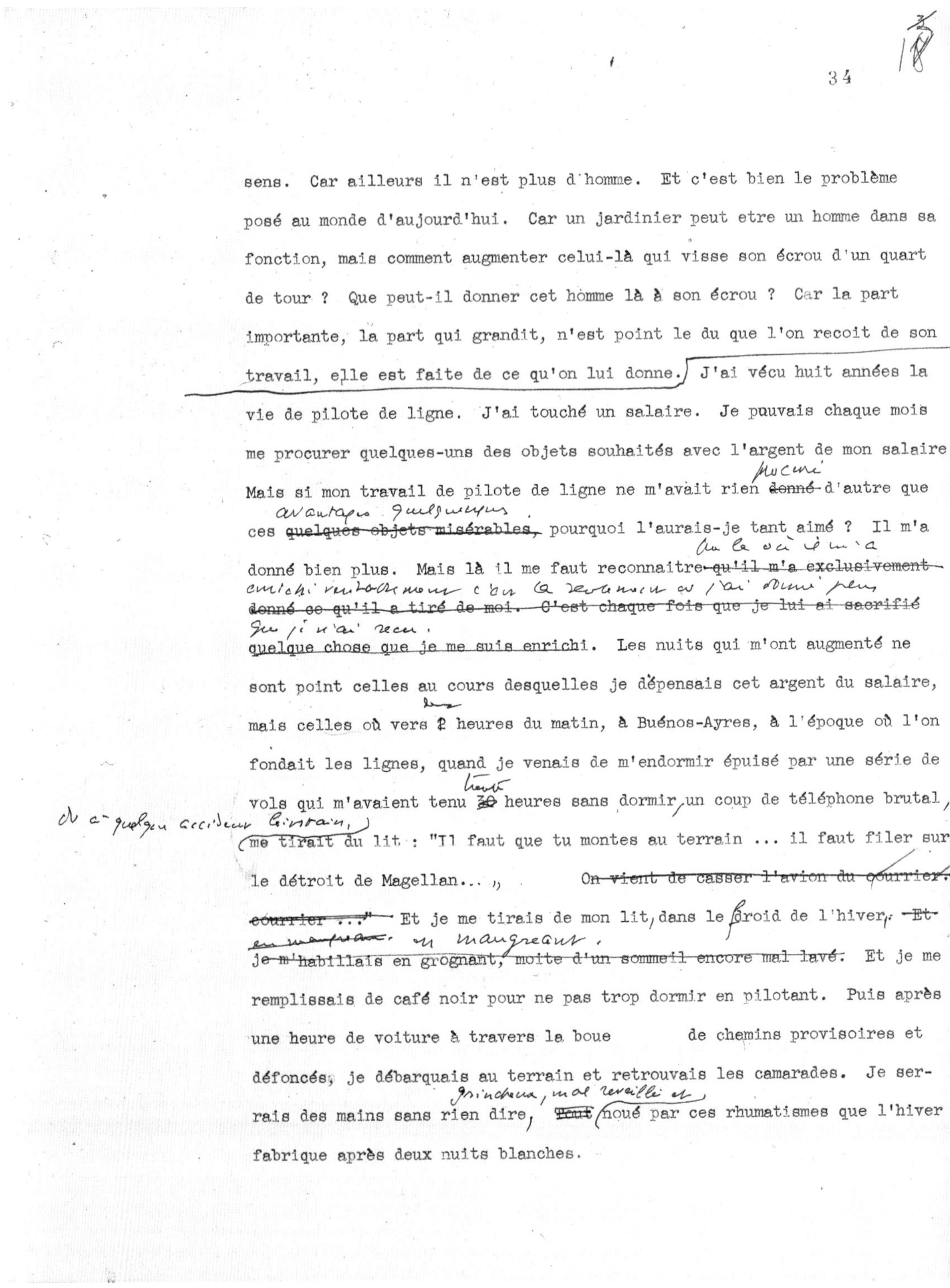
34 18

sens. Car ailleurs il n'est plus d'homme. Et c'est bien le problème posé au monde d'aujourd'hui. Car un jardinier peut etre un homme dans sa fonction, mais comment augmenter celui-là qui visse son écrou d'un quart de tour ? Que peut-il donner cet homme là à son écrou ? Car la part importante, la part qui grandit, n'est point le du que l'on recoit de son travail, elle est faite de ce qu'on lui donne. J'ai vécu huit années la vie de pilote de ligne. J'ai touché un salaire. Je puvais chaque mois me procurer quelques-uns des objets souhaités avec l'argent de mon salaire. Mais si mon travail de pilote de ligne ne m'avait rien ~~donné~~ procuré d'autre que ces ~~quelques objets misérables,~~ pourquoi l'aurais-je tant aimé ? Il m'a donné bien plus. Mais là il me faut reconnaitre ~~qu'il m'a exclusivement donné ce qu'il a tiré de moi. C'est chaque fois que je lui ai sacrifié quelque chose que je me suis enrichi.~~ Les nuits qui m'ont augmenté ne sont point celles au cours desquelles je dépensais cet argent du salaire, mais celles où vers 2 heures du matin, à Buénos-Ayres, à l'époque où l'on fondait les lignes, quand je venais de m'endormir épuisé par une série de vols qui m'avaient tenu ~~30~~ heures sans dormir, un coup de téléphone brutal, ~~me tirait~~ du lit : "Il faut que tu montes au terrain ... il faut filer sur le détroit de Magellan... " ~~On vient de casser l'avion du courrier. courrier ..."~~ Et je me tirais de mon lit, dans le froid de l'hiver. ~~Et je m'habillais en grognant, moite d'un sommeil encore mal lavé.~~ Et je me remplissais de café noir pour ne pas trop dormir en pilotant. Puis après une heure de voiture à travers la boue de chemins provisoires et défoncés, je débarquais au terrain et retrouvais les camarades. Je serrais des mains sans rien dire, ~~Tout~~ noué par ces rhumatismes que l'hiver fabrique après deux nuits blanches.

《战地飞行员》打字稿，有手写修改的痕迹

[……]我当了八年航线飞行员。我领一份薪水。每个月都可以用薪水买一些我想要的东西。但是，如果航线飞行员的工作除了这些好处别无其他，为什么我会如此喜欢它？因为它给了我更多。但在这儿我不得不承认，这份工作真正使我感到充实的原因只是我付出的比得到的多。使我感到充实的不是我用工资消费的那些夜晚，而是我在布宜诺斯艾利斯为开辟新航线每天熬到将近凌晨两点的那些夜晚，一连串的飞行使我筋疲力尽，我已经连续三十个小时没有闭眼，刚睡着就突然被一阵吵闹的电话铃声从床上拉了起来，肯定是远方出了什么意外："你必须来机场……飞去麦哲伦海峡……"在寒冷的冬夜，我抱怨着从床上爬起来，给自己灌满黑咖啡，以免驾驶时犯困。我在临时修造、破烂又泥泞的道路上行驶了一小时后到达了机场，下车找到伙伴们，一言不发地和他们握了手，熬了两个通宵，我憋着一肚子火，脑子昏昏沉沉的，冬天复发的风湿病让我浑身难受。

第五章

“我亲爱的妈妈”

“妈妈，我是靠您才回来的啊！虽然柔弱，您却像一个守护天使，坚强、睿智、心中充满祝福；夜里一个人的时候，我都向您祈祷，您可知道？”

<<<

玛丽·德·圣-埃克苏佩里在阿尔贝利纳（Albérine）河边，约1910年

>>>

三十岁的玛丽·德·圣-埃克苏佩里

安托万和他的母亲、姨妈、姐姐、妹妹和弟弟在圣莫里斯德雷芒，1904—1905 年

1923 年 10 月加布里埃尔·德·圣-埃克苏佩里和皮埃尔·德·阿盖婚礼上的家庭聚会

玛丽·德·圣－埃克苏佩里在1897年生了大女儿玛丽－玛德莱娜、次年生了二女儿西蒙娜之后，生了安托万，她的长子，她预感安托万会成为“她一生的荣耀”。

玛丽·德·丰斯科隆布出生在音乐和艺术爱好者之家（高祖父是收藏家，曾祖父是素描画家、油画家和古董收藏家，爷爷是植物学家和昆虫学家，父亲是音乐家），她自然继承了祖先的艺术天赋。玛丽·德·丰斯科隆布本身就是出色的音乐家，她尽量让孩子们都学习乐器（玛丽－玛德莱娜、安托万和弗朗索瓦学习小提琴，其他孩子学习钢琴，还有一个音乐老师教全家人唱歌）。在圣莫里斯的晚上，全家人围在钢琴边，吟唱着古典音乐家的作品和家族代代传唱的古老法语歌谣。

一年中的大部分时间，孩子们有幸在特里戈姨婆家城堡的花园里成长，在母亲的保护下，学习认识、尊重大自然。他们可以认出各种鸟儿的羽毛，听出它们的叫声，还自己做植物标本册。动物也是孩子们的教育的一个重要方面：有一头驴、几只兔子、狗、乌龟，甚至还有一只白老鼠！

玛丽·德·圣－埃克苏佩里温柔地爱着孩子们，在教育孩子们伦理道德时十分严肃，在对音乐艺术创意的教育又天马行空。这让她成了安托万心中女性的楷模，后者的整个情感生涯都在寻找这样的女人。

形势所迫，她不得不肩负起给五个孩子既当爹又当妈、既做老师又做朋友的责任。玛丽·德·圣－埃克苏佩里后来也一直都注意要满足儿子对关注的巨大需要：“我由衷地爱您，我亲爱的妈妈。[……] 实在没有多少人能说他们是我真正的知己、真正地了解我。但您的确是最有资格这么说的人……”

当她靠近孩子们时，她是令人心安的母亲：“在我伤心的时候，您确实是我唯一的安慰。小时候，我常常背着大书包回家，哭诉自己受到了老师的惩罚，[……] 但只要您的一个拥抱，所有不愉快就都忘得一干二净了。”当孩子们不在她身边时，她也知道怎样去吸引他们：“您的信让我感觉好多了，让我如坐春风。我的好妈妈，您是如何找到这么动人的话？我激动了一整天。”

由于信件在20世纪初仍然是人们保持联系的唯一方式，所以从1909年他们第一次分别开始，直到1944年7月这位作家飞行员失踪当天的拂晓，安托万与玛丽·德·圣-埃克苏佩里都一直保持着充满温情的书信往来。书信是他们深厚感情的有形见证。安托万经常需要钱，所以他很清楚怎样让母亲妥协来得到他想要的：“安托万谋事，家里成事”[1]，他在1917年这样写道……

通过这些信，我们能够理解安托万与母亲之间的特殊关系。玛丽·德·圣-埃克苏佩里在儿子精神十分孤独的时候一直都在：在圣路易中学备考海军学院、服兵役、成为飞行员之前漂泊不定的生活，在朱比角的经历，这一段段消沉抑郁的岁月，多亏有母亲的书信，他才能安然度过。

年复一年，圣-埃克苏佩里越来越意识到母亲在他生命中的重要性：“妈妈，我必须告诉您我有多崇拜您、多爱您，虽然我表达得很少也很笨拙。像您这样的爱让我感到如此安全，我想，我必须花很长的时间才能真正懂得您的爱。”

1925年，圣-埃克苏佩里兴味索然地干着卖卡车的工作，看不到生活的意义，而母亲定期的来信鼓舞着他：“我刚刚回来时看到了您的信。它陪伴着我。妈妈，就算我不写信，就算我是个混蛋，您也要相信，什么也比不上

1 这句话是从谚语“谋事在人，成事在天”中化来的。

您的温柔……我爱您，我从来没有像爱您这样爱过别人。”

从阿根廷回来后，安托万与母亲的通信就中断了，尽管这看起来很奇怪。当然，他确实经常在两次报道间隙回法国住。在 1931 年到 1939 年这段时间内，除了 1936 年 1 月在利比亚沙漠遇险后给母亲写了简短的一封信，安托万就没有给她写过什么了。玛丽·德·圣－埃克苏佩里来到巴黎，在王桥酒店（L'hôtel du Pont-Royal）住了三天，希望能有关于她失踪的儿子的消息。圣－埃克苏佩里被贝都因人搭救，回到有人居住的地方，一找到机会，他立马给母亲写了一封简短的信。信中表达了那份把他和母亲紧紧相连的无与伦比的爱：“我当时需要的是您，希望您保护我、庇佑我。我像一头自私的小羊羔一样呼唤您。”

在兵荒马乱的二战期间，两人还有些许书信来往，直到安托万前往美国，颠沛流离间两人断了联系。

玛丽·德·圣－埃克苏佩里最后一次收到安托万的来信是在1944年7月。信中，他安慰母亲，并向这位在他心里始终排在第一位的人表达了他强烈的爱意。

什么时候才能对所爱之人说出我们对他们的爱？

安托万·德·圣-埃克苏佩里，1920年代

“我在一条小溪边的哨所给您写信……”

1921 年 4 月，安托万·德·圣-埃克苏佩里入伍服役，他被编入位于斯特拉斯堡附近的诺伊霍夫第二飞行大队，在地勤分队任二等兵。

在这封信中，这位新兵蛋子讲述了他所在部队须承担的无数杂务中的一件：站岗放哨，在有敌情时发出警报。接着，他不乏幽默地描绘了战友身上那种可悲的无聊：他们无所事事，尽管如此，却会被乡间尤其是夜里的动静吓得惊慌失措，想到没能报告定期前来视察的巡逻队而恐慌不已。而巡逻队是如何回应这种恐慌的呢？他们会无视规定，高声宣告自己的到来，因为他们知道，哨兵有权在三次喝令警告后开枪。

斯特拉斯堡［1921］

亲爱的妈妈：

我在一条小溪边的哨所给您写信，昨晚我就在这儿过了一夜。野鸭和黑水鸡滑稽地争鸣，芦苇丛里能看到鸢尾，岸边还有睡莲。

换班的时候，我们会坐木筏逛逛。木筏陷在泥沼里，行驶得极其缓慢。我们还会去钓丁桂鱼，时不时会有鱼上钩。有时，我们索性在草地上打盹儿。每次到乡下溜个号都会持续两天，穿插着欢乐的野餐聚会［pics-nics，原文如此］。我的大多数战友都很期待，又有些提心吊胆。这有两个原因。［……］

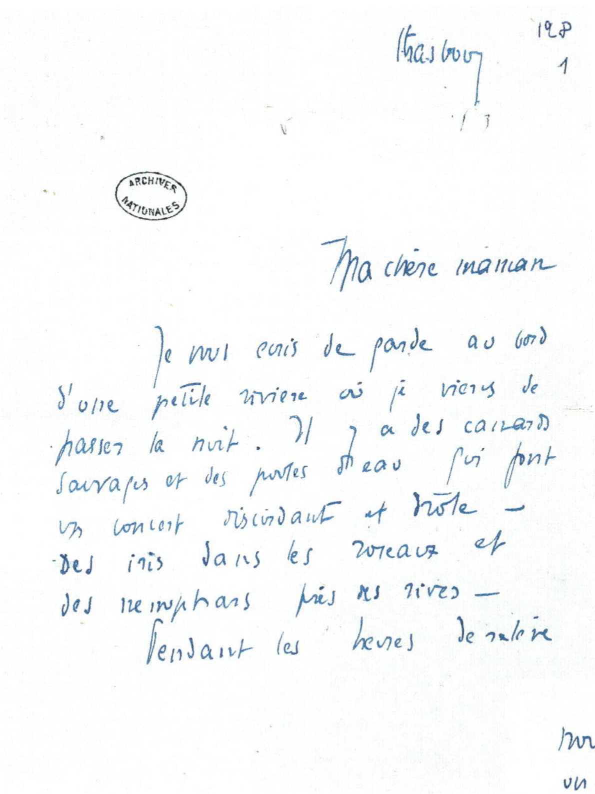
Strasbourg 128
1

ARCHIVES NATIONALES

Ma chère maman

Je vous écris de garde au bord d'une petite rivière où je viens de passer la nuit. Il y a des canards sauvages et des poules d'eau qui font un concert discordant et drôle — des iris dans les roseaux et des nénuphars près des rives —
Pendant les heures de relève

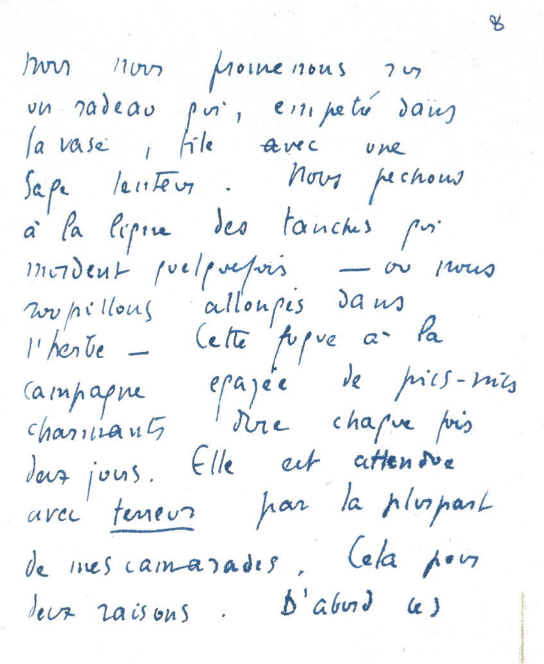
8

nous nous promenons sur un radeau qui, empêtré dans la vase, file avec une sage lenteur. Nous pêchons à la ligne des tanches qui mordent quelquefois — ou nous roupillons allongés dans l'herbe — Cette garde à la campagne égayée de pics-nics charmants dure chaque fois deux jours. Elle est attendue avec <u>terreur</u> par la plupart de mes camarades. Cela pour deux raisons. D'abord ces

安托万写给母亲的未发表信件的节选，
斯特拉斯堡，1921 年

安托万·德·圣-埃克苏佩里的军装照，阿沃尔，1922 年

“我很难过……”

或许是由于邮政服务部门的疏忽，抑或是出于善意的谎言，他们之间有几封往来信件的语气有点冲。这一次，母子二人就以这样的语气写信，而且圣－埃克苏佩里回信时用了母亲寄给他的那张信纸，几乎覆盖了她的笔迹。尽管有时会出现这些恼人的情况，但这也证明了母子双方对书信交流的重视。

玛丽·德·圣－埃克苏佩里决定将她从安托万那儿收到的书信交给法国国家档案馆（Archives nationales de France）的私人档案部。尽管在1910—1944年间他们往来的书信多达一百八十五封，且总页数超过了六百四十页，尤其是1910—1930年间的信件非常多，但仍有一些书信下落不明。

玛丽·德·圣-埃克苏佩里的笔迹

我的孩子：

我非常伤心。你离开三个星期了，从没给我报平安。我应该被更用心对待的。你听好，我不会再写信了，我真的寒心了。

妈妈

安托万·德·圣-埃克苏佩里的笔迹

我亲爱的妈妈：

我以我的名誉作担保，我给您写过信了，我一直在焦急地等待您的回信，因为我在寄给您的信里附了一沓木版画，我还迫切地希望听到您的意见呢。信里有很多细节。我很难过让您伤心了，您居然以为我如此冷漠，但不管怎样，妈妈，您也不能指责我一年来没有给您任何音信啊！

今天早上我还给您写了信，但此刻我就收到了您的这封信，我不得不告诉您，您这么想我让我有多么难过。此外，意识到我的木版画也跟信一起寄丢了，我就更沮丧了。我在的这个地方没有纸了，为了尽快给您回信，我只能写在您的信上了，请原谅我。我温柔地拥抱您。

您恭敬的儿子

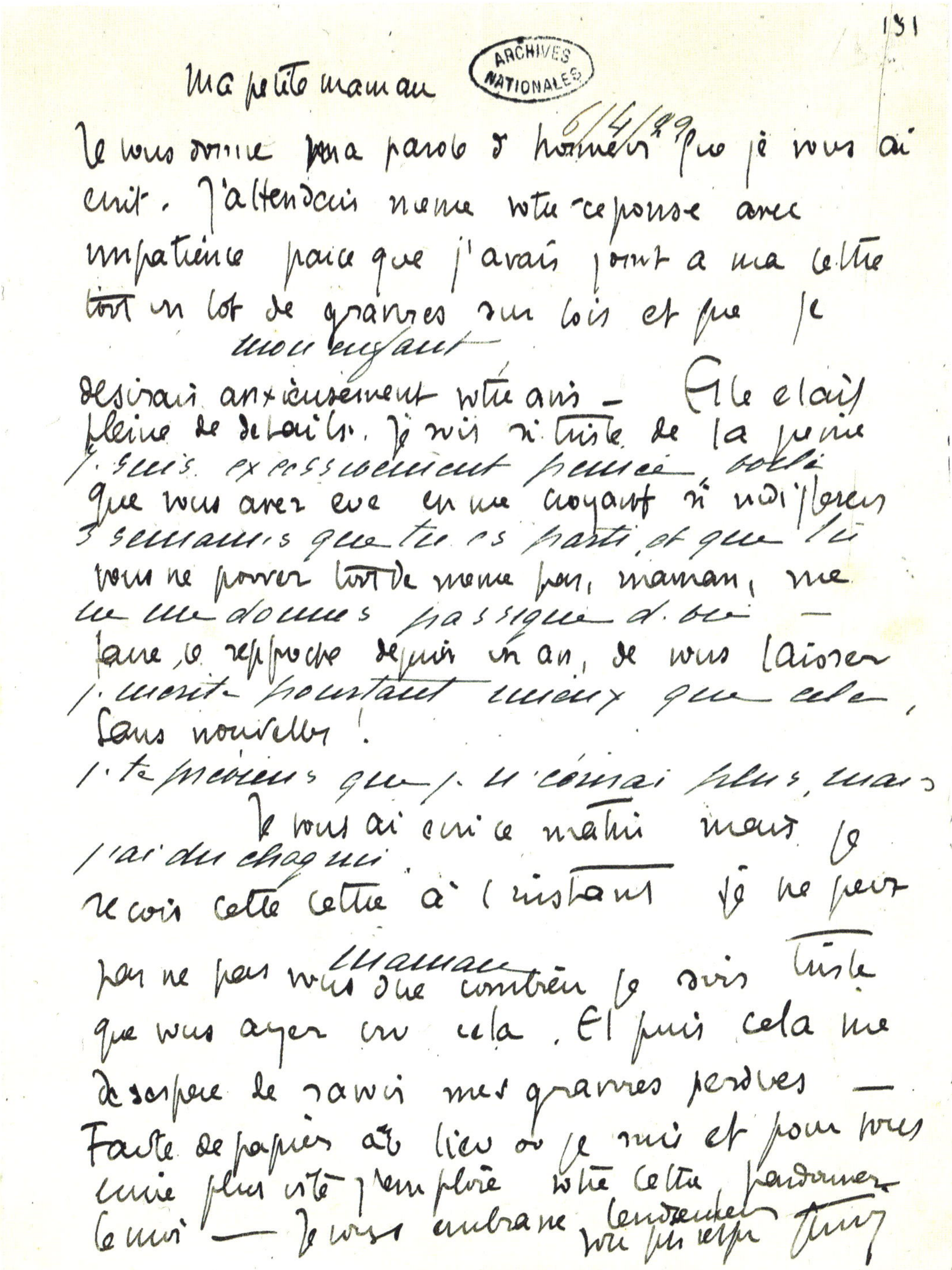
Ma petite maman

6/4/29

Je vous donne ma parole d'honneur que je vous ai écrit. J'attendais même votre réponse avec impatience parce que j'avais joint à ma lettre tout un lot de gravures sur bois et que je désirais anxieusement votre avis — Elle était pleine de détails. Je suis si triste de la peine que vous avez eue en me croyant si indifférent. Vous ne pouvez tout de même pas, maman, me laisser le reproche depuis un an, de vous laisser sans nouvelles !

Je vous ai écrit ce matin mais je reçois cette lettre à l'instant je ne peux pas ne pas vous dire combien je suis triste que vous ayez cru cela. Et puis cela me désespère de savoir mes gravures perdues — Faute de papier au lieu où je suis et pour vous écrire plus vite j'emploie votre lettre pardonnez-le moi — Je vous embrasse tendrement votre fils respectueux Tony

安托万写给母亲的未发表信件，可能是他在阿沃尔服役期间写的，1922 年

圣-埃克苏佩里夫人、弗朗索瓦（在小车里）和安托万

“您为我们做的太多了”

小时候，安托万经常以“亲爱的妈妈我很想再见到您”这句话作为信的结尾。长大成人后，他也时刻不忘在信中表达对母亲的爱，这封 1921 年从卡萨布兰卡寄出的信就很好地概括了这一点。这一爱的见证在玛丽·德·圣-埃克苏佩里收到的信中都不罕见，有力地反驳了许多对安托万的指摘，他们只看到他不停要钱，感叹远离家人的无聊，只知道抱怨自己在学业、情感和工作上的各种困难。

一封 1930 年的信呼应了安托万对这一家庭幸福的颂扬：“要知道，世间万般温柔，唯有您的柔情最弥足珍贵。在任何艰难的时刻，我们都可以投入您的怀抱。我们常常会像小孩子那样需要您。您是和平的港湾，看到您就会安心。”

［我在周刊上看到一篇很好的文章，名叫《我的女儿和我》，我把它寄给您］您一定会喜欢。

妈妈，这篇文章深深打动了我。您为我们做的太多了，而我却总是意识不到。我自私自利又笨头笨脑。我根本不是您所需要的支柱。我觉得我应该每天一点一点地学着了解您，学着更爱您。有一点始终是真理："妈妈"是可怜之人唯一真正的庇护者。

可是您为什么不再给我写信？我焦急地等待邮船，可什么也收不到，这太惨了。

今天早上我练了六次降落，我认为这是最好的六次……从理论上讲，我应该飞规定的航线，但每次我都大着胆子飞远一点，开开小差。

我要飞去看两栋正在建造的别墅，每天早上当太阳升起的时候，它们是粉红色的。我的飞行高度几乎只有一百米。我还到［一栋深蓝色的房子上空以及它的花园和屋顶上空盘旋。那里简直就是一个小小的沙漠绿洲。我在那里等《一千零一夜》中的苏丹后妃前来汲取清水，但此时一切沉睡、万籁俱寂……］

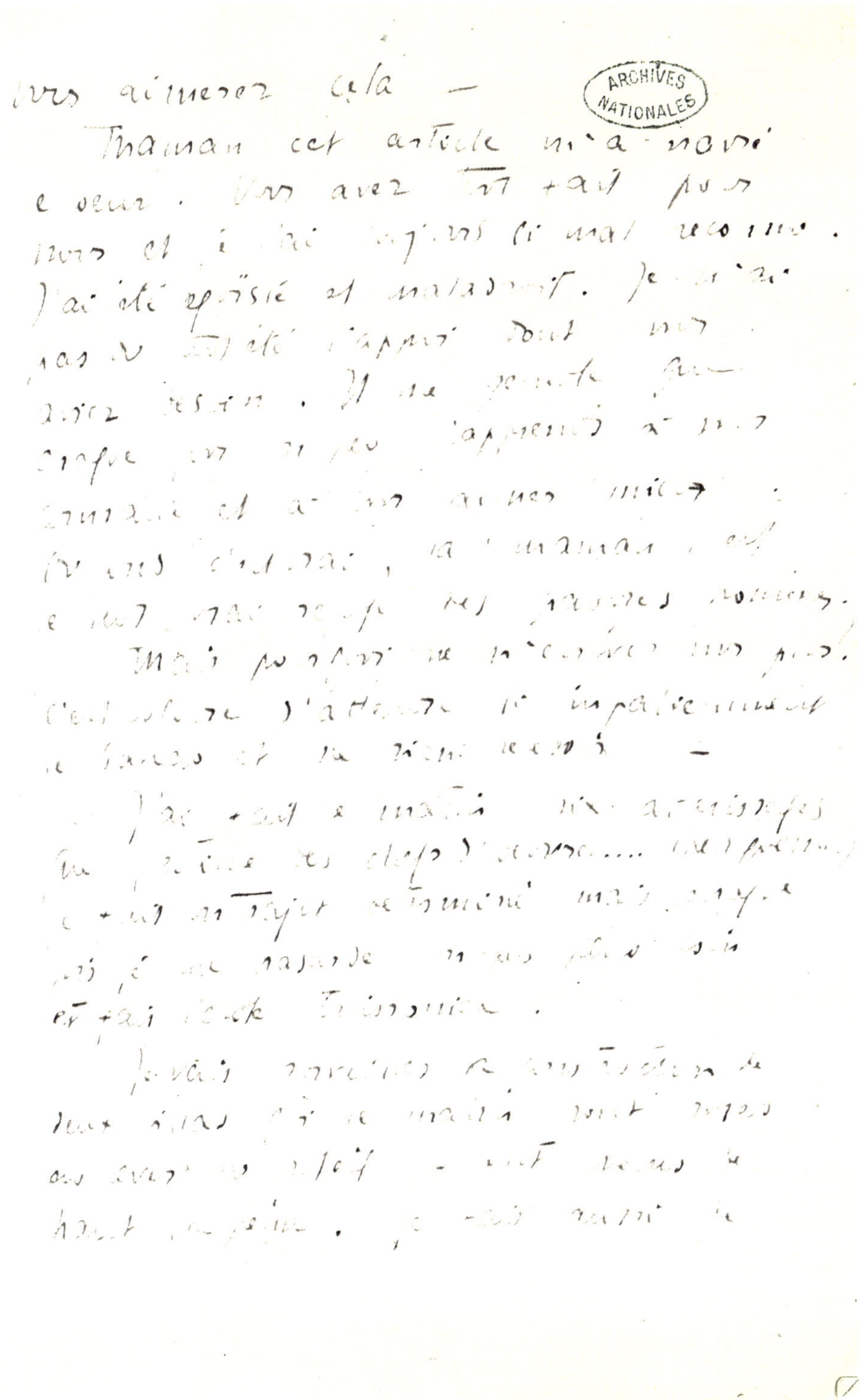

vous aimerez cela —

Maman cet article m'a navré le cœur. Vous avez tant fait pour nous et je l'ai toujours si mal reconnu. J'ai été égoïste et maladroit. Je n'ai pas su être l'appui dont vous avez besoin. Il me semble [illegible]

[illegible]

Mais pourquoi ne m'écrivez vous plus. C'est absurde d'attendre si impatiemment le courrier et [illegible] —

J'ai fait ce matin des acrobaties [illegible]

[illegible]

安托万写给母亲的一封未发表信件的节选

玛丽·德·圣－埃克苏佩里，约 1927 年

“我在维希待腻了”

舒缓漫长的温泉治疗似乎并没有得到安托万的青睐，他因为肝脏问题不得不于 1923 年夏在维希疗养一段时间。但这也让我们有了这样一封生动描绘奢华悠闲的上流社会风俗的信，那些人关心的最多也就是赛马场的终点线而已。

远离未婚妻露易丝·德·维尔莫兰，既没书可看又没东西好写，圣－埃克苏佩里试图用辛辣的笔触写一写身边的人聊以解闷，但这一练习在他被迫留下治疗期间并没有给他带来多少宽慰。

我亲爱的妈妈：

谢谢汇票。我很生气，因为里维埃医生不想放我离开。我的肝还没有完全消肿。我周六还要去复诊，保佑这次ta可以放过我（我指的是里维埃，不是肝）。

我在维希待腻了。天热得要命，治疗也让我昏昏沉沉的。我一直觉得自己机智风趣，但我现在一句俏皮话也说不出来。蒂蒂可以睡安稳了，她的皮埃尔现在安全了。

我甚至都不去看戏了，没有兴致。病房就像一个蒸笼。整天我都无所事事，除了喝水、打瞌睡和呻吟。我无聊透顶。我本想写一个故事：但到目前为止只写了一行。而且那一行只是题目而已。而且还毫无新意，就叫“故事”。据说有几场赛马很刺激。但在我看来，看着马儿鱼贯而来没什么意思。如果它们同时到达至少场面壮观而且人们也不会输钱。但总有马儿落在后头。[……]

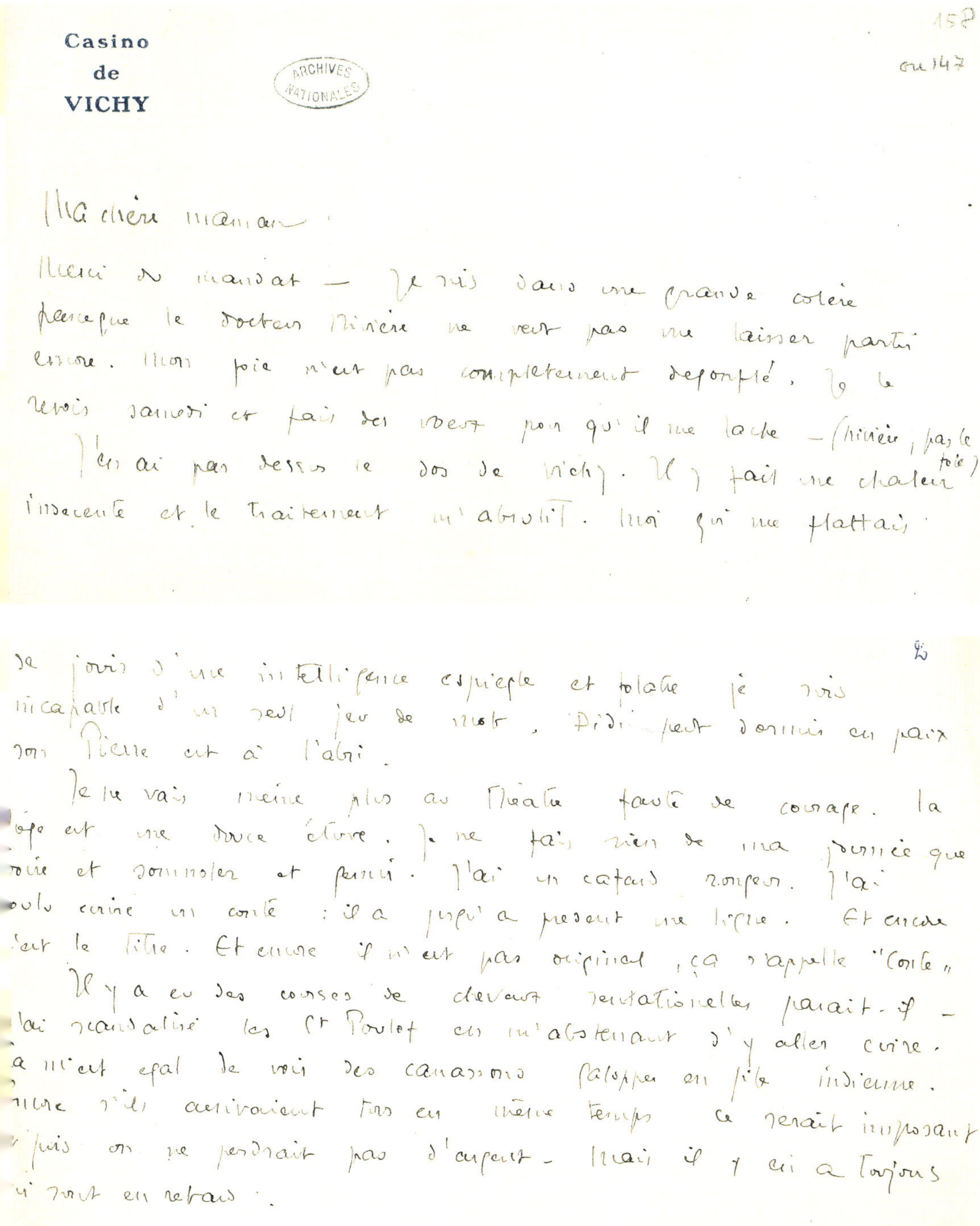
Casino
de
VICHY

ARCHIVES NATIONALES

158
ou 147

Ma chère maman.

Merci du mandat — Je suis dans une grande colère parce que le docteur Rivière ne veut pas me laisser partir encore. Mon foie n'est pas complètement dégonflé. Je le revois samedi et fais des vœux pour qu'il me lâche — (Rivière, pas le foie)

J'en ai par dessus le dos de Vichy. Il y fait une chaleur indécente et le traitement m'abrutit. Moi qui me flattais

2

de jouir d'une intelligence espiègle et folâtre je suis incapable d'un seul jeu de mot, Didi peut dormir en paix son Pierre est à l'abri.

Je ne vais même plus au Théâtre faute de courage. La loge est une douce étuve. Je ne fais rien de ma journée que suer et somnoler et gémir. J'ai un cafard rongeur. J'ai voulu écrire un conte : il a jusqu'à présent une ligne. Et encore c'est le titre. Et encore il n'est pas original, ça s'appelle "Conte".

Il y a eu des courses de chevaux sensationnelles paraît-il — J'ai scandalisé les St Poulet en m'abstenant d'y aller voir. Ça m'est égal de voir des canassons galoper en file indienne. Même s'ils arrivaient tous en même temps ce serait imposant et puis on ne perdrait pas d'argent — Mais il y en a toujours qui sont en retard.

安托万写给母亲的一封信的节选，维希，1923 年

康苏爱萝和抱着小狗尤吉（Youki）的安托万，他俩中间是玛丽·德·圣-埃克苏佩里，右边是加布里埃尔·德·阿盖，圣莫里斯，1932 年 6 月

“对康苏爱萝而言，您就是最温柔的母亲”

因为离得远，很多事情都需要白纸黑字去解释，哪怕是那些最微妙的问题。这就是这封长信的主题，在信中，安托万试图让母亲同意自己的观点，尽管他确信不会成功，但依然怀着希冀甚至执念。

如果只是夏天八卦聊的那些闲言碎语，两人的分歧并不大，驻扎在摩洛哥的飞行员完全可以不放在心上。更严重的，是母子在道德问题和生存选择上意见相左。玛丽·德·圣－埃克苏佩里责备安托万交友不慎，受到了坏朋友的影响。对此，他平静地反驳道：“我不知道是什么让你担心。我的所想所爱，我的道德观，要从我的书中去寻找。[……] 因为您为这个深爱着您、行为检点的儿子担心焦虑，您胡思乱想一些根本不存在的东西！所以我想让您放心。”

[我从不]理解也永远无法理解人们为什么要对彼此说三道四，况且这毫无意义，因为事实已经被歪曲了。人只能活一次，且很不容易，为什么要这样浪费生命呢？没有必要嘛。

我的好妈妈，我知道在圣莫里斯，对康苏爱萝而言，您就是最温柔的母亲。为此我对您感激不尽。我也知道您心里难过，以为我疏远您了。可是，我的好妈妈，如果我没给您写信，其他任何人都不会收到我的信。您[对我而言一直都那么亲近。当我不舒服、当我忧伤、当我孤独的时候，我想到的都是您。]

compris et je ne comprendrai jamais que les gens se racontent les uns sur les autres des histoires qui ne signifient d'ailleurs plus rien parce qu'elles sont déformées. On ne vit qu'une fois, difficilement, et il faut ainsi se gâter la vie? Ce n'est pas la peine.

Ma petite maman je sais que vous avez été pour Consuelo à St Maurice la plus douce des mères. Et de cela je vous suis infiniment reconnaissant. Je sais aussi que vous avez de la peine de croire que je m'éloigne de votre cœur. Mais ma petite maman quand je ne vous écrivais pas, personne non plus n'avait de lettres. Vous

安托万写给母亲的一封未发表信件的节选，卡萨布兰卡，1931 年 8 月

安托万·德·圣-埃克苏佩里，1944年

“我的老妈妈，慈祥的妈妈”

当圣－埃克苏佩里在阿尔及尔的时候，他接到通知，阿尔萨斯抵抗运动的领头人之一保罗・丹格莱（Paul Dungler）很快就要回法国。这一计划立刻受到夏尔・戴高乐和雅克・苏斯泰尔（Jacques Soustelle）的反对，他们签署了阻止令，但得到了美国人、尤其是海德（Hyde）上校[1]的支持。他立刻就对丹格莱要乘坐邮航飞机回法国的建议表示赞赏。

这封信写于 1944 年 1 月 5 日，当月玛丽・德・圣－埃克苏佩里就收到了。这是她在儿子去世前收到的最后几封信中的一封；他写给她的最后一封信 1945 年 7 月才到她的手中，那时安托万已经失踪一年了，尽管她很长时间都无法接受这个事实。

玛丽・德・圣－埃克苏佩里当时住在卡布里（Cabris）[2]，她买了一栋小房子，她把房子取名为“传奇”，以纪念她无比崇敬的亚西西的圣方济各（Saint François d’Assise）。她 1972 年 2 月在那里去世，享年九十七岁。

1 这里指的是刘易斯・海德・布里尔顿（Lewis Hyde Brereton，1890—1967），二战时美国陆军第九航空队中将，随后转战菲律宾、缅甸、中东和西欧战场，最后任盟军第一空降集团军司令。

2 在那不勒斯湾南部入海口附近，属于意大利坎佩尼亚区。

亲爱的妈妈、蒂蒂、皮埃尔，你们都是我发自内心深爱的人，你们现在怎么样？身体好吗？生活好吗？你们在想什么？这漫长的冬天是多么多么令人伤感啊！

我多么希望几个月后能回到您的怀抱，亲爱的妈妈，我的老妈妈，慈祥的妈妈。我想坐在您的壁炉旁，跟您说说我的心里话，与您讨论事情，尽可能不反驳您的意见……听您对我说话，因为您有丰富的阅历，您是不会错的……

亲爱的妈妈，我爱您。

安托万

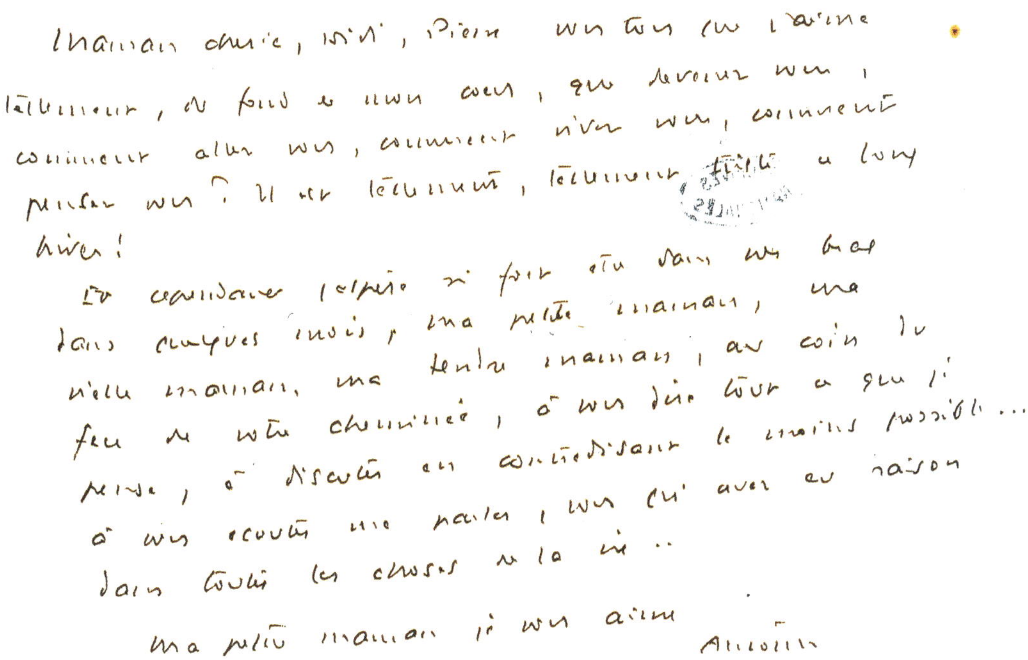
Maman chérie, Didi, Pierre, vous tous que j'aime tellement, du fond de mon cœur, que devenez-vous, comment allez-vous, comment vivez-vous, comment pensez-vous ? Il est tellement, tellement triste ce long hiver !

Et cependant j'espère si fort être dans vos bras dans quelques mois, ma petite maman, ma vieille maman, ma tendre maman, au coin du feu de votre cheminée, à vous dire tout ce que je pense, à discuter en contredisant le moins possible... à vous écouter me parler, vous qui avez eu raison dans toutes les choses de la vie..

Ma petite maman je vous aime.

Antoine

安托万写给母亲的信，1944 年 1 月 5 日

Aéroplace de Cap Juby

Rapport concernant le dépannage du BRGT 232

Monsieur Riguelle s'étant posé en panne le 18 Juillet, par suite d'une rupture de bielle, à 30 km sud de Juby, monsieur Dumesnil, son coéquipier, revint nous avertir de cette panne avant de tenter d'atterrir à proximité, il ne lui semblait pas y avoir de terrain propice, puis repartir.

L'insécurité de la région étant complète et un capitaine d'aviation espagnol ayant été capturé il y a quelques mois et gardé prisonnier seize jours à 12 km seulement de Juby j'ai immédiatement formé et expédié une caravane de secours, tandis que l'on me préparait un avion. Après retour de MM Dumesnil et Riguelle, que je croisai en l'air, ces maures assurèrent deux jours la garde du 232.

Coût 187 PTS pour chameaux, chevaux et vivres.

第六章

沙漠和孤独

“如果人还带着尘世的喧嚣，是无法进入到沙漠的内心深处的。”

<<<

关于维修 BRGT 232 的报告，1928 年 7 月

>>>

离他失事的飞机不远，在沙漠中睡着的飞行员

《小王子》的草图

圣－埃克苏佩里在服兵役期间第一次接触沙漠。1921 年 6—12 月，他被派往摩洛哥接受飞行员强化训练。他曾对一望无际的沙漠和沙丘心驰神往："从飞机上俯瞰沙漠，一定很壮观。"事实却令他大失所望："如果你认为看到十几块石子和几丛茅草就能让你浮想联翩。"六个月后，圣－埃克苏佩里回到法国，口袋里揣着他的军事飞行员驾驶执照，想永远离开摩洛哥，因为除了拉巴特（Rabat）和卡萨布兰卡的老城区，这个国家让他很失望。"我在破败的棚屋里度过了几天无聊透顶的日子，但现在回想起来，却感觉那是充满诗意的生活。"

圣－埃克苏佩里不知道他与沙漠割不断的联系才刚刚开始。1926 年 10 月，他被拉泰科埃尔航空公司聘为机械师，继而被聘为飞行员，沿着卡萨布兰卡的海岸飞到达喀尔，为了运送邮包再次飞越沙漠。他刚开始执行飞行任务，一个引擎故障使他不得不在沙漠中迫降。当时他只有两支手枪用来自卫，当同事们去寻找修理工具时，他就负责看管邮包。于是安托万第一次独自在沙漠的星空下露宿了一晚，也学会了辨别浩瀚的撒哈拉沙漠里的数千种声音。这样的第一次经历永远地印刻在沉思者圣－埃克苏佩里的生活中。我们在他作品中可以看到他多处写到这次经历。他在给母亲的一封信中用寥寥数语讲了这段轶事，在给他的朋友亨利·德·塞戈涅的一封信中描述得更为详尽，之后又写成一篇文章发表在 1932 年 11 月的《玛丽安娜》（*Marianne*）杂志上，最终修改后变成了《人类的大地》第六章的一部分。

接下来的一整个冬天，圣－埃克苏佩里把沙漠驯服了。他最初从沙漠那里感到的是敌意，这敌意不仅来自藏身在沙漠中的叛乱部落，也因为沙漠自身的特点：“沙子会骗人，人们以为脚下踩的沙地是实的，结果就陷下去了。”这个“敌人”渴望的是只向配得上自己的人揭开面纱，慢慢显露它真实的个性，让身陷在无尽寂静里的飞行员沉醉在自己“记忆的魔力”中，重寻孩童时代在固守习俗的老保姆“发霉”身边度过的幸福时光。“撒哈拉，我的撒哈拉，你现在完全被一位纺羊毛的纺织女迷住了！”

1927 年 10 月，圣－埃克苏佩里被任命为毛里塔尼亚朱比角机场场长，在接下来的十八个月里，他过着沙漠居民的苦行生活。朱比角是西班牙飞地[1]，要塞居高临下，就像沙漠和大洋之间突出的一个瘤。一边是看守要塞的西班牙囚徒，另一边是抗拒西班牙占领的摩尔人，这些摩尔人动不动就起义，或攻击因为机械故障迫降在沙漠里的邮航飞机。夹在这两路人马中间，圣－埃克苏佩里同时“干着飞行员、外交官和探险家的工作”。面对静默和孤独（邮航飞机每周来一次，船只补给每月来一次），圣－埃克苏佩里无法抵挡以寂静为核心的文明的魅力与传统。他没有对摩尔人部落不理不睬，反而尝试去理解他们。“那个穆拉比特（mara bout）[2]每天都来教我阿拉伯语。我在学写阿拉伯文，已经有点上道了。我请摩尔人首领喝上等茶，他们也回请我到他们的帐篷里喝茶，那是在两公里外的叛乱地区，还从来没有西班牙人去过。更远的地方我也要去。”

渐渐地，圣－埃克苏佩里被这片沙漠迷住了，因为沙漠的寂静有利于他思考。“当然，撒哈拉沙漠里只有一望无际、没有起伏的沙海。或者更确切地说，由于沙丘很少，这里只是一片遍布砾石的沙滩。一直沉浸在这一

1　飞地是一种特殊的人文地理现象，指隶属于某一行政管辖但不与本区毗连的土地，只能“飞”过其他行政主体的属地，才能到达自己的飞地。

2　指（马格里布沙漠地区的）伊斯兰教以读经、传教度日的隐士，也泛指北非伊斯兰教圣人及其后裔。

单调的风景里，百无聊赖。然而，看不见的诸神为他打造了一张网，并在上面标明了方向、斜坡和记号，还默默练就了他一身健硕的肌肉。一切不再单调。一切都有了方向。此刻的寂静也变得与往常不同。”像母鸡守护小鸡一样守着邮航飞机的圣－埃克苏佩里过着修士般的日子，一年半后，他回到法国，行李箱里装着“一本他还在构思的小书”。他很高兴可以摆脱这份让他开始觉得沉重的孤寂感：“我受够了像铁路巡道工一样耐着性子看着撒哈拉沙漠。”

但是这位“鸟儿的指挥官”——摩尔人这样称呼他——与沙漠的缘分并没有结束。他没想到自己会再度和沙漠不期而遇。“沙漠？我注定要和它有心灵的交流。1935 年在前往印度支那的一次长途飞行中，我再次回到了埃及，回到了利比亚边境。飞机像被胶水粘住似的，牢牢陷在沙漠里，我以为自己快要死了。”和机械师安德烈·普雷沃一起，圣－埃克苏佩里离开了飞机座舱，尝试寻找人群或水井。他们在沙漠里游荡了近三天。就在他们觉得大限将至、筋疲力尽的时候，一个贝都因人救了他们。在《人类的大地》中，圣－埃克苏佩里讲述了他在沙漠坠机的经历。迷失在无边无垠的沙漠中的那几天，有那么一刻，他觉得自己不可能死里逃生了。

无论是通过几行文字还是整个章节，圣－埃克苏佩里在每一部作品中都提到了这片深深烙印在他心中的风景，这种永恒的在场与这位作家飞行员的生活有着不可分割的联系。圣－埃克苏佩里最重要的两部作品的故事发生在沙漠中，这并非偶然；在这个充满魔力的地方，他发现了一种“远离人烟几千里外”的宁静：“我一直喜欢沙漠。坐在一个沙丘上，什么也看不见，什么也听不见，但有什么东西在寂静里熠熠生辉。”他在《小王子》中坦承。正是在起初十分荒凉的风景中，小王子将踏上旅途：他与迷失其中的飞行员相遇的故事最终将成为一座不朽的文学丰碑。沙漠将再一次施展它的魔力。

《堡垒》（*Citadelle*）原名《首领》（*Le Caïd*），是圣－埃克苏佩里的最后一部作品，他曾笑着说它是“我的遗作”。书的开头是这样的：“我是柏柏尔

《小王子》草图

的领主，我回到家。”对撒哈拉的记忆使圣－埃克苏佩里选择以沙漠作为他的沉思之地。《堡垒》就像一首由一位年轻人唱的圣诗，年轻人聆听着父亲的劝告，多年以后，他自己也将成为一名部落首领，像其他掌权者一样面临着所有与权力有关的问题。在这些充满哲思的篇章中，圣－埃克苏佩里不断提到沙漠民族的习俗和传统。这些话如果是从20世纪的西方人口中说出来，有时可能会让人大吃一惊，但要是由一位撒哈拉原住民说出来，却又别有一番寓意。

沙漠给予圣－埃克苏佩里的是孤独和渴望，这和他驾驶飞机飞越一望无际的沙漠时的感受一样。

> “在沙漠上，还真有点孤独……”
>
> “在人群中也一样孤独。”蛇说。

“我梦中的香蕉树、海枣树和椰子树在哪儿呢？”

在决定要当一名军事飞行员后，正在斯特拉斯堡服兵役的安托万·德·圣-埃克苏佩里自愿派驻摩洛哥。

他原定于1921年6月中旬动身，但最终推迟了几周才出发。7月，他兴冲冲地启程了，想到这场长途旅行，想到在一个陌生国度里会有的惊奇发现，想到新的飞行员生涯在等待着他，兴奋也是情理之中的事。甫一抵达，他便大失所望：原本期待能见到广袤的沙漠，却发现卡萨布兰卡郊区的景色很令人扫兴，那里遍布岩石，地上长着凄凉而高大的仙人掌。他的沙漠、蜃影与绿洲呢？大地为何色彩如此单调，除了在脏兮兮的沙地上跑来跑去的狗之外，再没有别的活物。“我想念绿色了。”他在给母亲的信里写道，“绿色是精神食粮，绿色让人保持举止文雅、灵魂宁静。若将这抹色彩从生命中去除，人将很快变得干涸、枯败。”

最后关头

我收到了您的汇票，

谢谢！今天我终于在摩洛哥完成了第一次飞行。

亲爱的妈妈：

您压根想不到我们在干些什么！我至今还没踏上过飞机，我打发时间的方式就是趁退潮去海里钓螃蟹。飞行员们像风一样自由自在——我们也不进城，离得太远——我们一起下棋、打盹儿、去阿拉伯人的小村（douar）偷摘无花果、舒舒服服地泡海水浴。

这里比法国凉快多了，我感觉气温从来不会超过三十度。凉爽的微风不停吹拂着。

我们周围的乡镇遍布沙漠和砾石，北非的内地（bled）简直就是卡尔纳克（Carnac）[1]式的平原。

我梦中的香蕉树、海枣树和椰子树在哪儿呢？

也许朝着内陆进发时我能看到一些。但目前我到过的城镇中，除了理想的丹吉尔和怡人的拉巴特，其他地方都太丑了。其他城镇无非就是由一家小酒馆、一条窄轨铁路（？）和无尽的石子组成。时不时能碰上一头驴，小小的个头驮的东西和大象驮的一样多，驮的货物顶上还高坐着一个阿拉伯男人。一个戴面纱的女人雄赳赳气昂昂地跟在后面，走起路来像个军人。

我很想上函授课，但您可能没办法帮我办理。不过，至少您能帮我把布劳齐（Brauzzi）航空学课程的前三卷（从您里昂的书店）寄过来吗？

1　法国西北部布列塔尼大区的一个村庄，因其附近的史前巨石而闻名。

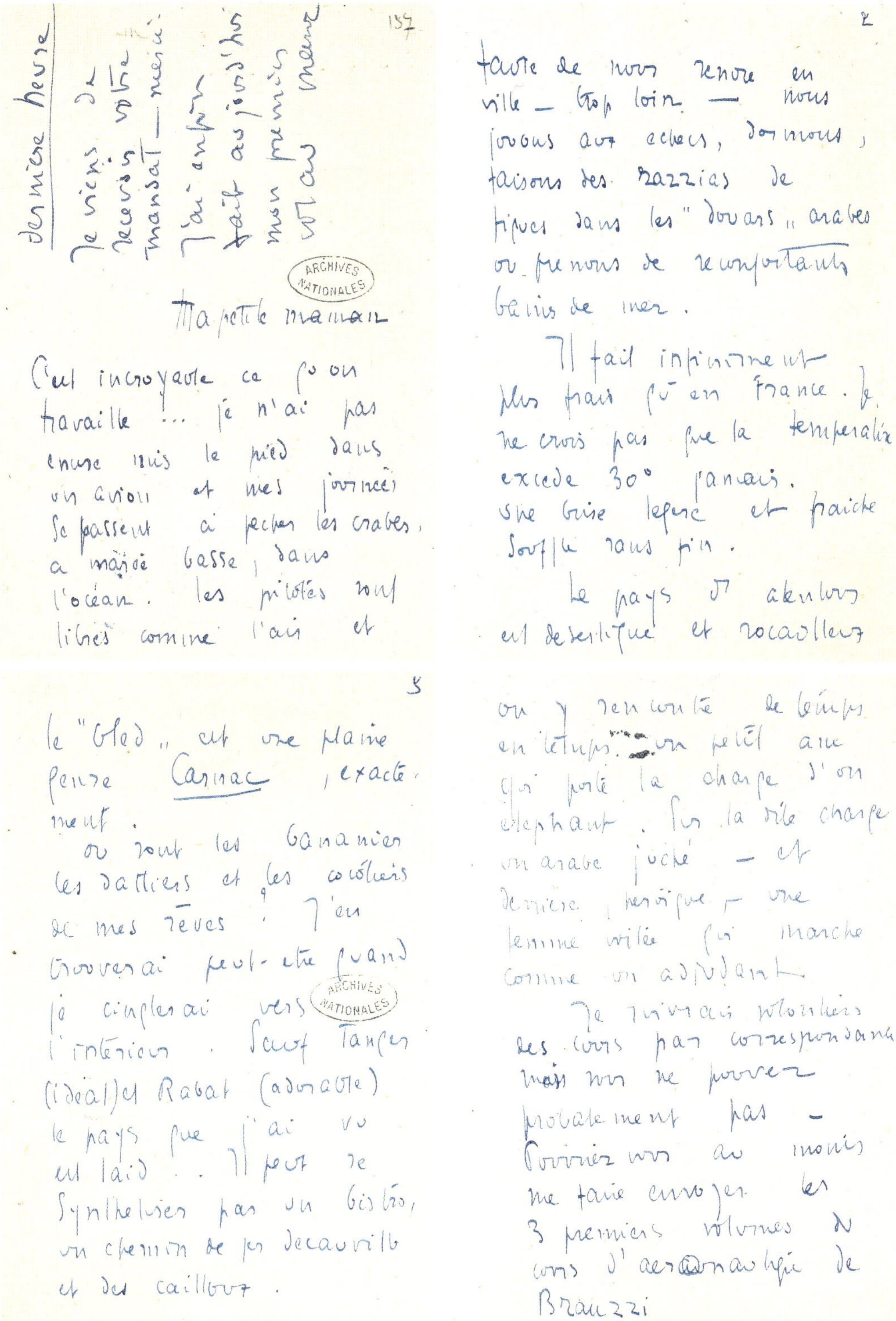

137

dernière heure
Je viens de recevoir votre mandat — merci.
J'ai enfin fait aujourd'hui mon premier vol au manche

Ma petite maman

C'est incroyable ce qu'on travaille… je n'ai pas encore mis le pied dans un avion et mes journées se passent à pêcher les crabes, à marée basse, dans l'océan. Les pilotes sont libres comme l'air et

2

faute de nous rendre en ville — trop loin — nous jouons aux échecs, dormons, faisons des razzias de figues dans les "douars" arabes ou prenons de réconfortants bains de mer.

Il fait infiniment plus frais qu'en France. Je ne crois pas que la température excède 30° jamais. Une brise légère et fraîche souffle sans fin.

Le pays d'alentour est désertique et rocailleux

3

le "bled" est une plaine genre Carnac, exactement.

Où sont les bananiers, les dattiers et les cocotiers de mes rêves ? J'en trouverai peut-être quand je cinglerai vers l'intérieur. Sauf Tanger (idéal) et Rabat (adorable) le pays que j'ai vu est laid. Il peut se synthétiser par un bistro, un chemin de fer Decauville et des cailloux.

On y rencontre de temps en temps un petit âne qui porte la charge d'un éléphant. Sur la dite charge un arabe juché — et derrière, héroïque, une femme voilée qui marche comme un adjudant.

Je suivrais volontiers des cours par correspondance mais vous ne pouvez probablement pas — Pourriez-vous au moins me faire envoyer les 3 premiers volumes du cours d'aéronautique de Brauzzi

安托万写给母亲的一封未发表信件的片段，卡萨布兰卡，1921 年

沙漠驼队

电影《南线邮航》拍摄期间的照片

日出

几周过去了，安托万·德·圣-埃克苏佩里还算开心，因为他又能驾驶飞机翱翔了。他喜欢拂晓时绚丽的景色和照亮大地的阳光。《小王子》的全部魅力已经在他下面的几行字中萌芽了。

圣-埃克苏佩里取得了军事飞行员执照，被授予少尉徽章，这一徽章光荣地象征着“带你飞翔的机翼、给你指引的星辰、等待你的荣光”。这一新头衔让他有资格参加预备役军官学员的考核。他前往拉巴特参加文化课考试，踩线通过，是那一届学员的最后一名。在那里，他又遇到了在圣让别墅寄宿中学认识的马克·萨布朗。圣-埃克苏佩里在他的陪同下游览了拉巴特这座古老的阿拉伯城市。季节更替，“摩洛哥，这座萧瑟的北非内陆国家先是换上了新绿，耀眼的草原延绵不尽”。

[……] 这里唯一能让我开心的事物，就只有日出了。这里的日出充满了戏剧色彩。先是从一片黑暗中，紫色黑色的云造就的巨大幕布在地平线上渐渐明晰，高高挂起；接着，阳光从黑色的小坡后面爬了上来，照亮了整个中景。然后太阳升起来了——一轮红色的太阳，红得好像我从未见过一样，它攀升了几分钟，便消失在了混沌的云层之后，好似穿过了一个洞穴。

在这里我还找到了那部《归来》(*Le Retour*)[1]，简直笑死人了，我仿佛又回到了在雅典娜剧院（Théâtre de l'Athénée-Louis-Jouvet）[2]看戏的那一晚。我亲爱的妈妈，这是多么久远的事情了呀！您应该买来看看，独自一个人也能看得捧腹大笑，而且看过这出喜剧表演会激发更多的想象力。

妈妈，如果您同意我去上函授学校，我会自己写信报名的，因为有一大堆细节资料要提供。

1 《归来》是罗贝尔·德·弗莱尔（Robert de Flers）和弗朗斯西·德·克鲁瓦塞（Francis de Croisset）创作的一部戏剧，1920 年 10 月 26 日在雅典娜剧院首演。

2 建于 1893 年，位于巴黎第九区，以古典华丽闻名。

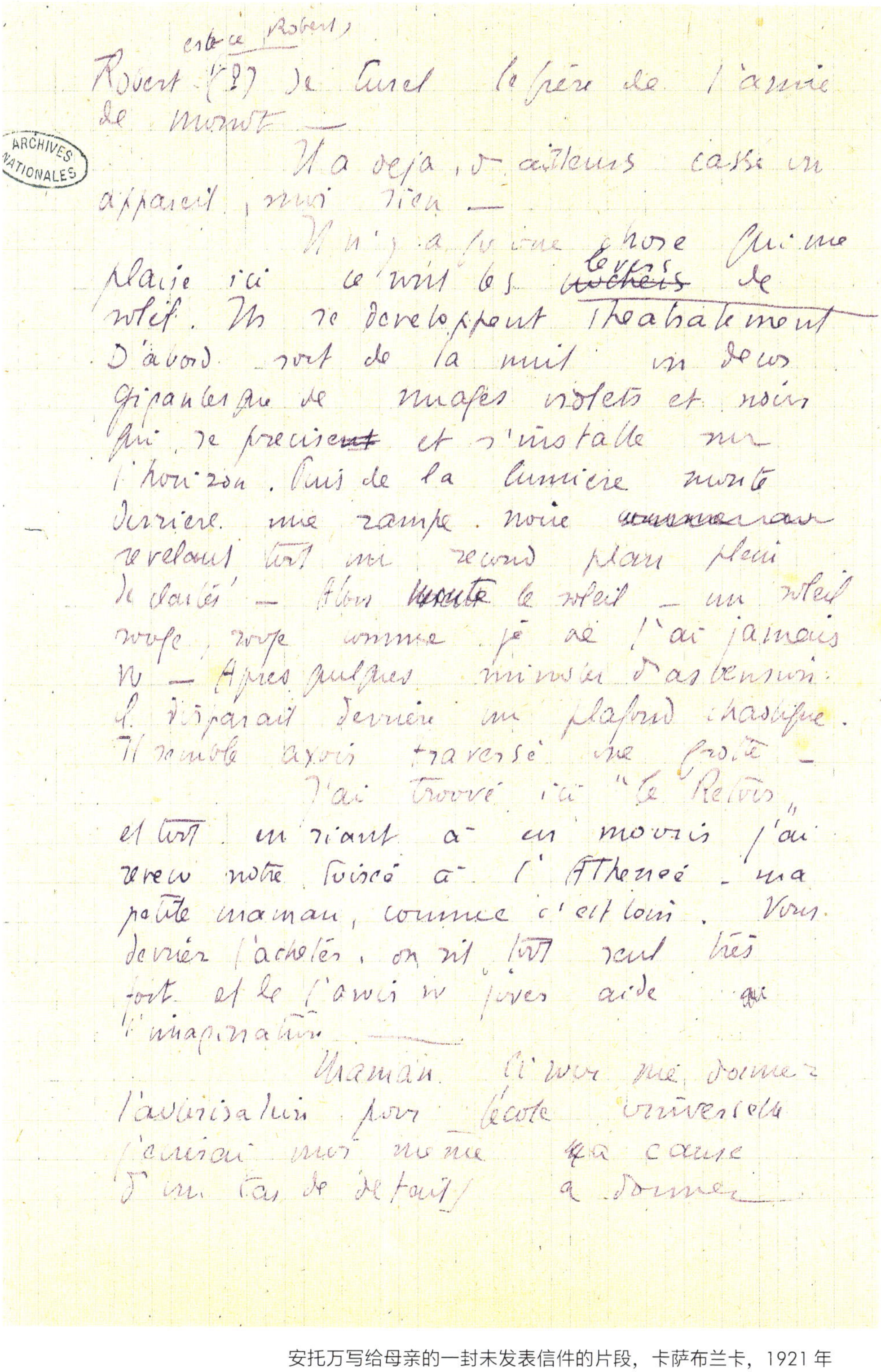
est-ce Robert,

Robert (?) de Curel le père de l'amie de Monot —

Il a déjà, d'ailleurs cassé un appareil, mais rien —

Il n'y a qu'une chose qui me plaise ici ce sont les ~~couchers~~ levers de soleil. Ils se développent théâtralement. D'abord sort de la nuit un décor gigantesque de nuages violets et noirs qui se précise et s'installe sur l'horizon. Puis de la lumière monte derrière une rampe noire ~~[illegible]~~ révélant tout un second plan plein de clarté — Alors ~~monte~~ le soleil — un soleil rouge, rouge comme je ne l'ai jamais vu — Après quelques minutes d'ascension il disparaît derrière un plafond chaotique. Il semble avoir traversé une grotte —

J'ai trouvé ici "le Retour", et tout en riant à en mourir j'ai revu notre soirée à l'Athénée — ma petite maman, comme c'est loin. Vous devriez l'acheter, on rit tout seul très fort et le [illegible] ne [illegible] aide à l'imagination —

Maman. Si vous me donnez l'autorisation pour l'école universelle (j'écrirai moi-même à cause d'un tas de détails) à donner

安托万写给母亲的一封未发表信件的片段，卡萨布兰卡，1921 年

沙漠中的沙丘

电影《南线邮航》拍摄期间的照片

“在茫茫沙漠里，我遇到两次飞机故障”

1923 年 6 月 5 日，安托万·德·圣－埃克苏佩里退伍。他曾于 1925 年 4 月和 1926 年在奥利（Orly）进行了两次为期十五天的训练，后来又在法国航空公司做临时飞行员。1926 年，圣－埃克苏佩里获得了公共运输飞行员执照，随后于 1926 年 10 月 14 日进入了位于图卢兹的拉泰科埃尔航空公司。1927 年，他负责图卢兹与卡萨布兰卡之间的航线，有时还飞去达喀尔。

当圣－埃克苏佩里与一位留在法国的朋友交谈时，他聊起自己对这个新职业的热情，对广袤无垠的撒哈拉沙漠的喜爱，他与摩尔人有多合得来，对达喀尔以及整体上对塞内加尔人有多失望，还有对新飞行训练的探索。“因为我很自由，我最大的乐趣就是去毛里塔尼亚，和摩尔人一起待上几天。那里到处都是狮子，我甚至像达达兰（Tartarin）[1] 一样去猎杀它们。”

1　法国小说家阿尔封斯·都德（Alphonse Daudet）作品“达达兰三部曲”（《达拉斯贡城的达达兰》《阿尔卑斯山上的达达兰》《达拉斯贡港》）中的主人公，是一个爱吹牛、好夸口、乱撒谎而胆小如鼠的典型形象。

亲爱的先生：

您可能会疑心我是不是死了……上次拜访您，我给您看了《舞女玛侬》(*Manon danseuse*)这篇文章，没过多久我就被召去图卢兹，负责拉泰科埃尔公司的航线。我先是作为飞行员飞西班牙和摩洛哥航线，现在在巴黎以南6000公里的地方。

我经常从达喀尔飞朱比角，航程很短，只有2000公里，其中1500公里都在法属撒哈拉和撒哈拉叛乱部落上空。在一个充满敌意的地区和异教部落（他们不信奉基督教）上空飞行几个小时是种奇特的体验，但您无法想象我有多爱这种冒险的生活。在茫茫沙漠里，我遇到两次飞机故障，但幸好都被同行的另一架飞机搭救。因为在这一带我们总是双双执行飞行任务，如果出事的地点可以着陆，同伴就能救你脱险。

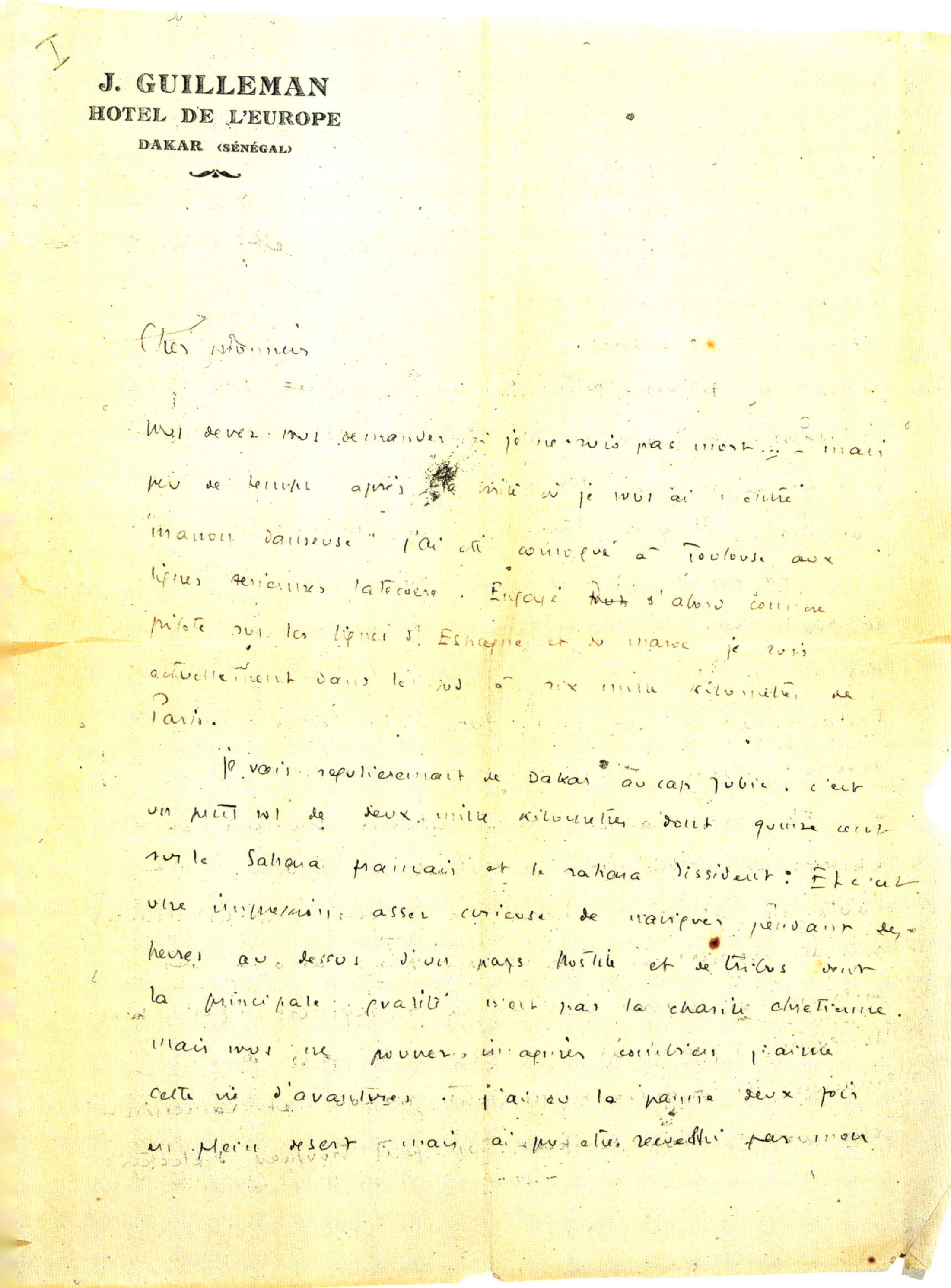

J. GUILLEMAN
HOTEL DE L'EUROPE
DAKAR (SÉNÉGAL)

Cher Monsieur

Vous devez vous demander si je ne suis pas mort... — mais peu de temps après la ville où je vous ai connu... j'ai été convoqué à Toulouse aux lignes aériennes Latécoère. Envoyé de là-bas comme pilote sur les lignes d'Espagne et du Maroc je suis actuellement dans le sud à six mille kilomètres de Paris.

Je vais régulièrement de Dakar au cap Juby. C'est un petit vol de deux mille kilomètres dont quinze cents sur le Sahara français et le Sahara dissident. Et c'est une impression assez curieuse de naviguer pendant des heures au-dessus d'un pays hostile et de tribus dont la principale qualité n'est pas la charité chrétienne. Mais vous ne pouvez imaginer combien j'aime cette vie d'aventures. J'ai eu la panne deux fois en plein désert mais ai pu être recueilli par mon

写给夏尔·布朗先生的未发表的航空信的节选，1927 年 3 月

安托万·德·圣－埃克苏佩里的画

“我们被困在一片遍地钢铁的风景里”

沙漠遇险的考验是《人类的大地》的主题之一，这本书是基于飞行员作家之前在报刊——1936年在《巴黎晚报》（*Paris-Soir*）——上发表的文章而创作的。

如果说主人公们的命运受到充满敌意的矿石环境的威胁，圣－埃克苏佩里仍没有忘记他对撒哈拉沙漠的牵挂，这一章的开头就是一个爱的宣言："我曾经热爱过撒哈拉。我在叛乱地区度过了许多夜晚。我曾经在这片金黄的旷野中醒来，风在沙地上留下层层沙浪，就像它在大海上掀起滚滚波涛。"

就像是金属鳞片，包围着我们的那些小山丘就像一副副锃亮的盔甲。

我们跌进一个矿物世界里，我们被困在一片遍地钢铁的风景里。

翻过第一个山丘，远处又出现另一个相似的山丘，黑亮黑亮的。我们一边向前走，一边在地上用脚拖出一条可以指引我们返回的痕迹。我们面对太阳前进。我决定朝正东方向前进，这显然是最不合逻辑的，因为一切迹象都表明我已经飞越了尼罗河：天气预报，我的飞行时间。但我曾往西做过一次短暂的尝试，我感到一种自己一点也不知道如何解释的不自在。于是我把往西走留到第二天再试。我也暂时放弃了往北走的打算，虽然那个方向通往海洋。三天后，在一种半谵妄状态下，我们决定彻底放弃我们的飞机，一直向前走，直到摔倒为止。我们还是朝东出发。更确切地说是朝东北偏东方向。这完全不合常理，也不会有任何希望。而以后，当我们得救后，我们才发现没有任何一个方向可以让我们返回原地，因为就算朝北走，我们也会因为精力衰竭而到不了海边。尽管当时的决定看起来很荒唐，但我今天回想起来，在没有任何启示可以作为我们选择的依据时，我选择这个方向的唯一理由就是这个方向曾经拯救过我的朋友吉尧梅，我当时在安第斯山脉到处找他。所以在潜意识里，这个方向对我来说就成了生命的方向。

步行了五个小时后，风景变了。一条流沙河好像流入一个山谷，于是我们沿着谷底的道路往前走。我们迈开大步，我们要尽可能走得远一点，如果没什么发现，那我们就在夜晚降临前返回。这时，我突然停了下来：

“普雷沃。”

“怎么了？”

“足迹……”

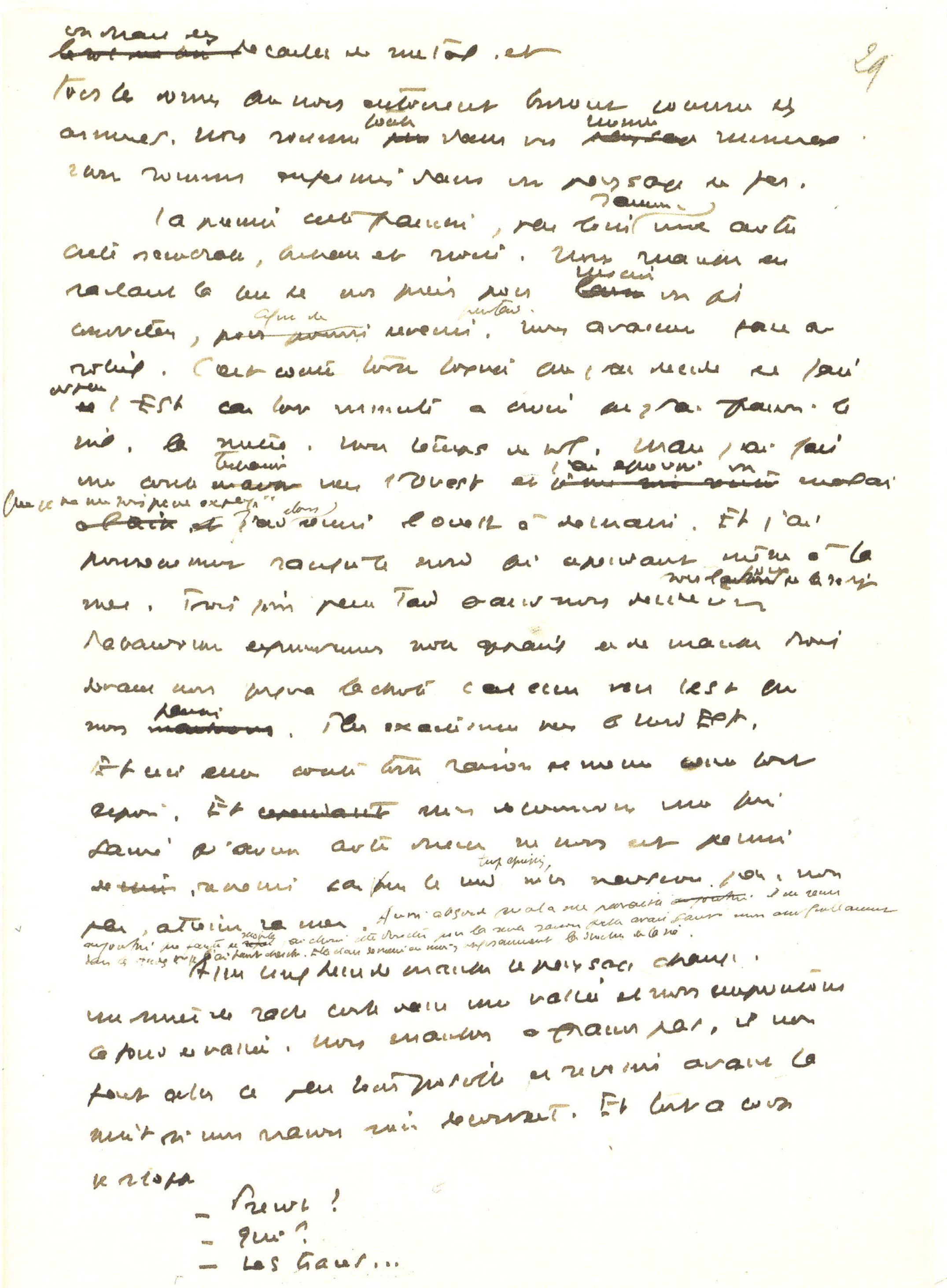

准备阶段的《人类的大地》手稿，关于沙漠的章节，第 29 页

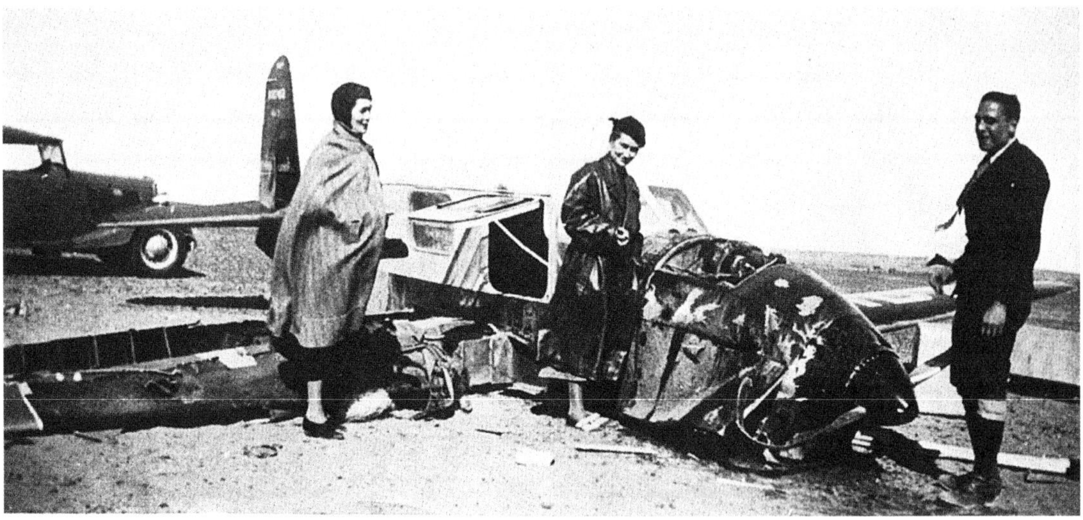

哈戈夫人在飞机残骸前

“我们刚到达一个小绿洲”

飞机在沙漠失事后，圣－埃克苏佩里和机械师一起被一支沙漠驼队搭救，他给哈戈夫人发了一封求救信。她是埃米尔·哈戈（Emile Raccaud）的妻子，埃米尔是瑞士机械师，负责一家在亚历山大和开罗之间、位于沙漠腹地瓦迪－纳顿（Ouadi-Natrom）的工厂。圣－埃克苏佩里因为长途跋涉精疲力尽，太劳累了以至于无法骑在骆驼上，他趴在坠落在利比亚的飞机的机翼上写下了这份求救信。他请求哈戈夫人派一只小船来营救，这证明他已经陷入衰竭的境地，在谵妄中，他以为看到了尼罗河三角洲周围的淡水湖。

哈戈夫人立刻派了一辆小卡车来找这两个沙漠中的幸存者，建议他们到她家去休养。圣－埃克苏佩里拒绝了，急着要去开罗给法国打电话以便让家人安心。但是降临在他头上的厄运还没有结束，因为送他去开罗的车子抛锚了，他不得不步行走完最后的五公里路。

您可以付给我的向导两个几尼[1]吗？我没有当地的货币。

在沙漠里走了五天，几乎滴水未进，我的机械师和我，我们刚到达一个小绿洲。人们用骆驼把我们带去您那里，但我们已经没有力气忍受这一交通方式。我们可以寄希望于您的热心肠，请您尽快派车或小船来接我们吗？我们的向导会告诉您我们在哪里。

安托万·德·圣-埃克苏佩里

先在此谢过。

1 几尼是英国旧金币，合21先令。

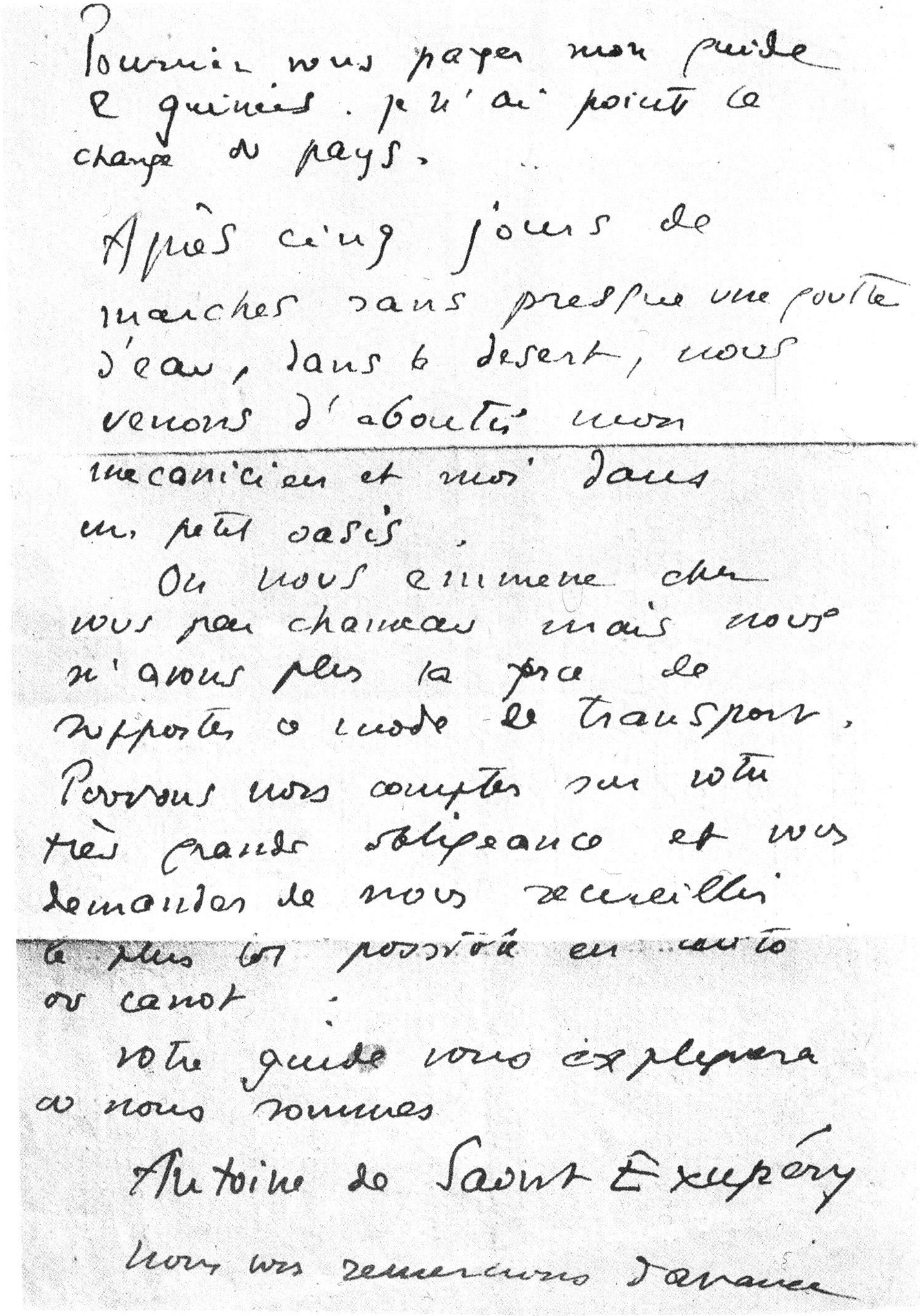
Pourriez vous payer mon guide
2 guinées. je n'ai point le
change du pays.

Après cinq jours de
marches sans presque une goutte
d'eau, dans le desert, nous
venons d'aboutir mon
mecanicien et moi dans
un petit oasis.

On nous emmene chez
vous par chameau mais nous
n'avons plus la force de
supporter ce mode de transport.
Pouvons nous compter sur votre
très grande obligeance et vous
demander de nous recueillir
le plus tot possible en auto
ou canot.

Votre guide vous expliquera
où nous sommes

Antoine de Saint Exupéry

Nous vous remercions d'avance

写给哈戈夫人的未发表便条，1936 年

安德烈·德兰（André Derain）给《堡垒》画的插图

在盐矿这边

这一页出自《堡垒》的第一部分，《堡垒》是圣－埃克苏佩里从 1936 年开始创作、在美国旅居期间一直继续写作的作品。1943 年，他没有和它分开，他让人把手稿寄到北非。

因此，1948 年 3 月 1 日伽利玛出版社在“白色系列”中出版的是一份由女秘书基于既没有写完也没有经过作家修订的手稿逐步打印出来的稿子。当这份打字稿和部分找回但字迹难辨的手稿——圣－埃克苏佩里自己也很难辨认——经过对照后，一个新的有了很大改善的版本于 1959 年在法兰西图书俱乐部出版。

评论界对《堡垒》并不客气：当圣－埃克苏佩里把书稿片段读给朋友们听的时候，朋友们的意见已经有所保留；当对这本篇幅更长、更厚的作品进行评价时，读者的反应是严苛的，甚至是无情的。要等到 1965 年安德烈－A. 德沃（André-A. Devaux）的细致分析后，这个文本才迎来了好评。

［……］在盐矿这边。人在矿石中间只能苟活，因为这里没有任何东西可以让人生存下去。烈日当头，烤得人昏昏沉沉的，地心冒出的远不是清水，而是盐块，井即使没有干涸，也已经废了。从其他地方来的人，带着满满的羊皮水袋，在星辰与岩盐之间急匆匆地工作，用镐掘下这象征着生命与死亡的透明晶体。然后他们就像被脐带连着似的一起返回幸福的土地和丰泽的水边。

这儿赤日炎炎，明晃晃的，像饥荒一样严酷无情。有些地方岩石崩裂露出沙子，盐矿四周侧立着岩石，硬如黑色钻石的基座，风沙徒劳地侵蚀着岩顶。目睹过这片沙漠几百年历史的人，肯定会预测它将一直这么持续下去，一成不变地再过上几个世纪。山丘继续慢慢地被侵蚀风化，就像被一把太钝的锉刀锉着。人们继续采盐，商队继续运水运粮，换一批苦工……［……］

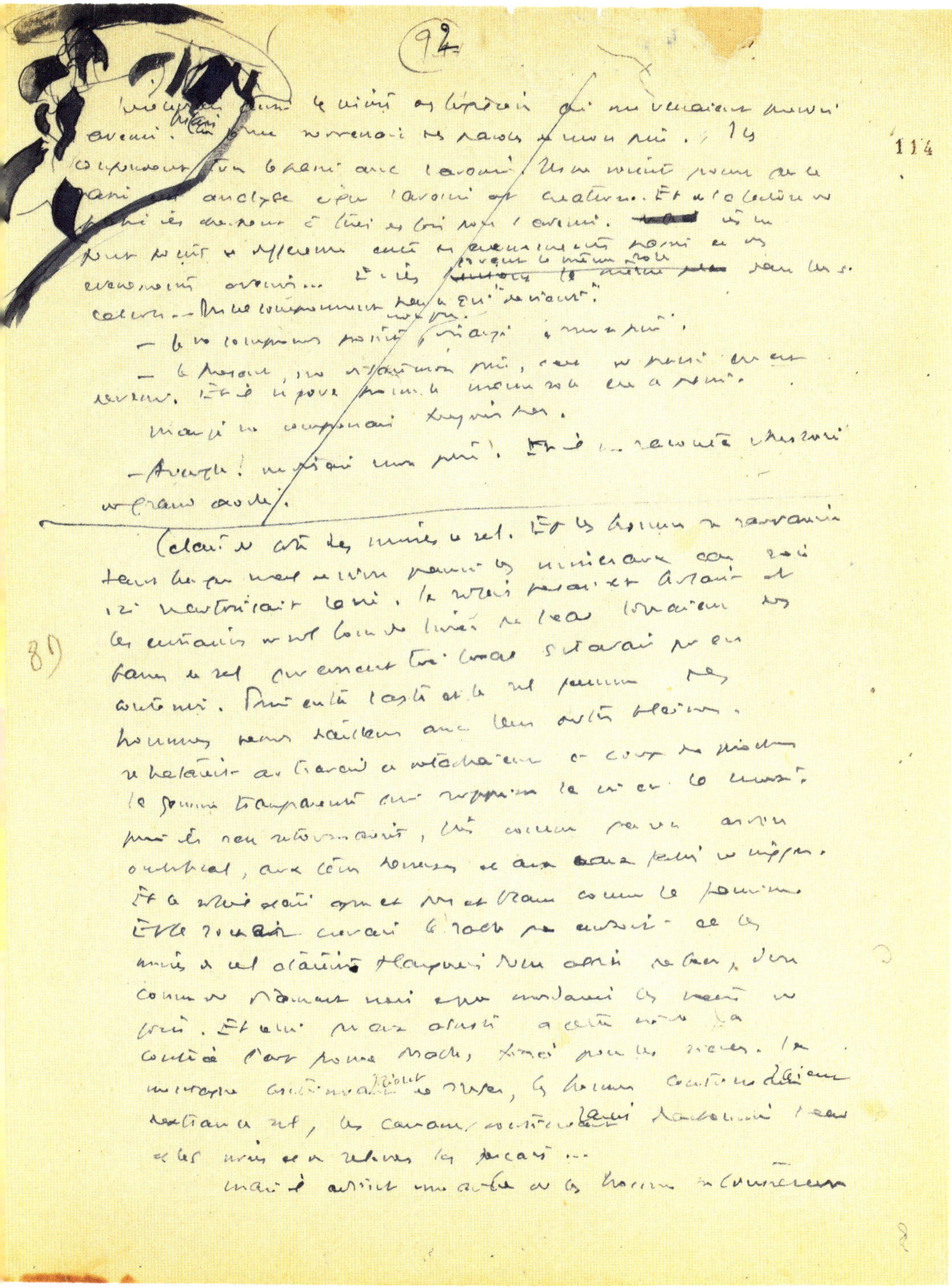

《堡垒》的手稿选段

第七章

圣－埃克苏佩里，发明家和魔术师

“文明丝毫不是基于对发明的应用，而只基于对发明的热望。”

<<<

《小王子》的草图

>>>

安托万·德·圣－埃克苏佩里的自画像，约1940年

1940 年 3 月，在阿蒂苏朗（Athiès-sous-Laon）的军官食堂，安托万・德・圣－埃克苏佩里在讲解他提交的一份发明专利

展现安托万·德·圣-埃克苏佩里发明家天分的最早的事迹是来自他二姐西蒙娜的童年回忆。在《花园里的五个孩子》（*Cinq Enfants Dans Un Parc*）一书中，她谈到了弟弟为了提高自行车的性能所做的各种实验。他向神父介绍了一项为自行车装配一个汽油发动机的计划。活塞、阀门、连杆、油箱，什么都不缺。但孩子的计划很快被神父撇在一边，他认为这太危险了。不达目的誓不罢休的安托万于是着手制造一辆风帆自行车，他满心希望借助风和使劲蹬自行车可以飞上天。不过他并没有放弃他的发动机。弄到一个发动机后，安托万没有把它装在自行车上，而是决定做一个自动浇水系统来灌溉他们的菜园，促进蔬菜的生长，他希望把蔬菜卖给姨妈好赚点“零花钱”。这一试验几乎酿成

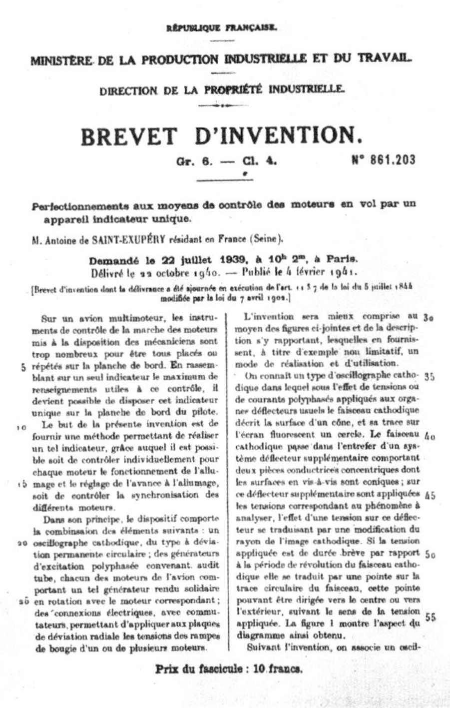

RÉPUBLIQUE FRANÇAISE.

MINISTÈRE DE LA PRODUCTION INDUSTRIELLE ET DU TRAVAIL.

DIRECTION DE LA PROPRIÉTÉ INDUSTRIELLE.

BREVET D'INVENTION.

Gr. 6. — Cl. 4. N° 861.203

Perfectionnements aux moyens de contrôle des moteurs en vol par un appareil indicateur unique.

M. Antoine de SAINT-EXUPÉRY résidant en France (Seine).

Demandé le 22 juillet 1939, à 10h 2m, à Paris.
Délivré le 22 octobre 1940. — Publié le 4 février 1941.

[Brevet d'invention dont la délivrance a été ajournée en exécution de l'art. 11 § 7 de la loi du 5 juillet 1844 modifiée par la loi du 7 avril 1902.]

Sur un avion multimoteur, les instruments de contrôle de la marche des moteurs mis à la disposition des mécaniciens sont trop nombreux pour être tous placés ou répétés sur la planche de bord. En rassemblant sur un seul indicateur le maximum de renseignements utiles à ce contrôle, il devient possible de disposer cet indicateur unique sur la planche de bord du pilote.

Le but de la présente invention est de fournir une méthode permettant de réaliser un tel indicateur, grâce auquel il est possible soit de contrôler individuellement pour chaque moteur le fonctionnement de l'allumage et le réglage de l'avance à l'allumage, soit de contrôler la synchronisation des différents moteurs.

Dans son principe, le dispositif comporte la combinaison des éléments suivants : un oscillographe cathodique, du type à déviation permanente circulaire ; des générateurs d'excitation polyphasée convenant audit tube, chacun des moteurs de l'avion comportant un tel générateur rendu solidaire en rotation avec le moteur correspondant ; des connexions électriques, avec commutateurs, permettant d'appliquer aux plaques de déviation radiale les tensions des rampes de bougie d'un ou de plusieurs moteurs.

L'invention sera mieux comprise au moyen des figures ci-jointes et de la description s'y rapportant, lesquelles en fournissent, à titre d'exemple non limitatif, un mode de réalisation et d'utilisation.

On connaît un type d'oscillographe cathodique dans lequel sous l'effet de tensions ou de courants polyphasés appliqués aux organes déflecteurs usuels le faisceau cathodique décrit la surface d'un cône, et sa trace sur l'écran fluorescent un cercle. Le faisceau cathodique passe dans l'entrefer d'un système déflecteur supplémentaire comportant deux pièces conductrices concentriques dont les surfaces en vis-à-vis sont coniques ; sur ce déflecteur supplémentaire sont appliquées les tensions correspondant au phénomène à analyser, l'effet d'une tension sur ce déflecteur se traduisant par une modification du rayon de l'image cathodique. Si la tension appliquée est de durée brève par rapport à la période de révolution du faisceau cathodique elle se traduit par une pointe sur la trace circulaire du faisceau, cette pointe pouvant être dirigée vers le centre ou vers l'extérieur, suivant le sens de la tension appliquée. La figure 1 montre l'aspect du diagramme ainsi obtenu.

Suivant l'invention, on associe un oscil-

Prix du fascicule : 10 francs.

1939 年 7 月 22 日安托瓦·德·圣-埃克苏佩里提交的发明专利证书，“通过一个单一的指示装置改进发动机的控制方式”

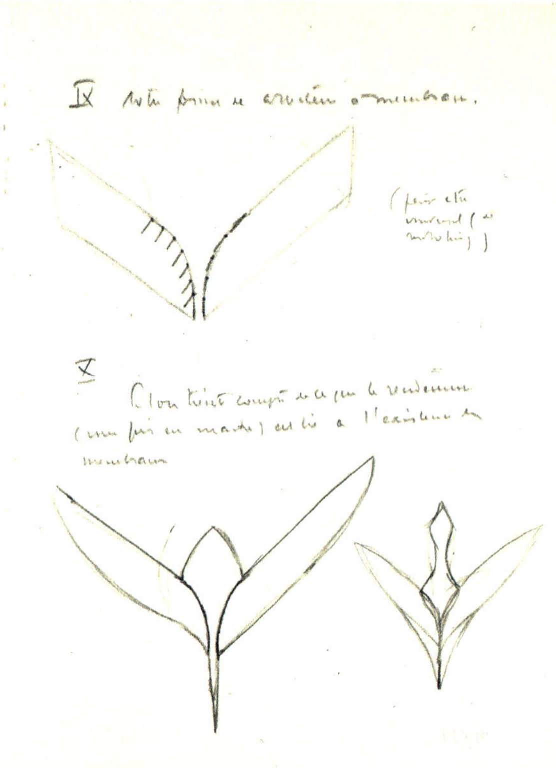

两幅研究鱼雷的图

一场悲剧，发动机爆炸飞出一块铁片打在他弟弟弗朗索瓦的眉骨上，幸好只是刮破了点皮。

圣－埃克苏佩里心灵手巧，如有魔法。他在斯特拉斯堡服兵役期间，一位战友教他玩牌。他手法出奇地灵活，变了几个戏法让所有人都赞叹不已。他非常腼腆，玩牌让他找到了一种接近女人或和男人聊天的方法。所有见过他玩这套把戏的人说的都大同小异。为了摆脱尴尬，圣－埃克苏佩里从口袋里掏出一副牌，洗了洗，然后轻声说：

“选一张牌。”

于是，魔法开始了。

圣－埃克苏佩里的双手不仅是他思想的反映，也让他更好地从事飞行员的职业。1924 年，当他在索雷公司工作时，他被派到车间，在那里他学会了安装和拆卸卡车发动机，充分了解它们的性能，以便之后将它们销往法国中部的省份。1926 年 10 月，他被拉泰科埃尔公司聘用时，也是在机械维修车间开始他的飞行员培训。圣－埃克苏佩里认识到双手灵活敏捷的重要性。“我有一个手被烧伤的同志。我不希望我的手被烧伤。我看着我的双手，我喜欢它们。它们会写字，系鞋带，即兴创作歌剧……而且有时候，它们还可以捧起一张张脸庞……”

圣－埃克苏佩里对一切事物都充满好奇，关注科技的发展动态。他随身带着小笔记本，在上面写下他对所有自己感兴趣的领域的想法：政治、经济、社会、科学或宗教。这些笔记收集起来，1975 年以《记事本》（*Carnets*）为名出版，显示了作者思想兼收并蓄的广博。因此当我们得知在 1934 年 12 月至 1940 年 3 月 7 日之间，圣－埃克苏佩里在法国申请了十项发明专利，并在其中两项上增补了三项时，我们丝毫不感到意外。所有这些专利都与航空有关。它们都是为了消除和弥补他在飞行过程中观察到的性能上缺陷和不足而发明的。这些发明专利没有一样在法国落地，但有些二战后在美国得到应用推广。

他最杰出的发明之一是现在被称为 DME（Distance Mesuring Equipment）的飞机机载测距设备，于 1940 年 2 月 19 日提交（3 月 7 日做了一项增补），直到 1947 年 8 月 20 日才以“电磁波定位新方法”为名发表。这种今天所有飞机都配备的测距仪在 1940 年还不存在。圣－埃克苏佩里开发运用了雷达的一个基本原理。

1939—1940 年冬，科学研究中心的费尔南德·霍尔维克（Fernand Holweck）教授在奥孔特（Orconte）逗留期间，拜访了圣－埃克苏佩里。雷翁·维尔特当时在场：“明眼人都看得出，霍尔维克教授非常器重这位业余的物理学家。谈论的话题是一个方程式。霍尔维克说是圣－埃克苏佩里解出来的。那天我听了一场关于高海拔油冷却的学术探讨。”

1941 年初，圣－埃克苏佩里一到纽约就联系了战争部，向美军提供了可能涉及导航设备的专利，但这些会面没有下文。

纽约这种无所事事的氛围让他难以忍受，有点原地转圈的感觉，于是圣－埃克苏佩里闲暇时就出一些数学难题考考朋友们。他在 1935 年就想出来的“法老的谜题”仍然是一个经久不衰的好考题。国际象棋对他来说没有任何秘密。在 1943 年 2 月底的日记中，德尼·德·鲁热蒙（Denis de Rougemont）写道：“在航空基地，圣埃克斯经常下棋，毫无疑问，他比我厉害多了。但这根本不算什么，对弈的时候他不停地唱歌，有时候还唱跑调，故意的？这很气人，弄得我每次都输。”鲁热蒙继续写道：“经常引起我兴趣的是他关于原子核的言论。圣埃克斯是第一个向我解释原子裂变可能性的人，这是约里奥－居里（Juliot-Curie）[1]跟他透露的。早在 1942 年，他就跟我说过战争前夕计划在撒哈拉沙漠进行的实验，但实验发起人担心实验不可控引起连锁反应会炸毁地球。”这些话印证了让·雷诺阿在 1941 年说过的话：“他对与原子弹有关的一切都充满热情，并告诉我们从法国运出重水[2]以免落入德国人之手。他好像对这些事情很了解。他主张在广袤的撒哈拉沙漠中进行实验以避免不良后果。”

圣－埃克苏佩里的思维一直很活跃，有了新想法就会尝试去做实验。1941 年，在纽约，他的出版商来接他去吃饭，却在他的公寓门口白白按了半天门铃。因为出版商有他公寓的钥匙，就开门进去了。受到浴室里传来的水声和气恼的叫声吸引，他走了过去，有点尴尬。他惊讶地发现圣－埃克苏佩里正跪在浴缸里，测试木筏在冷水和热水中的移动速度是否不同……

为了准备盟军在诺曼底登陆后的反攻，圣－埃克苏佩里计划为士兵配备单人静音直升机，因为没有发动机，就不会发出声音，这样就可以打敌人一个措手不及。在咨询了流亡纽约的法航前技术服务主管罗贝尔·博纳姆（Robert Boname）后，该计划被放弃了，因为旋翼机的叶片太长太重，一个人无法携带。

1 指的是法国核物理学家弗雷德里克·约里奥－居里（Frédéric Joliot-Curie，1900—1958），他和妻子伊莱娜·约里奥－居里（Irène Joliot-Curie，1897—1956）一起证明了裂变产生的中子能够引起链式反应。小居里夫妇于 1935 年获得诺贝尔化学奖。

2 重水是由氘和氧组成的化合物，也称为氧化氘，分子式 D_2O，相对分子质量 20.0275，比水（H_2O）的相对分子质量 18.0153 高出约 11%，因此叫作重水。制造核武器需要重水来作为原子核裂变反应中的减速剂。

直升机一直让圣-埃克苏佩里很着迷。正如前航线飞行员让-热拉尔·弗勒里（Jean-Gérard Fleury）所见证的那样，他回忆说："有一段时间，他用纸剪成直升机叶片，这些纸的尺寸随他的计算而变化，他把纸叶片扔出窗外，测试它们的升力。"很久以后，在 1944 年，当他再次加入 2/33 大队时，被编入飞行预备队的圣-埃克苏佩里在那不勒斯与美国驻地中海部队的负责人埃克（Eaker）将军见面，请求他授权允许自己再次驾驶莱特宁（Lightning）飞机。他在房子的顶层造轻盈的纸直升机玩，他把纸直升机扔到窗外，让在街上玩耍的孩子们兴高采烈。

安托万·德·圣-埃克苏佩里的画

圣-埃克苏佩里是谁？一个用橙子弹钢琴、像埃里克·萨蒂（Erik Satie）一样演奏曲子的音乐家，一个用纸牌变戏法让朋友们惊叹的魔术师，还是一个发明家？华盛顿战争部的空气动力学专家西奥多·冯·卡门（Theodore von Kármán）说："我刚见了安托万·德·圣-埃克苏佩里，他向我解释了他对空气动力学的看法。这些想法非常新颖，能够给我们的科学带来巨大的变革。"

安托万·德·圣－埃克苏佩里正在写字的手

“我给自己做了一支自来水笔”

小安托万自 1909 年 10 月 7 日起在圣克鲁瓦耶稣会学校上七年级，他的老师是艾拉涅（Erragne）先生，他们班上有十二名学生。他的成绩一直到期末都排名第九，而且他经常因为不守纪律而受到处分，不过这些似乎都没有对他产生影响。

他从小就独具匠心，特别能捣鼓，很喜欢做的一件事情就是把当时风靡一时的发明自来水笔拆了装、装了拆。就像他的同学让－玛丽·勒列弗尔（Jean-Marie Lelièvre）后来回忆的那样，这些钢笔产自英国，尤其是美国，上面刻着朴实的“自来水笔”（fountain pen）字样，拆开钢笔时，墨水会溅出来弄脏手指和作业本，这里的信件就是证明。

值得一提的是，在这封他写给母亲的信的开头（这封信也是现存的他最早的信件），他写道：“我给自己做了一支自来水笔”，恰巧后来他就成了一个作家。

［勒芒，1910 年 6 月 11 日］

亲爱的妈妈：

我给自己做了一支自来水笔，我在用它给您写信，挺好写的。明天是我的节日，埃马纽埃尔（Emanuel）舅舅曾说在我节日时要送我一块手表。您能写信告诉他明天是我的节日吗？我星期四要去谢内圣母院朝圣，学校组织的。这里的天气很糟糕，一直下雨。另外，我还用大家送我的所有礼物摆了一个非常漂亮的祭台。

再见，

亲爱的妈妈。

我很想见您。

安托万

明天是我的节日。

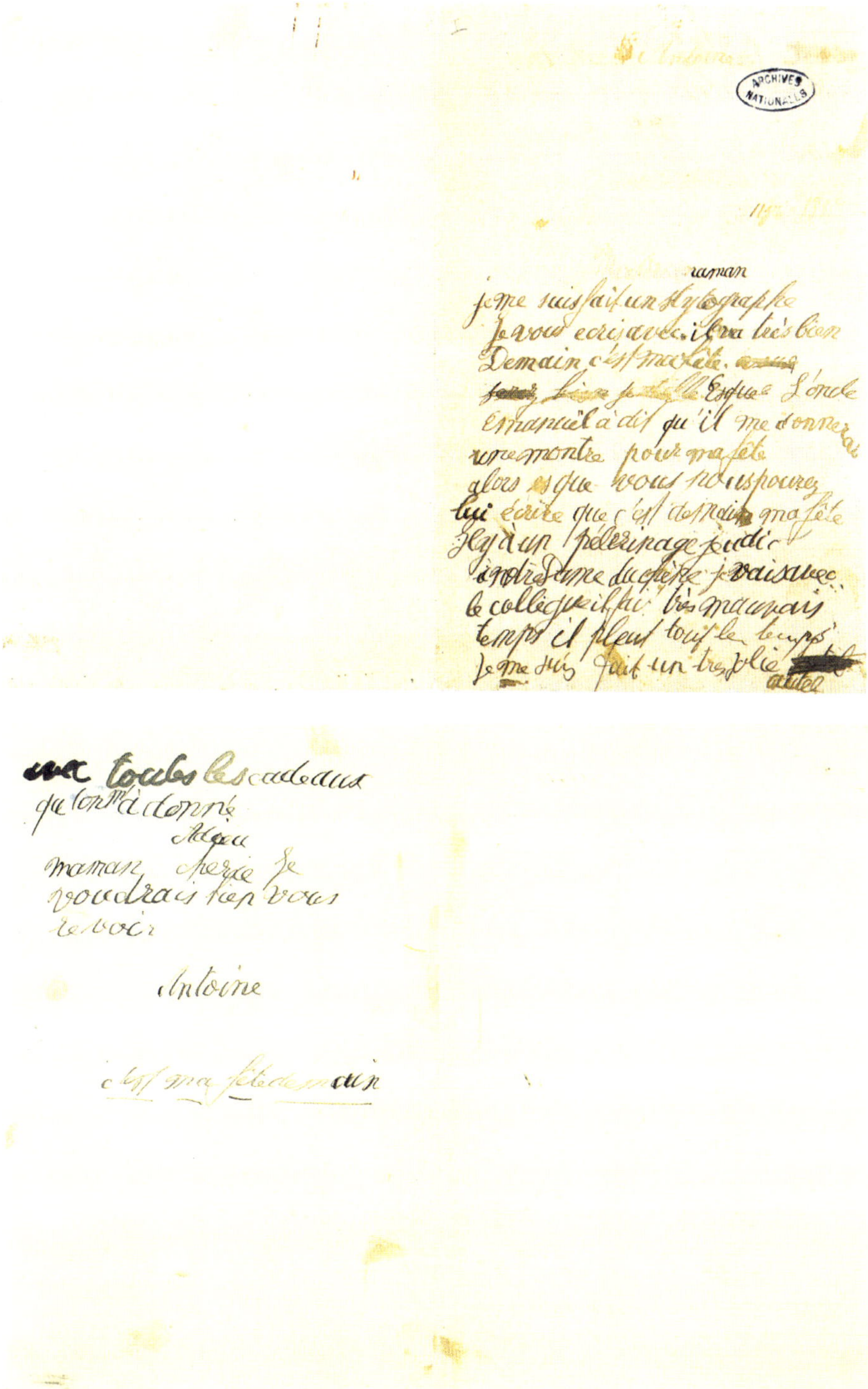
maman
je me suis fait un stylographe
je vous écris avec. il va très bien
Demain c'est ma fête.
L'oncle emmanuel a dit qu'il me donnerait une montre pour ma fête
alors est-ce que vous ne pourriez lui écrire que c'est demain ma fête
Il y a un pèlerinage jeudi à notre-dame du chêne je vais avec le collège il fait très mauvais temps il pleut tout le temps.
Je me suis fait un très joli autel
avec toutes les cadeaux qu'on m'a donné
Adieu
maman chérie je voudrais bien vous revoir
Antoine
c'est ma fête demain

安托万写给母亲的信，1910 年

安托万·德·圣－埃克苏佩里的画

法老的谜题

1935 年，圣－埃克苏佩里在开罗参观了金字塔。他有了这个“法老的谜题”的想法。他喜欢让周围的人猜谜，尤其喜欢出这个谜题考他们。他并没打算出版这些谜题，但 1957 年皮埃尔·阿尔贝尔（Pierre Ælberts）在列日（Liège）印了五十一本小册子。

一位法老决定只使用切成 10 厘米见方的石块竖一座巨大的方尖碑，其高度和基座的对角线相等。

他命令一些官员各自收集等量的石块，打算精准用于造碑之用。然后他就去世了。

当代考古学家只发现了其中一个石块存放点。他们数了有 348 960 150 块方石块。

他们对其他石块存放点一无所知，除了知道这些存放点的总数出于神秘原因是一个质数。不过，这一发现足以让他们准确地计算出计划建造的碑的大小，并证明只有一种可能的解法。试着做做看。

注意：

A）这个谜题不需要盲目地去试数字，为了避免你们进行繁琐的计算，我们已经把 348 960 150 分解为以下几个质数，即：

2、35、52、7、11、373

B）费力的经验主义的解法不算数。

• 法老谜题的解法

I. $a^2 + b^2 = c^2$ 这个算式对整数 a、b、c 成立的充分必要条件是：

$a = 2pmn$

$b = p(m^2 - n^2)$

$c = p(m^2 + n^2)$

圣-埃克苏佩里事先给出的定理。

II. 我们已知：

a, b, c = 348 960 150 x x (1) = kx

$a^2 + b^2 = c^2$ (2)

a、b、c 为整数 (3)

x 为质数 (4)

III. 我们有：$a \cdot b \cdot c = 2p^3 mn(m^2 + n^2)$

$(m^2 - n^2) = kx$

我们立即可以得出：

x = 2 因为 x 是一个质数。

IV. 我们已知：

k = 348 960 150 = 2. 35. 7. 11. 373，表达式为 $p^3 mn(m+n)(m-n)(m^2+n^2)$，我们得出 p^2 只能是 33，然后我们可以列出：

2. 35. 52. 7. 11. 373

18	25	7	11	373	
	9	50	7	11	373
	9	25	14	11	373
	9	25	7	22	373
	9	25	7	22	746

还要找到

m. n. M + n 和 m – n 的结果。

这只能推导出：

11+7=18　　25 – 19=7

（第一行）

最终我们得出：　p=3

m=18　　– 2.32

n=7

因此 m+n=25

m – n=11

$m^2 + n^2 = 373$

V. 最后答案：a = 6 · 18 · 7=756 米

b = 3 ·（324–49）=825 米

c = 3 ·（324+49）=1119 米

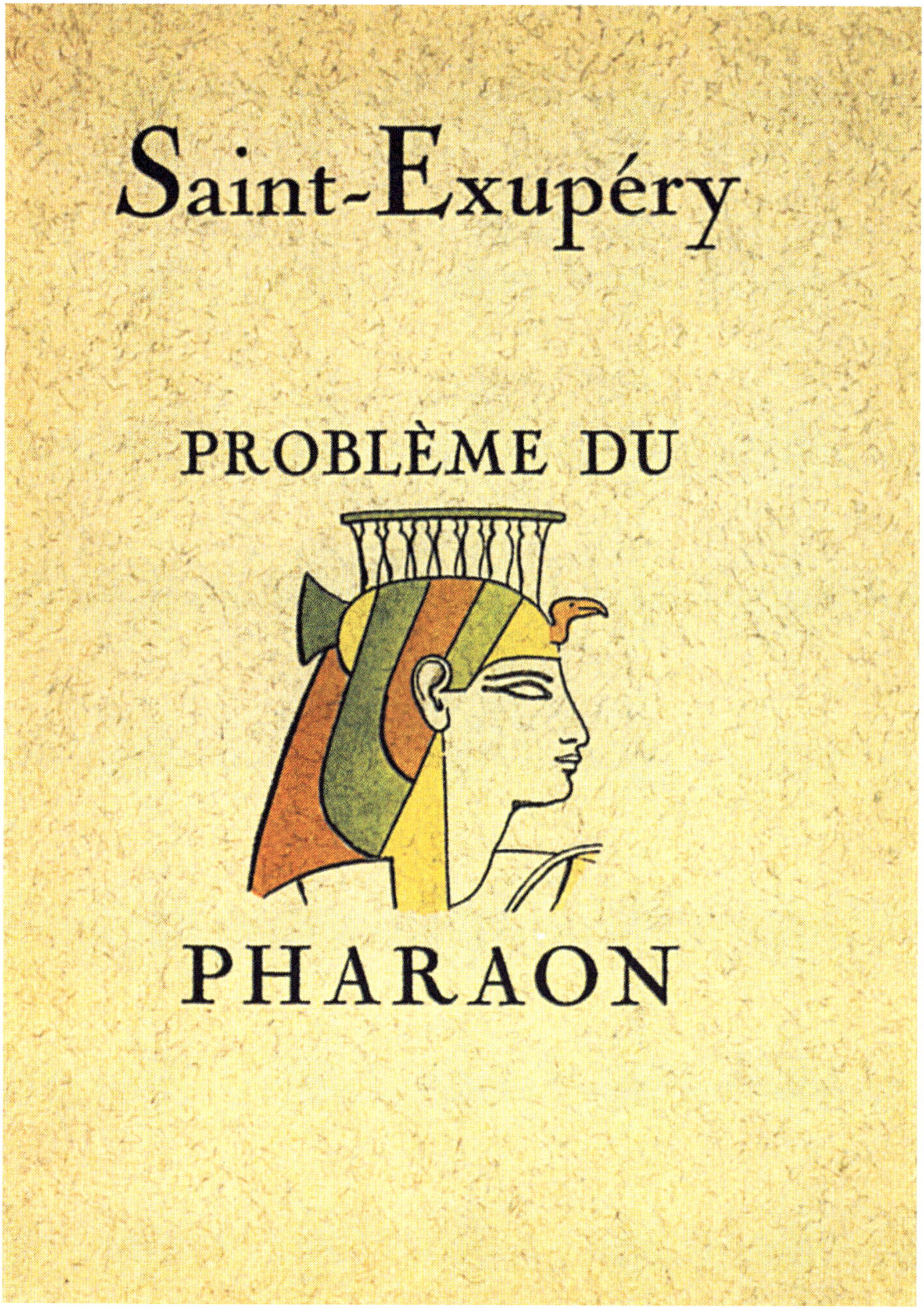

《法老的谜题》的封面，阿尔贝尔出版社，1957 年

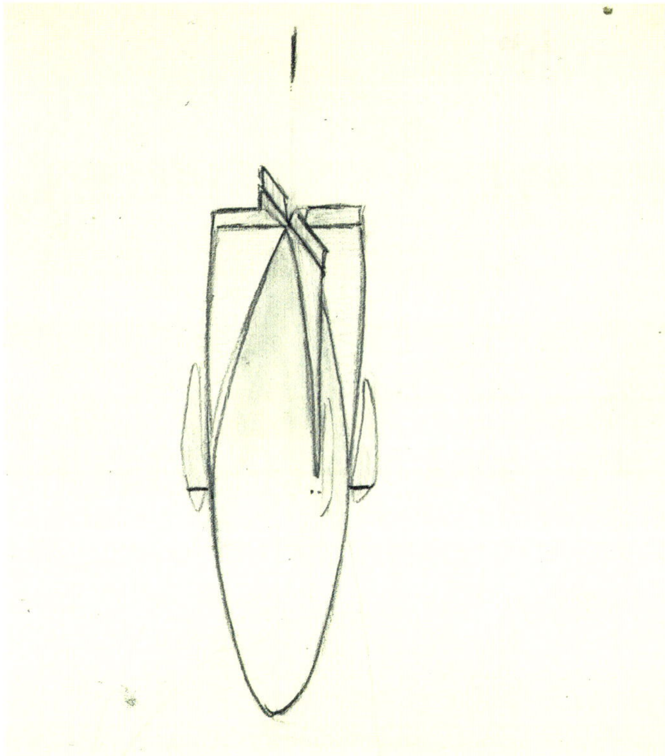

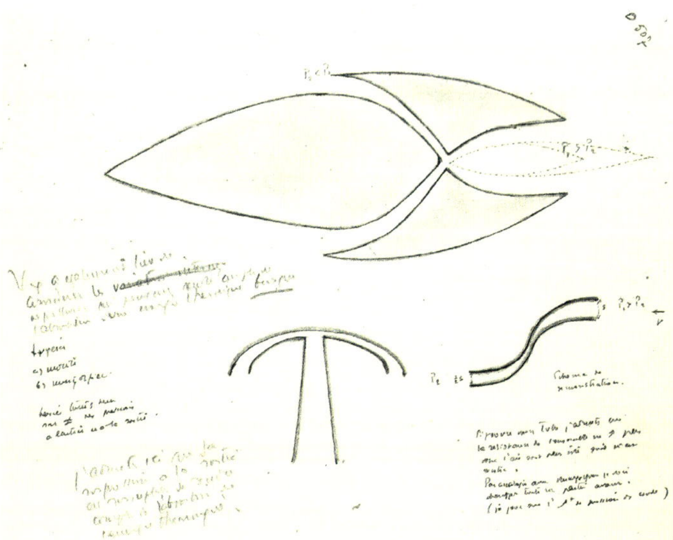

一项升力研究的草图

关于航空

从 1934 年到 1940 年，圣-埃克苏佩里在国家工业产权局（INPI）申请了十多项专利。1939 年 11 月 28 日，他化名马克斯·拉斯（Max Ras）为“空中鱼雷”注册了专利，并附上了打字稿和几份图纸。

在很多情况下必须减慢物体坠落的速度。空军的确可以肩负起为战斗人员供应水、食物或弹药的任务。终于有几款鱼雷模型有助于降低垂直降落到地面的速度。

常用的借助空气阻力减速的方式是降落伞。

鉴于这种获得升力的模式成本极高，研究用一个简单的旋转翼替代它可能大有可为，因为这种装置的加工极其简单。确实不用去设想一套有旋转扣件、球头和轴承的器材。实际上如果需要支撑一人的升力，重要的是要防止这个人快速旋转和由此产生的离心力，但如果运载的是物资就少了这一层顾虑，就算物品跟着产生升力的螺旋翼旋转也不成问题。

我们随信附上几款用普普通通的纸做的螺旋翼，用来证明只要在水平轴的任意一侧展开和折叠一块铁皮就可以获得一个完全平衡的螺旋翼。如果我们了解到可以承受的坠落速度甚至可以相当高，哪怕是装载了弹药或水桶，并且在承重一样的情况下，螺旋翼的表面积要比机翼和降落伞小得多，最后考虑到这一系统的稳固性，不需要任何支撑，只靠离心力就可以实现，我们发现，显然这样的设备既轻便易携又经济实惠。

为了确保螺旋翼的初始旋转趋向水平方向，只需一点力就够了，如果是纸的话，该力就是扭力，它可以防止在坠落的过程中两个螺旋翼都处在同一垂直面上。扭力在空气阻力的作用下转化为旋转扭矩，而旋转扭矩在离心力的作用下让铁皮螺旋翼维持在水平位置。理论上平衡状态限定并保持和水平面的平行性。如果铁皮螺旋翼处于水平位置，旋转扭矩消失，速度降低，同时离心力也减弱，导致两个螺旋翼向上弯曲，而这种弯曲又导致旋转扭矩增加。在相同的能量消耗下，发射物的速度越高，金属板就越容易被刺穿。这是由材料的构造决定的。因此用高初始速度发射小体积的发射物似乎比用低初始速度发射要更有利。然而，由于表面积与体积的比率随着体积的减小而迅速增加，因此小质量的发射物，尤其是在以高初始速度发射时，运动速度会因空气阻力而迅速减慢。因此，构造一个在弹着点会转变为辅助火器的发射物似乎是个不错的尝试，

Il est nécessaire dans de nombreuses circonstances de frener la vitesse de chute d'objets matériels. L'aviation peut en effet avoir pour mission de ravitailler des combattants en eau en vivres ou en munitions. Il est enfin des modèles de torpilles qu'il est avantageux de déposer au sol à vitesse verticale réduite.

Le frein couramment utilisé est le parachute.

Etant donné le prix de revient extrêmement élevé d'un tel mode de sustentation, il peut être intéressant d'étudier son remplacement par une simple voilure tournante, en tenant compte de l'usinage extrêmement simple d'un tel dispositif. Il est en effet inutile de prévoir un matériel de dédaxe tournant, de rotule ou de roulement à billes. Si en effet dans le cas de la sustentation d'un homme il importe d'éviter à cet homme une rotation rapide et les forces centrifuges qui en découlent cet inconvénient ne se pose pas s'il s'agit d'objets matériels. Peu importe si ces objets tournent avec leur voilure sustentatrice.

Nous vous remettons ci-joint un certain nombre de ces voilures tournantes réalisées en simple papier, destinées à prouver qu'il suffit de cendres et de replier une plaque de tôle de part et d'autre d'un axe horizontal pour obtenir une voilure parfaitement équilibrée. Si l'on tient compte de ce que les

《航空科学论文》第 1 页，题为“空中鱼雷”的发明专利证书的打字稿

vitesses de chute tolérables peuvent être assez élevées même s'il s'agit de munitions ou de réserve d'eau, et de ce que la surface de la voilure tournante est, pour une même sustentation, très inférieure à celle d'une aile ou d'un parachute, en tenant compte enfin de ce que la rigidité du système est assurée, sans l'intervention d'aucune poutre, par la simple force centrifuge, on constate avec évidence qu'une telle réalisation peut être à la fois légère, économique et peu encombrante.

Pour assurer la rotation initiale qui tendra à incliner les plans au voisinage du plan horizontal il suffit qu'une force quelconque (force de torsion dans le cas du papier, tende à empêcher les deux plans de demeurer, durant la chute, dans un même plan vertical. La force de torsion, par l'effet de la résistance de l'air, se transforme en couple de rotation, et ce couple de rotation, à son tour, par l'effet des forces centrifuges qui l'entraînent, tend à ramener les plaques de tôle dans le voisinage du plan horizontal. L'état d'équilibre théorique limite et tend le parallélisme avec ce plan horizontal. Si en effet les tôles sont horizontales le couple de rotation disparaît, la vitesse décroît et donc la force centrifuge, ce qui entraîne un fléchissement des deux plans vers le haut, lequel fléchissement, à son tour, entraîne un accroissement du couple de rotation. A énergie dépensée égale la perforation d'une plaque de métal est d'autant plus aisée que la vitesse du projectile est plus élevée. Ce qui tient à la constitution de la matière. Il peut donc sembler avantageux d'émettre à haute vitesse initiale un projectile de faible masse qu'un projectile de masse élevée à vitesse initiale faible. Cependant, ~~xxxxxxxxxx~~ le rapport surface à volume crois-

《航空科学论文》的另一页

这个辅助火器将以很高的初始速度释放一个小体积的物体。的确需要考虑到在很多情况下，相对于穿孔的深度，穿孔的截点只起到一个很小的作用。打个比方，假如在气缸壁上开一个孔，即便只有针孔那么大，气缸也会在几秒钟内因活塞卡死而受损。同样，油箱起火的可能性与穿孔的截面无关。最后，在很多情况下，由于小截面受伤，机组人员退出战斗。

我们可以尝试制作这样一种发射物，在撞击点它会变成一种移动大炮，在弹药筒内的火药点燃后，它会发射一个小截面的发射物。但我们会遇到两个难题：

a）如果要让一切按照预期进行，就需要这个过程在撞击点燃内部火药这个很短的时间内完成。

然而，即使火药非常快速地点火和燃烧，它所需的时间也比我们预设的时间要长。

b）如果我们希望将可观的能量转移到内部，就必须安装一个相对较大的弹药筒，而这又带来了另一个问题。

但或许也可以尝试只将一部分能量转移到小体积的发射物上，如果整体装置是一个机翼，且发射物的体积是它的千分之一，如果我把整体装置上百分之一的动量转移到小发射物上，我注意到这会激发出一个比撞击瞬间的整体速度高十倍的初始速度。

这种动量是一种可观的能量来源，因为只需提取整体装置百分之一的能量就可以获得一个甚至远超我们预期的初始速度，因此构思和研究以下装置或许会有裨益：整体发射装置的前端由一个钻了轴向孔的小发射器和一个气缸组成。

c）刚才提到的大体积气缸将作为我们的能量储存器。如果现在在轴向孔后部入口放置一个辅助发射物 d，就像它被放在枪膛中一样，如果在发射物 p 的顶端和气缸内表面之间充满液体或通过压缩作用变成液体的物质（例如铅），就在发射物的尖端被目标壁阻挡的那一刻，气缸的物质继续膨胀，迫使液体流出爆炸腔。现在，如果为了实现弹性膨胀，我们在这个腔室中提供了一个气囊，由于发射物的旋转，这个气囊保持在离心力的中心，因为重的液体往往会去到离转轴最远的位置，这个气囊将首先被压回到辅助炮筒的炮膛中，并将起到与火药爆炸完全一样的弹道作用。]

几个想法

圣－埃克苏佩里的笔记本记录了作者的聪明才智和科学思考的点点滴滴。它们没有影射他的个人生活，写得非常简短，没有抒情也没有存在主义的意味。它们涵盖了许多彼此不相关的领域，有政治、精神分析、社会学、经济学、生物学、宗教和形而上学。在那里，我们发现了他与同时代科学家谈话的回声，每个科学家似乎都惊讶于“在他身上发现了一个如此敏锐、善于接受和富有想象力的对话者”。

保存下来的有六本笔记本和记事本，约写于 1935 年至 1940 年。战争中断了它的写作，而在 1935 年之前的几年里，大量的通信可以让圣－埃克苏佩里把自己的想法写下来。

安托万·德·圣－埃克苏佩里《笔记本 I》的硬皮封面

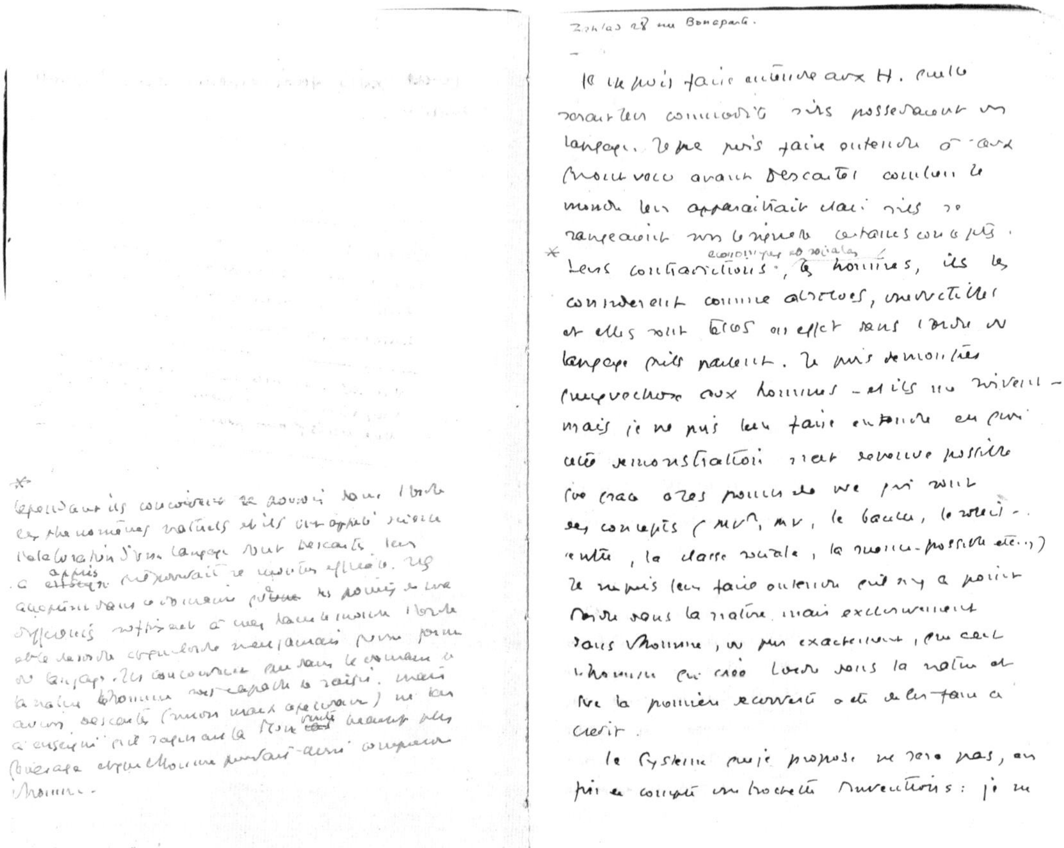

《笔记本 I》，第一册

[……]我无法让人们明白，如果所有人都说一种语言将会多么便利。我无法让生活在笛卡尔之前的人明白，如果他们能将自身置于一些概念之下，世界将会变得多么清晰。

然而他们借鉴自然现象中的秩序来建构权力，他们将创造一种语言的工作称为“科学”——笛卡尔使他们明白这样的语言会很有效。在此范围内，他们认为不同的观点足以在世上制造出秩序和无序，而秩序从来只是一种语言形式。他们认为在自然领域，人类是有能力把握和理解的。但是没有任何一个笛卡尔主义者（马克思除外）告诉过他们，这条真理可以推而广之，他们也没有被告知，人与人也是能够互相理解的。

他们在经济和社会领域的矛盾，他们这些人认为是绝对的，无法克服的，而且其实在他们所说的语言里就原原本本表现了出来。我可以向人们论证某样东西——他们也能领会——但我无法让他们理解，为什么这种论证只有在以下观点——同时也是概念——的指导下才成为可能（mv^2、mv、细菌、太阳中心说、社会阶级论、可能的科学，等等）。我无法让他们理解，自然界毫无秩序可言，只有人有秩序。或者更确切地说，是人在自然界创造了秩序，而他的第一个发现就是赋予自然界秩序。

总之，我这里提出的体系不会是一长串的发明。[我无法让人们理解，事实上从来就没有什么“发明”（对之前“规律”的发现）。从某种意义上说，人在科学中发现自己的神性。]

“需要一种新的语言”

进入圣－埃克苏佩里笔记本的世界意味着闯入一个自留地，一个隐秘的世界。如果是在作者活着的时候建议他出版，他或许不会接受。

然而，它们在作者去世后于 1953 年出版，并于 1975 年修订，让我们能够更好地了解他这个人和身为作家的他，了解他的怀疑和确信，他思想的脉络和作品的创作。

字迹常常难以识别，这些文字是他外出时随手写的，大多是在一些不舒适的环境下写下的，在汽车上，甚至在飞机上。缩写、小草图、仓促的书写让部分文字难以辨认。

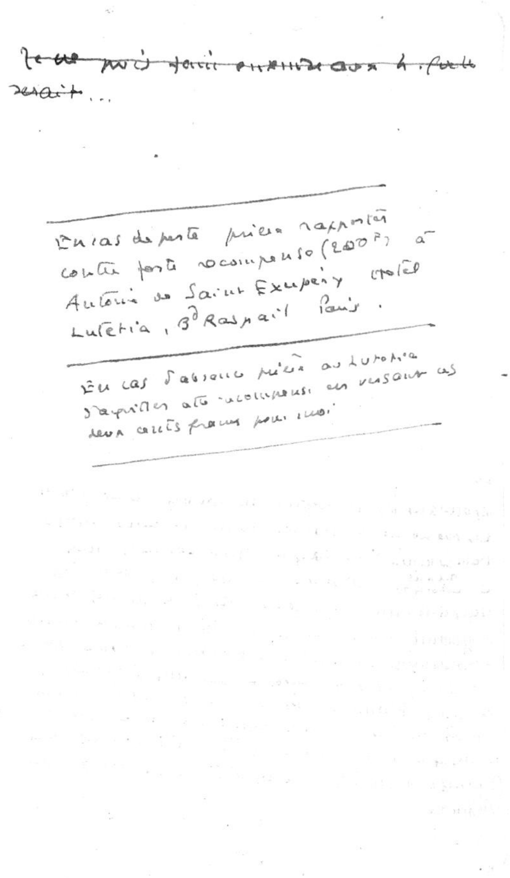
En cas de perte prière rapporter
contre forte récompense (2000 F) à
Antoine de Saint Exupéry Hôtel
Lutetia, Bd Raspail Paris.

En cas d'absence prière au Lutetia
d'expédier cette récompense en versant ces
deux cents francs pour moi

安托万·德·圣－埃克苏佩里的预防措施，如果笔记本丢了，捡到的人就能把它送回来

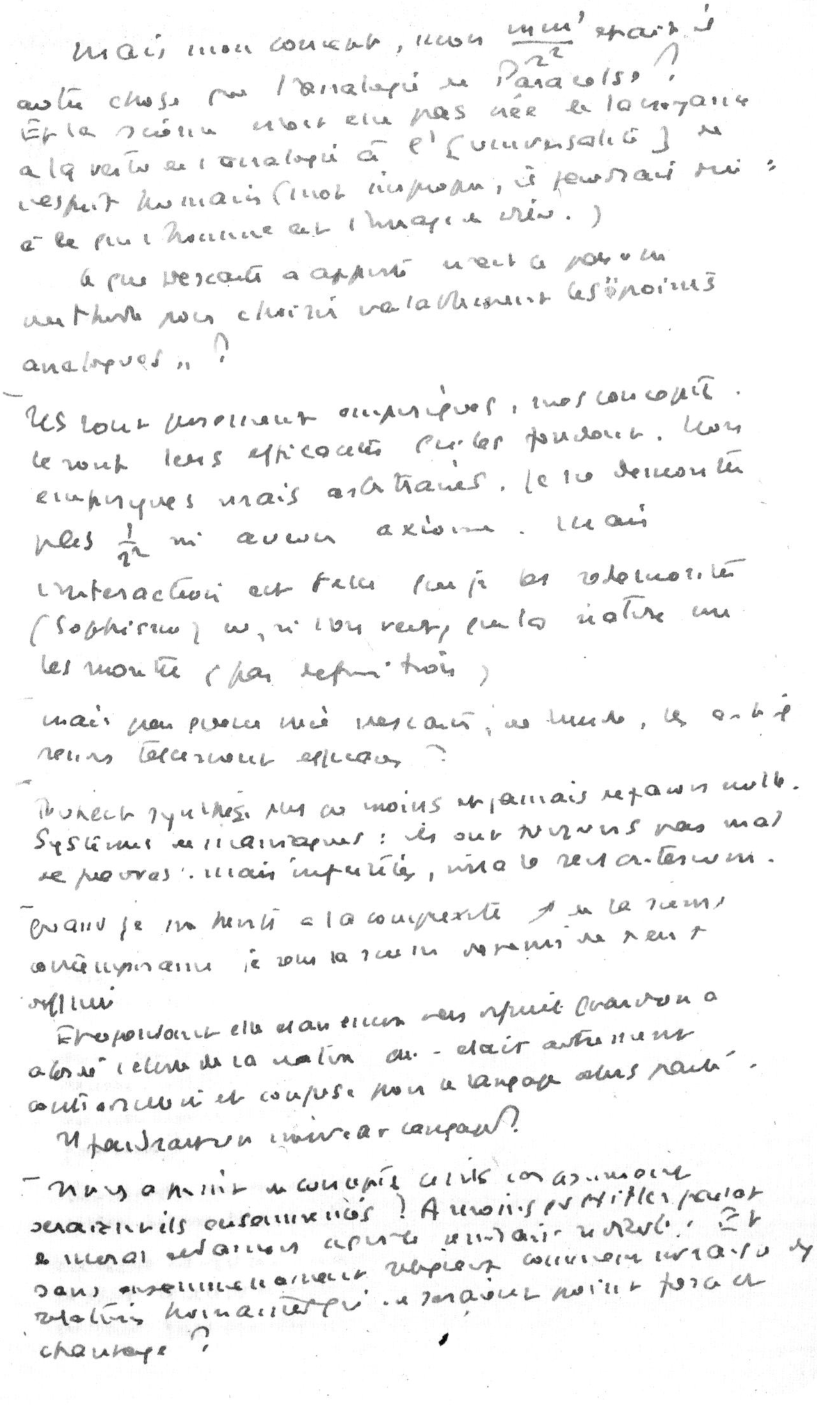

《笔记本I》，第17页

但是我的观念，我的 mm'/r^t 和帕拉塞尔苏斯[1]的类推是否不一样呢？科学不就是诞生于对类推效力的信仰——相信人类精神的普遍性（这种说法不准确，应当说：相信上帝按自己的形象创造了人类）。

笛卡尔带给我们的，不就是一种可以有效选择“类同点”的方法吗？

—

我的观念，它们纯粹是全凭经验的。奠定其存在基础的是它们的有效性。不是经验的而是任意的。我不是要论证 $1/r^t$ 或任何一个公理。但相互作用力是如此之大，我只好再次论证它们（诡辩），或者，如果愿意，也可以说，是自然又再次（从定义上）向我展示了它们。

—

然而究竟是通过什么方式，笛卡尔，这位［智者］，让他的观念变得如此有效？

—

一切都是概括，或多或少是这样，且从来都不会毫无价值。怪人的体系：他们有不少论据，但都不充分，这就是唯一的判断标准。

—

当我碰到日益复杂的现代科学，我感到科学变得越来越难了。

但其实，在我们刚开始对自然进行研究时，那时的科学更难，何况它对当时的口头语言来说是矛盾而模糊的。

需要一种新的语言。

—

不存在任何世俗观念，如果有的话它们是如何传播的呢？除非是希特勒大谈道德与爱，这只会让他显得可笑。而没有宗教的教化，又怎会有既不用武力相逼也不用敲诈要挟的人际关系？

1　帕拉塞尔苏斯（Paracelse，1493—1541），出生在瑞士苏黎世，是文艺复兴初期著名的炼金术士、医生、自然哲学家。

长方体谜题

1944 年 7 月 15 日，安托万·德·圣－埃克苏佩里给马科斯·热雷（Max Relée）上校出了这道谜题。不知道最后这个赌注有没有兑现，很可能没有，因为圣－埃克苏佩里在 7 月 31 日就失踪了。后来，马科斯·热雷将军讲述了这段不容置疑的友谊。2/33 大队少校机长，他在 1940 年的法国战役中结识了这位飞行员作家。“我最后一次见到圣－埃克苏佩里是在 7 月 15 日。他驾驶一架 P 38 来到维拉希德罗（Villacidro）。我不知道为什么，但那天我们打了个赌，且白纸黑字写了下来。在我看来，这张纸是有价值的；这就是我后来把它捐赠给萨隆（Salon）航空学院的原因。”（《伊卡洛斯》第 96 期，第 85 页）

安托万·德·圣－埃克苏佩里送给马科斯·热雷上校的画

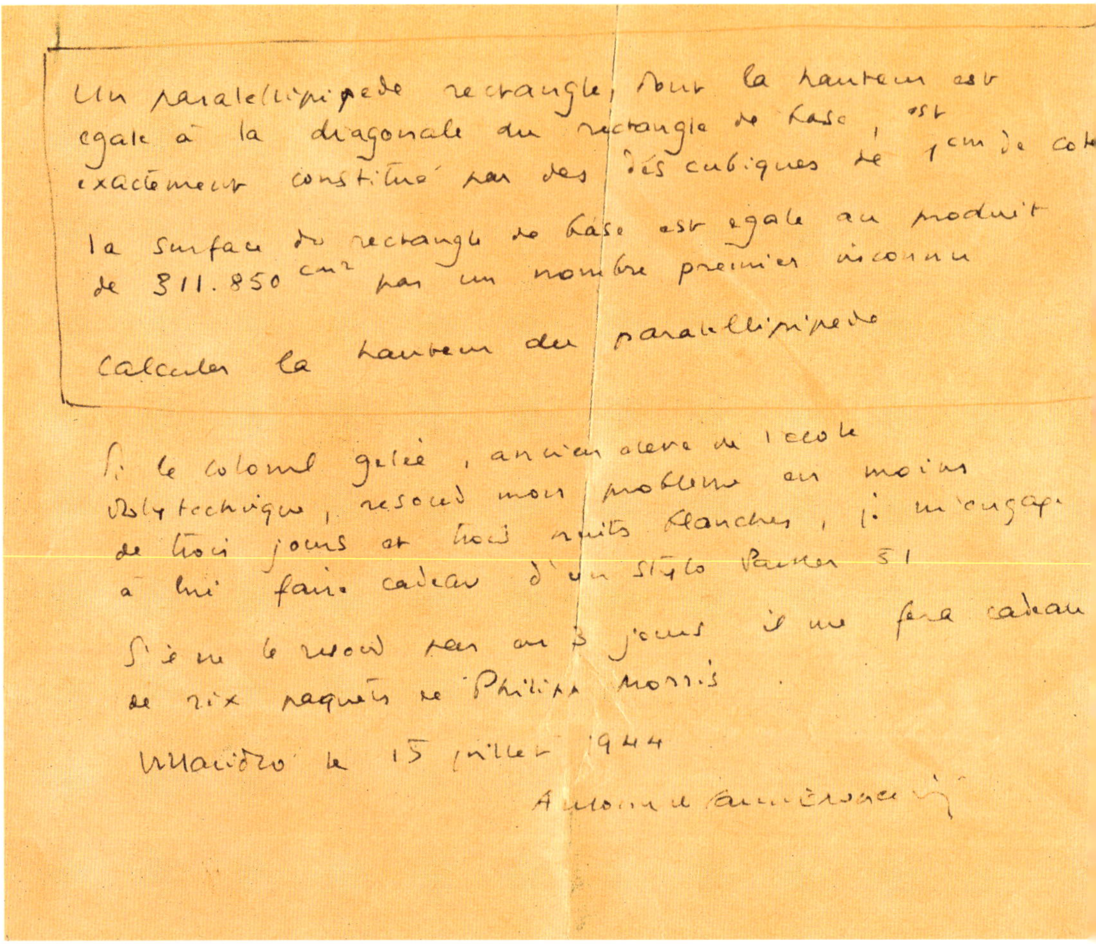

Un parallélipipède rectangle, dont la hauteur est
égale à la diagonale du rectangle de base, est
exactement constitué par des dés cubiques de 1cm de coté

la surface du rectangle de base est égale au produit
de 311.850 cm² par un nombre premier inconnu

Calculer la hauteur du parallélipipède

Si le colonel Gelée, ancien élève de l'école
Polytechnique, résout mon problème en moins
de trois jours et trois nuits blanches, je m'engage
à lui faire cadeau d'un stylo Parker 51

S'il ne le résout pas en 3 jours il me fera cadeau
de dix paquets de Philipp Morris.

Villacidro le 15 juillet 1944

Antoine de Saint-Exupéry

给马科斯·热雷上校出的谜题，安托万·德·圣－埃克苏佩里少校的手稿，1944 年 7 月 15 日

一个长方体，其高度等于底部矩形的对角线长度，长方体全部是由边长为 1 厘米的立方体组成。

底部矩形的面积等于 311 850 乘以一个未知的质数。

计算长方体的高。

如果前巴黎综合理工学院（l'École Polytechnique）的学生热雷上校在不到三天三夜不眠不休的时间内算出答案，我保证送他一支派克 51 钢笔作为礼物。如果他三天都算不出来，他就要送我六包菲利普·莫里斯（Philip Morris）牌香烟。

维拉希德罗，1944 年 7 月 15 日。

安托万·德·圣 – 埃克苏佩里

第八章

投身战争

“我越来越感到窒息。

这个国家的氛围让人喘不过气来。我们还在等什么，上帝啊！如果我不去打仗，道德这个坎儿我就过不去。关于时局我有很多话要说。我要用战士的名义而不是游客的名义去说。

这是我唯一发言表态的机会。”

<<<

贝尔纳·拉莫特为《战地飞行员》画的插图

>>>

约翰·菲利普斯拍摄的安托万·德·圣-埃克苏佩里的照片

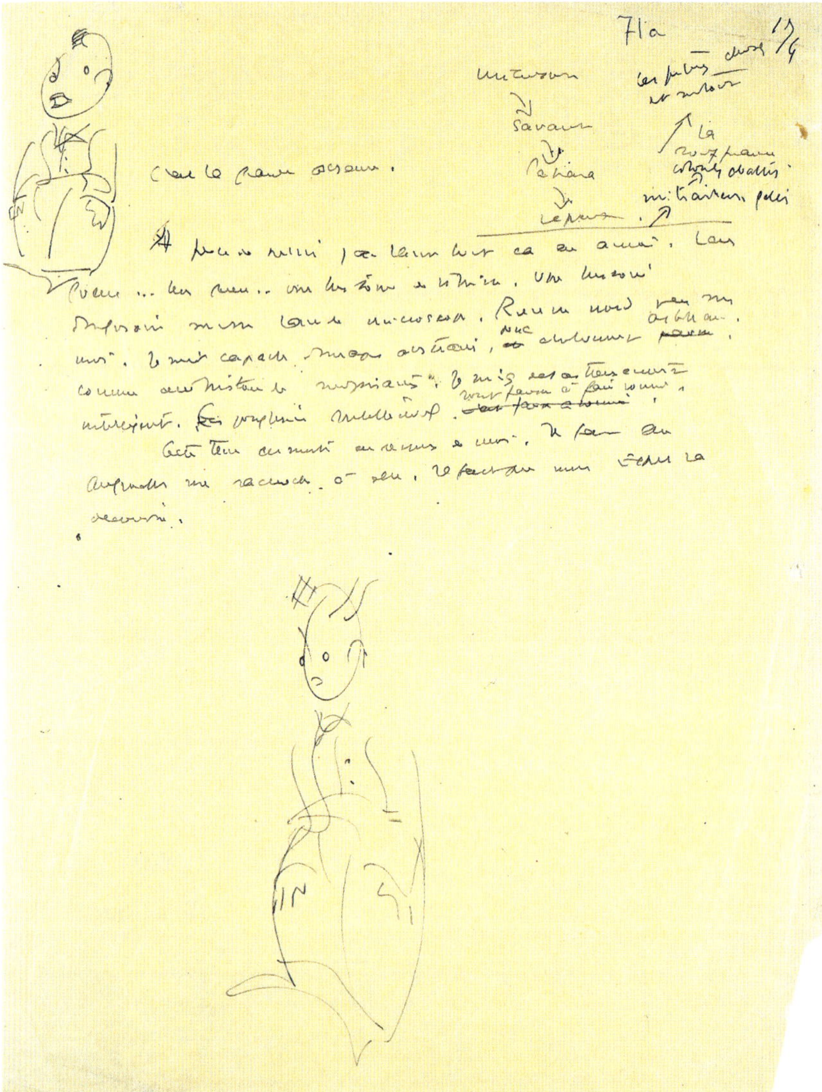

在纽约记的笔记页边上画的画

1939 年 9 月 4 日，法国对德宣战的第二天，圣－埃克苏佩里在图卢兹－弗朗卡扎尔（Toulouse-Francazal）基地参军入伍：他的任务是教空中导航。他拒绝了这个职位。“他们想让我在这里成为一名教练，不仅教导航，还教驾驶大型轰炸机。所以我感到窒息，我不开心，只能沉默不语……把我送到一个战斗机中队吧。我对战争没有兴趣，但我不可能自己留在后方不去冒险”，1939 年 10 月 26 日，他这样写道。一个月后，即 12 月 3 日，他被分配到驻扎在埃纳省奥孔特的 2/33 大队的高级侦察中队，由顺克（Schunk）上尉指挥。他住在舍尔沙勒（Cherchell）的农民家里，“我住在一个寒冷的小农场里，早上我打破水罐里的冰取水梳洗！我们都有一双大靴子，因为如果没有结冰，我们就要在及膝的泥泞中跋涉”。圣－埃克苏佩里与他的战友洛、加瓦耶、伊斯拉埃尔、奥什德、莫罗（Moreau）和杜特尔特一起在波泰 63 战斗机上进行训练，这些战友在不知情的情况下成为日后《战地飞行员》中的人物。

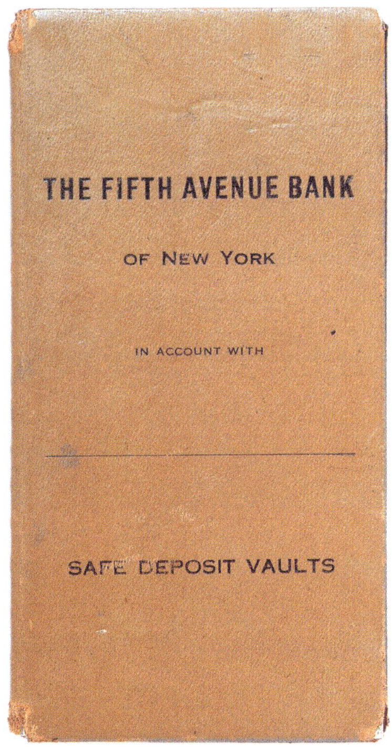

1942 年安托万·德·圣－埃克苏佩里在纽约使用的银行存折

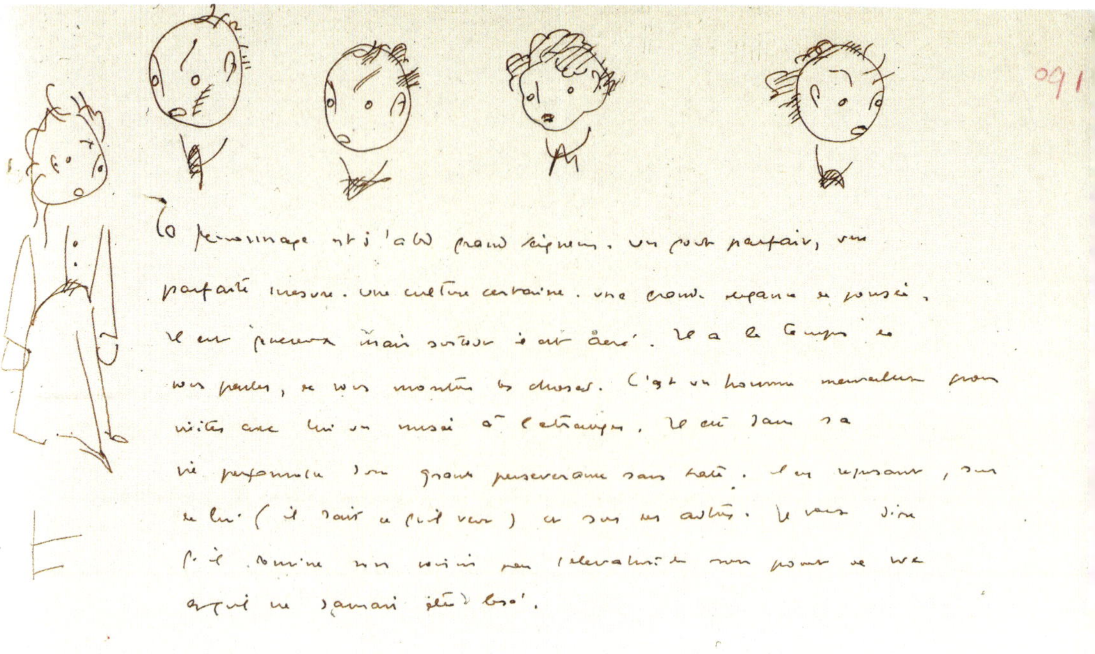

在纽约记的笔记页边上画的画

1939 年 12 月 14 日，圣－埃克苏佩里凭借《人类的大地》获法兰西学院小说大奖。约瑟夫・凯塞尔和皮埃尔・马克・奥尔朗（Pierre Mac Orlan）就在当月来探望他，那个季节飞机通常都因寒冷被困在地面上不能起飞。

但是在执行任务的时候，伤亡非常大："1/33 大队和 2/33 大队，如果我没记错的话，二十或二十五个机组人员中牺牲了十一个。只有他们战斗过，冒险过。这有时候会让我在房间里感到忧伤。"

1940 年 2 月末，圣－埃克苏佩里前往马里尼昂（Marignane）实习，学习驾驶从 4 月开始取代波泰飞机的布洛克 174（Bloch 174）新型侦察机。随着春天的到来，德军再度来犯。尽管侦察兵看到德军在法国边境重新集结发出警报，法国政府仍按兵不动。而且，在 1940 年 5 月，正是来势汹汹的德国军队把一部分法国人推上了逃亡之路："我飞在道路上空，源源不断的黑浆在路上不停流淌。人们说，那是在疏散群众。"

2/33 大队的任务恢复且加强了，每天轮几次班。5 月 22 日，让·伊斯拉埃尔在阿拉斯上空执行任务时失踪。他被捕了，并在战俘营中度过整场战争。5 月 23 日，轮到圣－埃克苏佩里飞越阿拉斯城市上空，看看它是否已被占领。这次任务将作为《战地飞行员》的情节主线。然后是撤退，从一个空军基地到另一个空军基地，最后到波尔多，从那里圣－埃克苏佩里乘坐一架载满人员和设备的法尔芒飞往阿尔及尔，飞机抵达时差点在跑道上坠毁。圣－埃克苏佩里想继续参加战斗，但停战协议已经签署，法国被一分为二，飞行员都复员了。他不愿意接受这种状况，想到唯一一个可以帮助法国统一和收复失地的国家，那就是美国。他和家人一起在阿盖度过一段夏日时光，继续写他几年前就开始创作的一部作品，那将是他的一部代表作。10 月，他去雷翁·维尔特家拜访，告诉后者他想去美国求援。之后他去了葡萄牙，在那里他于 11 月 27 日得知亨利·吉尧梅的死讯。1940 年 12 月 31 日，他登上西波内号（Siboney）邮轮前往美国，并于 1940 年 12 月 31 日抵达纽约。从此开始了长达二十七个月艰难、痛苦和沉闷的流亡生活。

圣－埃克苏佩里需要行动才能找到存在感："我精神不振，在这里只是暂时的。我需要有存在感。"在纽约，维希政权的支持者和为戴高乐效力的人都想拉拢他，但两派人都指责他没有加入他们的阵营。"而且，我的罪行一直都是一样的。我向美国证明了一个人可以是爱国的法国人，反德反纳粹，但不支持未来由戴高乐党人领导的政府。"

然而，圣－埃克苏佩里最大的愿望不是加入一个阵营，而是看到法国忘记分裂它的派系，以便重新团结起来重现昔日的辉煌。而他之所以绝望是因为他发现在纽约的法国人不理解他发出的信息。为了帮助他克服这种心理上的不适，他的出版商建议他见证战败前他在法国经历过的那些时刻，并解释法国当时的态度，这种态度是美国人难以理解的。这本书是为了纪念他的飞行员朋友们而写的，他们曾与他一起并肩战斗，为了让同胞们免受国土被侵犯的屈辱，这本书就是《战地飞行员》，写完后旋即被翻译成英文，于 1942 年以《飞往阿拉斯》的书名出版。

《战地飞行员》是第一部歌颂抵抗运动的书，美国人认为它是民主国家对《我的奋斗》（*Mein Kampf*）的最大回应：这本书在美国热销。而在法国，它仅出版了两千册，很快就被查禁了。从那以后，《战地飞行员》在法国要藏起来偷偷摸摸阅读。

随着 1941 年 12 月美军偷袭珍珠港并正式参战，圣－埃克苏佩里重拾希望，尤其是在 1942 年 11 月美国宣布登陆北非时。他随后向法国人写了一封呼吁书，号召他们团结起来，放下思想上的冲突，在星条旗下投入战斗："在国会，他们将会非常惊讶于主张团结的法国人的人数之众。不过，尽管我们各执己见，但我们大多数人的内心只有对我们的文明和祖国的热爱。"《首先是法兰西》（«D'abord la France»）一文于 1942 年 11 月 29 日在 NBC[1] 上宣读，在所有法语广播的美国电台播出，并在北非的报纸上转载。

圣－埃克苏佩里只想做一件事：重返战场。但是，在穿越大西洋重回 2/33 大队前，他还有时间写下两本书。《给一个人质的信》和《小王子》于 1943 年 1 月和 4 月出版，就在圣－埃克苏佩里出发去阿尔及利亚之后去摩洛哥的前几天。在非洲，他终于又和他的飞行员战友们重逢了。

尽管他"年纪很大"（他四十四岁，而飞行员的平均年龄是三十岁），但圣－埃克苏佩里还是学习驾驶莱特宁 P38（Lightning P38）侦察机。"我们驾驶这个轻盈的庞然大物，也就是莱特宁 P38，在飞机上，我们的印象不是飞到哪里，而是把一片大陆尽收眼底。"在执行第二次任务后，他在跑道尽头弄坏了一架飞机，被调去飞行预备队。1943 年 8 月至 1944 年 5 月，圣－埃克苏佩里在阿尔及尔百无聊赖。他住在佩利西耶（Pélissier）医生家，继续

1 美国全国广播公司（National Broadcasting Company）的简称，成立于 1926 年，是美国历史最悠久、实力最强的商业广播电视公司。

写他的巨著，这部作品直到 1948 年才以《堡垒》为书名出版。像往常一样，他把书中的段落读给他的朋友们听，他不分昼夜地打扰他们。感觉自己被排除在行动之外的想法让圣－埃克苏佩里感到非常沮丧。他开始与时间赛跑，为了重新加入侦察飞行中队。他追北非美军司令埃克（Eaker）将军一直追到那不勒斯，终于获准执行五次任务。他在撒丁岛的阿尔盖罗（Alghero）重新加入中队。《生活》杂志特派记者约翰·菲利普斯正在报道驻扎在北非的美国士兵。他和圣－埃克苏佩里成了好朋友，后者答应给他写一篇文章。这篇文章在 5 月 30 日上午被交给记者，直到 1944 年 8 月才刊登在美国报纸上。在《给一个美国人的信》中，圣－埃克苏佩里感谢这个国家奉献了年轻的士兵，为了让法国人终于又可以昂起头："你们的年轻人在战争中死去。尽管其中有种种可怕之处，但毕竟这场史无前例的战争是他们对爱的一次复杂的体验。不要背叛他们！愿有朝一日他们是和平的主宰！愿和平就像他们一样美好！"

圣－埃克苏佩里将执行的不是五次而是八次侦察任务，他总是希望能以身犯险。在 1944 年 7 月 31 日他执行完最后一次任务后，他就要被告知盟军很快将在普罗旺斯海岸登陆的军事机密，并被明确禁止飞行。但他再也没有回来。

他驾驶着飞机离开了，没能实现他心中的梦想。

> 我将等待黑夜，如果我还活着，
> 步行走到
> 穿过我们村庄的大路上，
> 裹在我所热爱的孤独里，
> 为了想明白为什么我应该赴死。

在一封写给雷翁·维尔特的信中，安托万·德·圣－埃克苏佩里告诉他自己要上前线的消息，并画了一幅自画像

“真高兴成为第三中队的一员”

安托万·德·圣－埃克苏佩里于1939年9月4日作为空军预备役军官应征入伍，并被派往图卢兹－弗朗卡扎尔军事基地，在那里他以上尉军衔被分配到负责远程轰炸的部队。作为西班牙内战的特派记者，圣－埃克苏佩里目睹了战争造成的巨大破坏，这一任务让他很郁闷。在基地指挥官的支持下，他被调到了一个战斗机中队，但不得不长期与规定的飞行禁令做斗争，他的健康状况（左肩几乎瘫痪）和他的年龄（三十九岁）使他只适合留在总参谋部的办公室里。

多亏了达维（Davet）将军，否决被驳回，虽然不许他当战斗机飞行员，但他被允许驾驶一架侦察机，并被分配到驻扎在巴黎以东220公里位于马恩运河和维特里勒弗朗索瓦（Vitry-le-François）之间的2/33高级侦察中队。

我很激动，在2/33大队第三中队，重新找到了年轻的心、相互间的信任和团队精神。对一些人而言，那是昔日南美航线的价值所在。

这里的一切都似曾相识，在中队，我打心眼里敬佩这些懂得保持年轻的领导，这些懂得化繁为简的职业老手，这些懂得忠诚的同志，以及这种弥足珍贵的友谊。尽管有战争、有泥泞的场地和艰苦的条件，但大家晚上仍能欢欢喜喜地挤在一个简陋的小木屋里，围坐在一个有点忧郁的留声机旁……

真高兴成为第三中队的一员。

安托万·德·圣-埃克苏佩里

1940年2月11日

J'ai éprouvé une émotion profonde en retrouvant, à la troisième escadrille du groupe 2/33, la jeunesse de cœur, la confiance mutuelle et l'esprit d'équipe qui ont fait autrefois, pour quelques uns, tout le prix de la vieille ligne d'Amérique du Sud.

Tout est semblable ici – et j'estime du fond du cœur, à l'escadrille, ces chefs qui savent être jeunes, ces vieux professionnels qui savent être simples, ces camarades qui savent être fidèles, et cette qualité de l'amitié qui permet, malgré les risques de guerre, les terrains boueux et l'inconfort, de se serrer le soir, avec tant de plaisir, dans une simple baraque de bois, autour d'un gramophone un peu mélancolique...

Avec toute ma joie de faire partie de la 3.

Antoine de Saint Exupéry

le 11 Février 1940

写给雷翁·维尔特的手稿，1940 年 2 月 11 日

入伍时的安托万·德·圣-埃克苏佩里

溃败和抵抗

1940 年的战役结束，法国和德国签署了停战协议。圣－埃克苏佩里身负使命去美国几星期，结果在那里待了几年。1941 年，他决定写一本书见证他在法国的战斗，那就是《战地飞行员》。这部小说致敬了那些驾驶飞机阵亡的战友，没有隐去这些为国捐躯的英雄的名字：奥什德、阿利亚（Alias）、杜特尔特、佩尼科（Pénicot）、萨贡（Sagon）都是他战友们的名字。同样，溃败和逃难的故事也是用新闻报道的纪实手法创作的。

美国对这部作品创作的地点并非漠不关心："在'奇怪战争'期间，安托万·德·圣－埃克苏佩里上尉显然感到有必要创作一部歌颂法国空军，尤其是驻扎在奥孔特的 2/33 高级侦察中队的英雄主义的书，让法国得到美国的尊敬和重视。"（保尔·布宁［Paule Bounin］）。

当然，溃败景象令人感伤。在这种时候，卑微者表现得卑微。掠夺者暴露出掠夺者的嘴脸。机构瘫痪了。垂头丧气、疲惫不堪的军队分崩离析，陷入荒诞的境地。这就是一场溃败导致的结果，就像鼠疫引发的淋巴结炎。但那个你爱的女人，如果她被一辆卡车压了，你会嫌弃她的丑陋吗？

既然法国接受了战争，就要接受有一段时期会因溃败而变得丑陋。为了避免溃败，法国就应该拒绝战争吗？有些人说："我们不能在一年的时间里造出短缺的四千万法国人。我们不能把我们的麦田变成煤矿。我们不能指望美国提供援助。既然德国人占领了但泽（Dantzig），我们的责任不是拯救但泽，这是不可能的，而是要一死以免蒙羞。拥有一片生产小麦多于机器的土地且人口只有别人的一半，这有什么可耻的？为什么要我们背负耻辱，而不是全世界？"这些人说得头头是道。我们应该听他们的吗？我是法国人，我钦佩这样的警告并没有让人放弃牺牲。我钦佩精神在我们这里高于智慧。

生活总会打破常规。溃败可能是复活的唯一途径，尽管它很丑陋。我很清楚为了让树生长，我要让种子腐烂发芽。

如果第一个抵抗行为来得太晚，往往要失败。但它会唤醒人们抵抗。

历史的分岔将从它开始。一棵树或许会从一颗种子里面长出来。

法国发挥了自己的作用。对她而言，就是让自己被打垮，因为世界在不参与、不战斗的情况下妄加评判，就是要眼睁睁看着自己在沉默中被埋葬一段时间。当我们发起进攻，肯定要有人冲锋陷阵。进攻，就意味着冲在前面的人要英勇就义。[……]

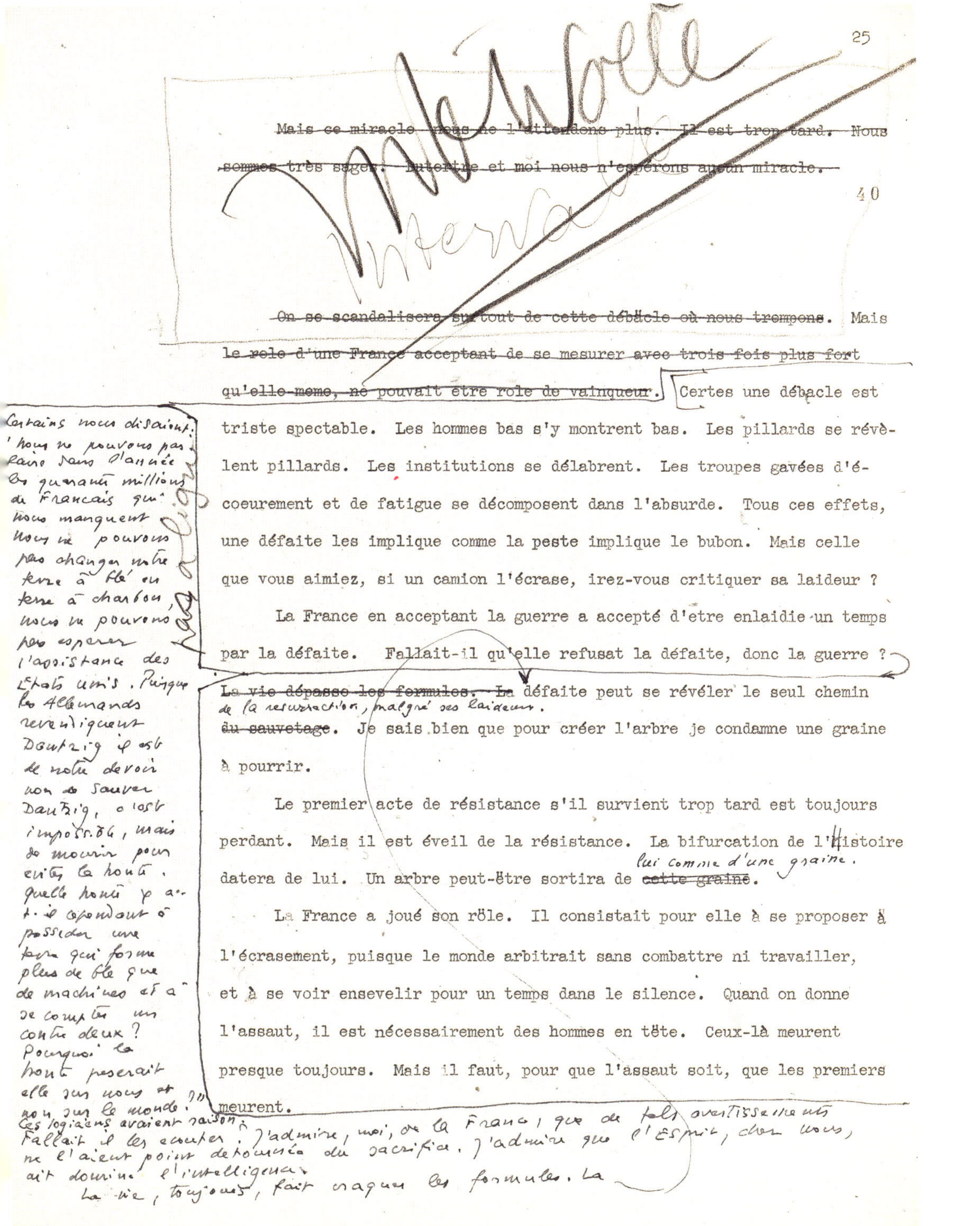
25

Mais ce miracle nous ne l'attendons plus. Il est trop tard. Nous sommes très sages. Dutertre et moi nous n'espérons aucun miracle.

40

On se scandalisera surtout de cette débâcle où nous trompons. Mais le rôle d'une France acceptant de se mesurer avec trois fois plus fort qu'elle-même, ne pouvait être rôle de vainqueur. Certes une débacle est triste spectacle. Les hommes bas s'y montrent bas. Les pillards se révèlent pillards. Les institutions se délabrent. Les troupes gavées d'écoeurement et de fatigue se décomposent dans l'absurde. Tous ces effets, une défaite les implique comme la peste implique le bubon. Mais celle que vous aimiez, si un camion l'écrase, irez-vous critiquer sa laideur ?

La France en acceptant la guerre a accepté d'être enlaidie un temps par la défaite. Fallait-il qu'elle refusât la défaite, donc la guerre ?

Certains nous disaient : "nous ne pouvons pas faire dans l'année les quarante millions de Français qui nous manquent. Nous ne pouvons pas changer notre terre à blé en terre à charbon, nous ne pouvons pas espérer l'assistance des États-Unis. Puisque les Allemands revendiquent Dantzig il est de notre devoir non de sauver Dantzig, c'est impossible, mais de mourir pour éviter la honte. Quelle honte y a-t-il cependant à posséder une terre qui forme plus de blé que de machines et à se compter un contre deux ? Pourquoi la honte pèserait-elle sur nous et non sur le monde ?" Les logiciens avaient raison. Fallait-il les écouter. J'admire, moi, de la France, que de tels avertissements ne l'aient point détournée du sacrifice. J'admire que l'Esprit, chez nous, ait dominé l'intelligence. La vie, toujours, fait craquer les formules. La

La vie dépasse les formules. La défaite peut se révéler le seul chemin de la résurrection, malgré ses laideurs. du sauvetage. Je sais bien que pour créer l'arbre je condamne une graine à pourrir.

Le premier acte de résistance s'il survient trop tard est toujours perdant. Mais il est éveil de la résistance. La bifurcation de l'Histoire datera de lui. Un arbre peut-être sortira de lui comme d'une graine. cette graine.

La France a joué son rôle. Il consistait pour elle à se proposer à l'écrasement, puisque le monde arbitrait sans combattre ni travailler, et à se voir ensevelir pour un temps dans le silence. Quand on donne l'assaut, il est nécessairement des hommes en tête. Ceux-là meurent presque toujours. Mais il faut, pour que l'assaut soit, que les premiers meurent.

准备阶段的《战地飞行员》打字稿，有手写修改的痕迹，和出版的文本有很多出入

贝尔纳·拉莫特为《战地飞行员》画的插图

逃难

1940年5月13日。德军的坦克越过默兹河（Meuse），快速挺进让一千万惊慌失措的法国平民夺路而逃。5月23日，安托万·德·圣-埃克苏佩里上尉驾驶一架布洛克174飞机从奥利起飞，再次出发执行一项自杀式任务，“侦察阿拉斯和杜埃（Douai）之间的敌我阵地”，他奇迹般地回来了。

阿拉斯大火的景象改变了他。深谙人类苦难的种种，他在世人身上重新找到了信仰并意识到自己的盲目：“我什么也没发现，但是，就像从睡梦中醒来一样，我只是又看到了我过去视而不见的东西。”他明白“在接受之前必须懂得给予，在居住之前必须懂得建造”。

这一认识催生了《战地飞行员》，该书写于流亡期间，于1942年在美国和法国出版。“我很高兴可以用我的血肉之躯证明我的纯粹”，1943年圣-埃克苏佩里这样写道，几个月后他驾驶飞机消失在空中。

我飞在道路上空，源源不断的黑浆在路上不停流淌。人们说，那是在疏散群众。这话已经不对了。人群在自己疏散。人在逃难中会传染疯狂。他们要去哪里，这些流浪者？他们往南方走，好像那里有吃的住的，好像那里有温情的款待。但南方只有人满为患的城镇，人们睡在棚屋里，物资也匮乏了。即便是最慷慨的人也渐渐没了好声好气，因为人潮不断盲目地涌入，就像一条缓缓流淌的泥泞的河流，慢慢把他们也吞没了。区区一个外省既安置不下也养活不了整个法国！他们要去哪里？他们不知道！他们朝幻影般的中途停靠地走去，[因为，一旦这支逃难的人群到达一片绿洲，绿洲就不复绿洲了。]

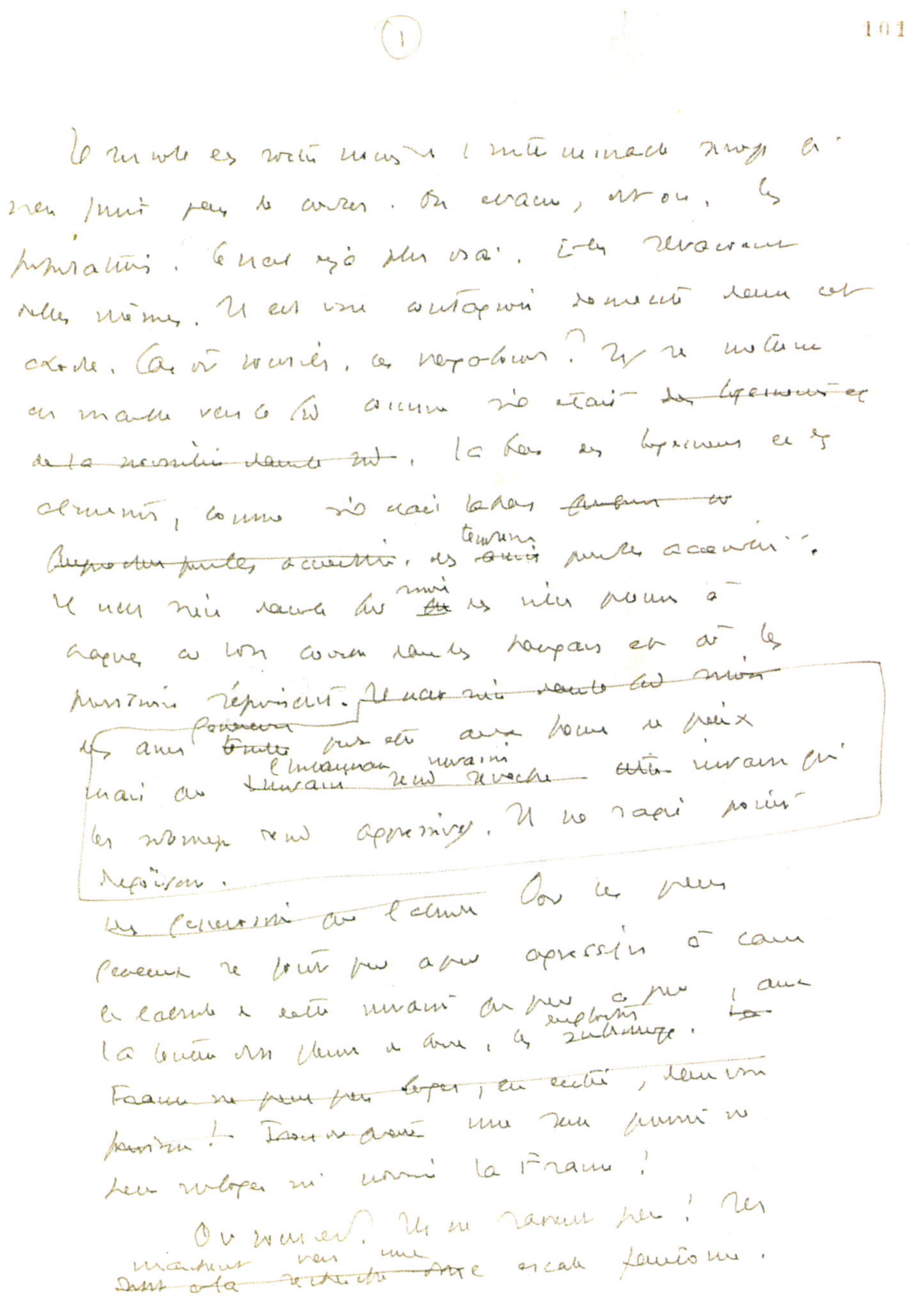

《战地飞行员》的手稿

安托万·德·圣-埃克苏佩里在电台读他的演讲稿《首先是法兰西》

《首先是法兰西》

《首先是法兰西》是呼吁和解的号召。这是安托万·德·圣-埃克苏佩里第一次在政治舞台上公开亮相。

1942 年 10 月，蒙哥马利（Montgomery）将军的部队在利比亚击退了德军。的黎波里（Tripoli）在次年的 1 月 23 日沦陷。11 月 8 日，盟军在北非登陆，引起了戴高乐将军的愤慨，因为事先没有征求他的意见，而盟军登陆导致美国与维希政府断绝外交关系。正因为这样，1942 年 11 月 29 日，圣-埃克苏佩里在 NBC 广播电台发出呼吁，以《首先是法兰西》作为开篇。这一消息立即在《纽约时报》上用英文刊发，第二天在蒙特利尔的报纸《加拿大》（*Le Canada*）上刊发了法文版。该呼吁在法语频道再次播出，之后在北非的几家报纸上转载。它呼吁所有法国人，无论是在法国本土还是在国外的法国人团结起来。

左页是发言稿开头几句的一份草稿，刊出时做了小小的改动。

首先是法兰西。

德国制造的黑夜已经蔓延到全国。这是一个在黑夜中最迷惘的国家，所有灯火都熄灭了。我们将认不出我们所热爱的一切。我们甚至连被枪杀的人质的名字都不知道。[……]

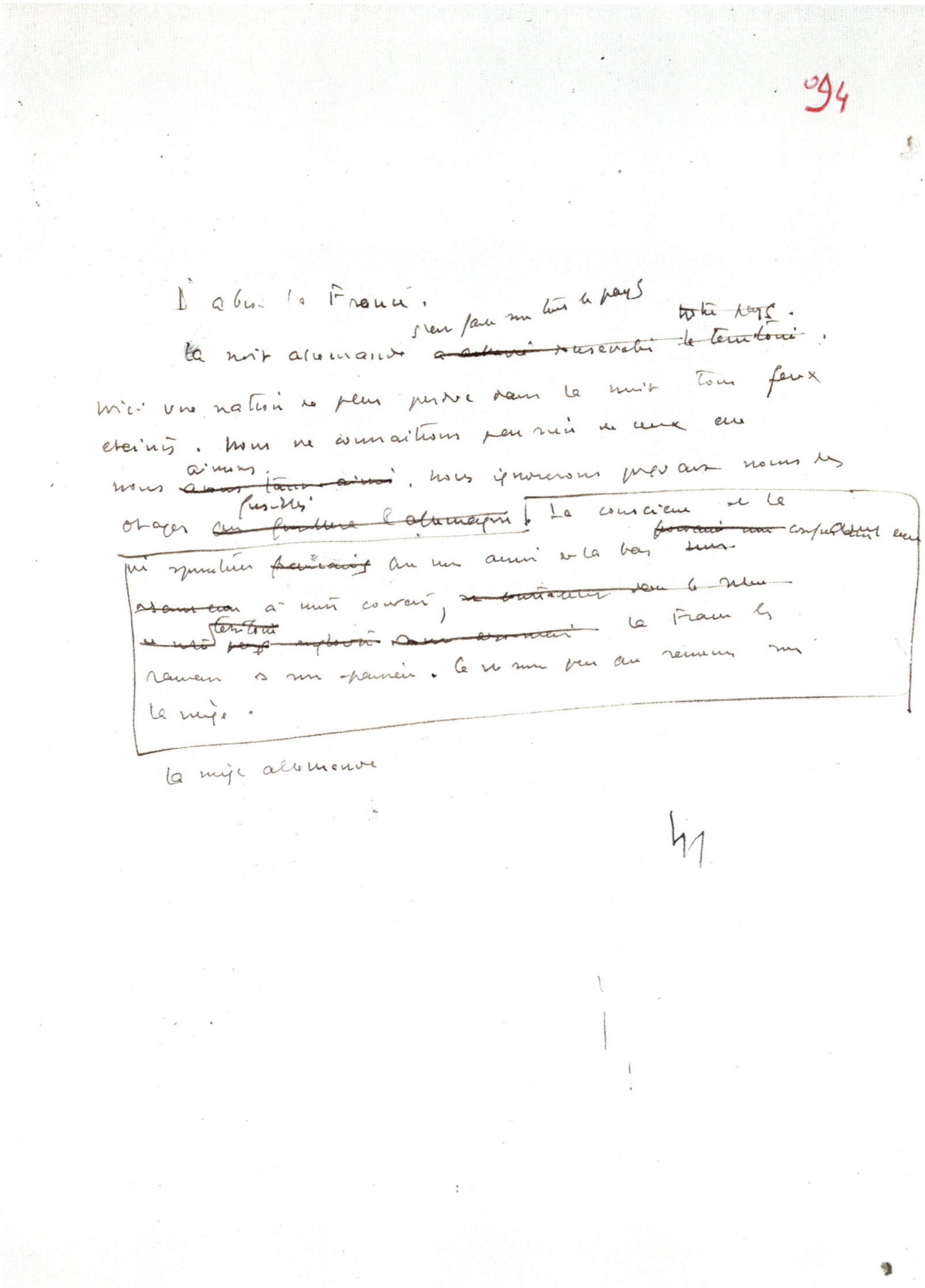
D'abord la France.

La nuit allemande s'est abattue sur tout le pays.

Mais une nation ne peut périr dans la nuit. Tous feux éteints. Nous ne connaissons rien de ceux que nous aimons. Nous ignorons presque tout des noms des otages fusillés. [illegible]

La neige allemande

《首先是法兰西》的演讲稿片段，1942 年 11 月

1930 年代的雅克·马利坦

给雅克·马利坦的信

圣－埃克苏佩里呼吁《首先是法兰西》并没有带来他所渴望的同胞们的团结。20 世纪法国基督教哲学家雅克·马利坦（Jacques Maritain）是不容置疑的知识、道德和精神精英，当时他在纽约。他的立场与圣－埃克苏佩里的立场相去不远，因此马利坦的态度让圣－埃克苏佩里感到震惊：这位哲学家指责他对维希政权采取宽容的态度，这是他无法接受的。而对圣－埃克苏佩里而言，他拒绝像纽约的许多法国人一样赞成戴高乐将军的所有声明。

雅克·马利坦听过或读过圣－埃克苏佩里的呼吁，决定在 12 月 12 日在《为了胜利》（*Pour la victoire*）这份报纸上发表一篇文章作为回应。该报在文章刊登前把马利坦的文章发给圣－埃克苏佩里看，圣－埃克苏佩里给马利坦回了一封公开信，在信中重申，所有法国人之间达成和解是未来和平的保证。两人的年龄隔了一代，他们坚定而清醒地分析他们所处的时代和正在发生的事态。尽管态度都很真诚，但两人没有达成共识。

我们影印的这一页手稿是这封信最初的样子。从未发表过，它和之前出版过的文本有几处出入。

亲爱的朋友：

对于您的介入，我深感失望。我绝对赏识您。在我眼中，您象征着正直、公正、无私和廉洁。在精神层面，我感觉自己跟您是完全一致的。我怀着一种爱慕之情读了您所有的书籍。我发誓，自己说出这番话，并不是为了讨您欢心。我知道这么直白的赞美只会让您失望。我只是说说我的感受，因为我想让您自己对我们之间思想上的纷争做出判断。

您在一份报纸上“回应”我，而这份报纸用冠冕堂皇且不容我辩解的理由，拒绝刊登我的文章。它当然有权这么做。可这样做就是准备让不知道我之前说过什么的读者责备我。可惜您批驳我的观点，我根本就无所谓。因为真理并不掌握在我手中。每个人在推理的过程中都可能犯错。如果甚至连您都责怪我太愚蠢，我也不在乎。您有权做出这样的判断。但似乎您本人（因为他在精神上是无懈可击的）在这场争论中，扮演了一个精神法官的角色，也就是评判他人意图的法官。

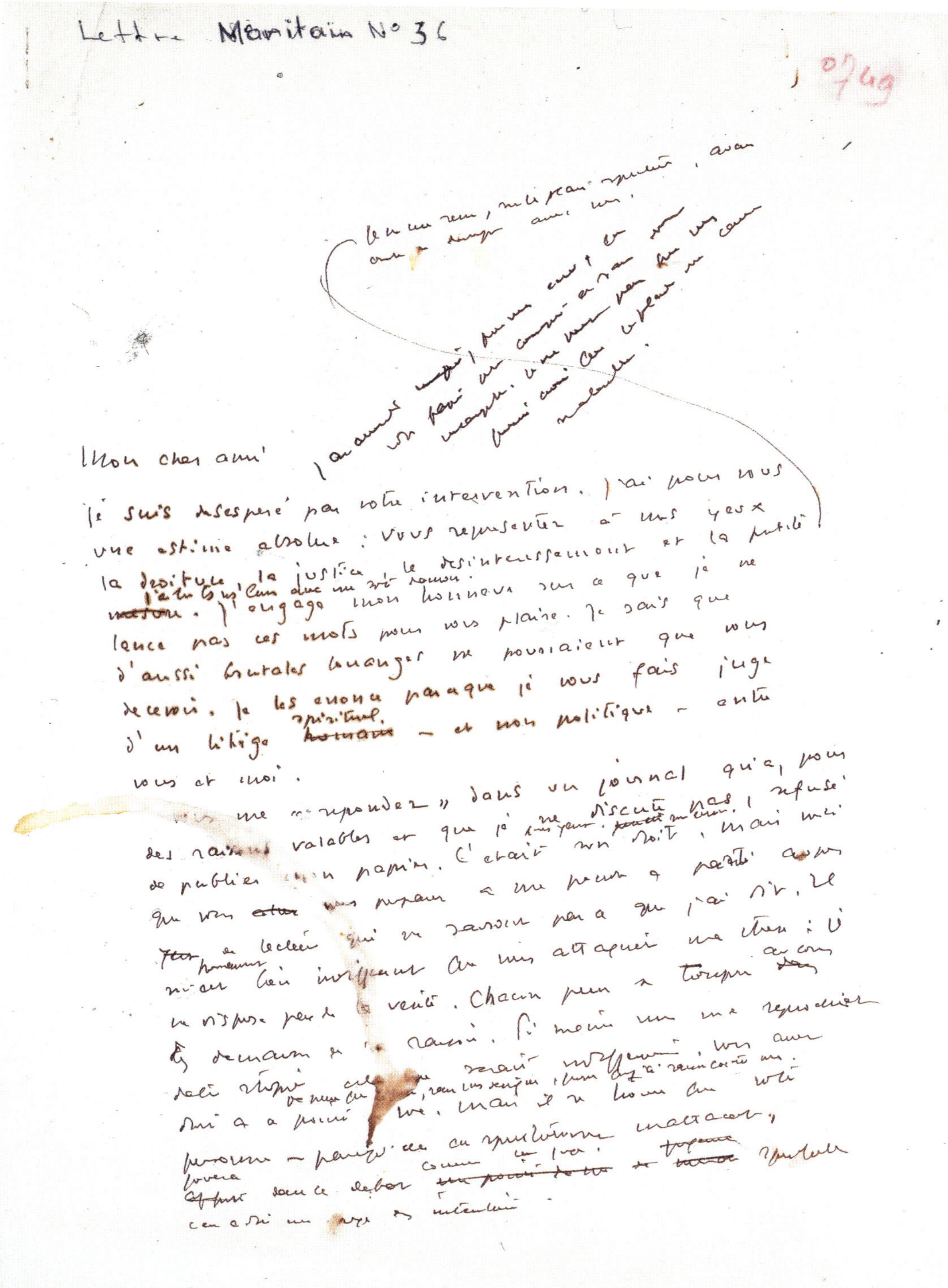

Lettre Maritain N° 36

07/49

Mon cher ami

Je suis désespéré par votre intervention. J'ai pour vous une estime absolue : vous représentez à mes yeux la droiture, la justice, le désintéressement et la [illegible]. J'engage mon honneur sur ce que je ne lance pas ces mots pour vous plaire. Je sais que d'aussi brutales louanges ne pourraient que vous décevoir. Je les énonce parce que je vous fais juge d'un litige ~~humain~~ spirituel — et non politique — entre vous et moi.

Vous me « répondez » dans un journal qui a, pour des raisons valables et que je ne discute pas, refusé de publier mon papier. C'était son droit, mais [illegible]

[illegible]

写给雅克・马利坦的信的初稿，和刊出的文本有几处出入，1942 年 11 月 11 日

安托万·德·圣－埃克苏佩里在手稿页边画的画

反对法国的法国人

这一页出自一篇未发表的很长的政治檄文，其中的一些主题圣 - 埃克苏佩里在 1942 年《给安德烈·布勒东的信》(*Letter à André Breton*) 中被重新提到。飞行员作家于 1940 年 12 月 31 日抵达美国。在那里，他于 1 月获悉，在没有征询他本人意愿的情况下他被任命为维希政府的国会议员。《纽约时报》发文为作家辟谣，表达了他的拒绝和愤慨。这不符合一部分在纽约定居的法国人的口味，其中包括圣 - 埃克苏佩里在 1930 年代结识的超现实主义“教皇”安德烈·布勒东。随后两人之间发生了争执，为此圣 - 埃克苏佩里给安德烈·布勒东写了一封信。

后来到了纽约。那时我很痛苦。因为法国人是唯一反对为法国提供物资的人。我在那里发现了导致我们失败的古老的蛊惑人心的宣传。这一次，我并不认为它会带给我们胜利。因为，在革命年代，为了表明他们是纯洁的，纯洁的人将他们所有的老朋友都交给了刽子手。啊！人们会认为我的态度不冷不热……但所有曾经说过不冷不热的话的人，我都谴责他们。但我们这些激情洋溢的话却会让别人送死。我认为真正的激情体现在行动中。我需要去打仗，因为我想到了战争。我接到了三次调令，它们都旨在保住我宝贵的生命。但三次我都成功地让调令作废了。在5月和6月这段时间，我所在的航空大队，2/33大队，23个中队牺牲了17个，我们完全可以认为自己是去送死，但我拒绝离开。那是不可能的。[……]

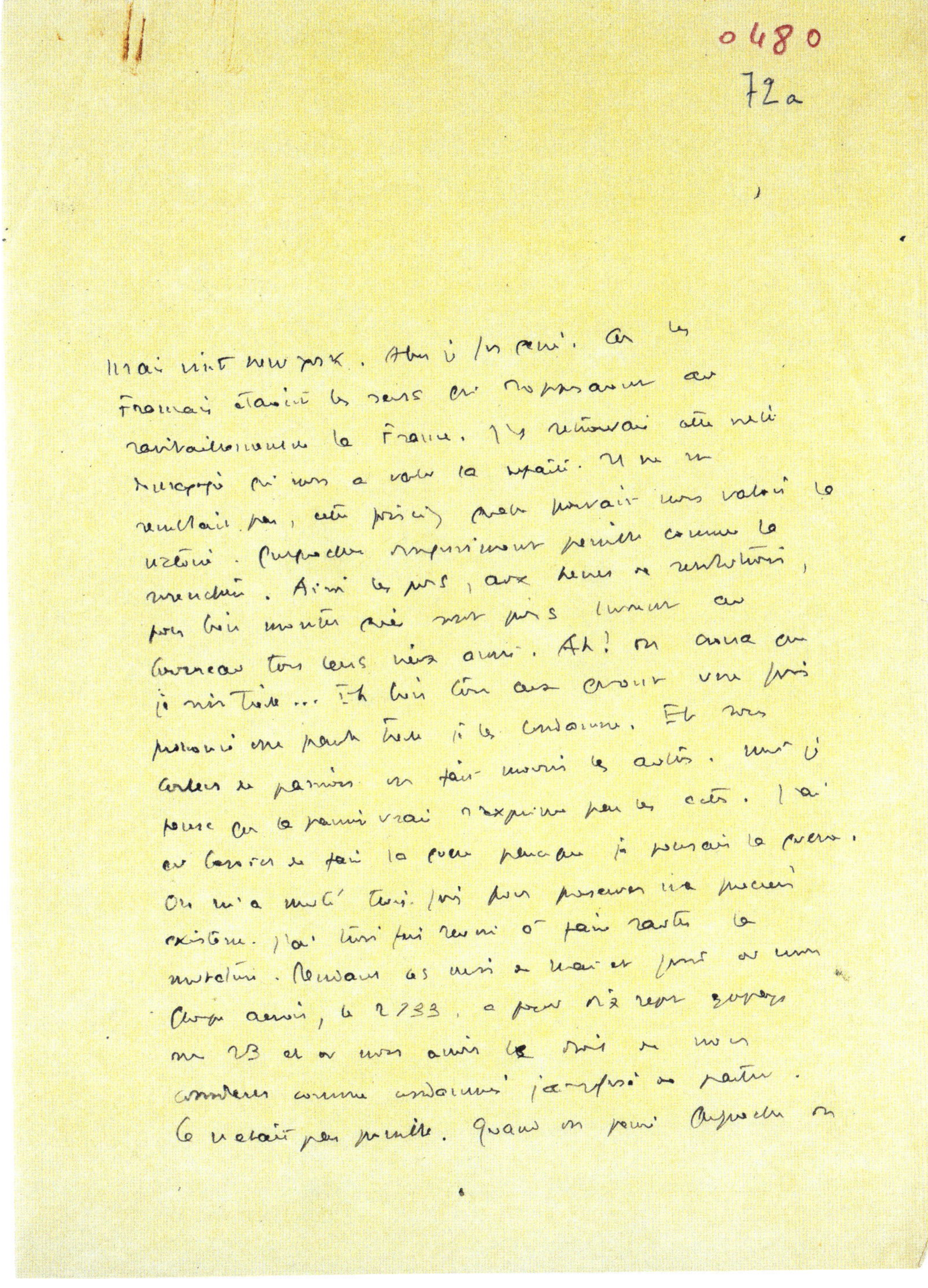

未发表的政治檄文的手稿，其中一些主题在 1942 年《给安德烈·布勒东的信》中被再次提及。手稿

Au PARADIS
Royal HOTEL

第九章

圣-埃克苏佩里和女人

“我等待遇见一位非常漂亮、非常聪明、充满魅力、让人平静又忠贞不渝的姑娘……但是，我没找到。”

<<<　　　>>>

安托万·德·圣-埃克苏佩里
在《南线邮航》手稿上的图

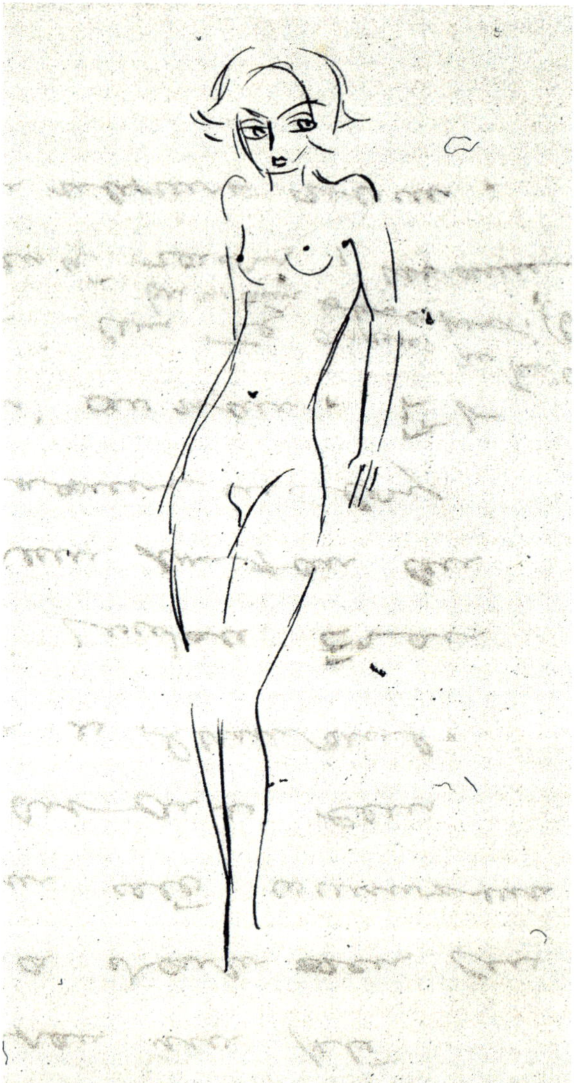

安托万·德·圣－埃克苏佩里在《堡垒》的一页手稿的背面画的图

从小时候起，安托万·德·圣－埃克苏佩里的世界就被女性围绕着。安托万四岁的时候父亲因心脏病发作去世，男性权威的象征被一群对孩子们非常宽容的女性替代：特里戈姨婆，他的母亲，几位保姆，其中有保拉和“发霉”，女仆、家庭教师、钢琴老师安娜－玛丽·彭塞，谁都无法驯服这五个充满想象力又精力充沛的孩子。

安托万的姐妹们对他也有很大的影响：家中的小妹妹蒂蒂，他以大哥的骄傲保护她；莫诺（Monot）[1]经常用棍子指挥他，但安托万非常欣赏她，因为她精力充沛，每次和大人们对抗她都站在他们一边；玛丽－玛德莱娜，温柔，经常生病。一堆表姐妹还有七大姑八大姨，不管是单身还是已婚，当安托万和弗朗索瓦在勒芒学习或他们的母亲外出时，都是她们帮忙照料这两兄弟，她们都扩充了这个让安托万快乐成长的女性群体。

就像他那个年纪的所有年轻人一样，他也有心动的时候，但他几乎立刻就后悔了：“我不明白我怎么会迷恋让娜两星期之久。我想那是因为她是第一个让我感到清新可人的女孩，这触动了我柔软的内心……现在我为自己一时的迷恋感到绝望，因为它让我瞧不起我自己。这完全不符合我的形象。”

圣－埃克苏佩里没有经历过从外省平静的生活过渡到繁华的巴黎生活所带来的震撼。由于他的家庭关系，他看到许多熟人的沙龙向他敞开大门，包

1　安托万的二姐西蒙娜（1898—1978）的昵称。

括他表姐特雷维兹公爵夫人伊冯娜·德·莱斯特朗热的沙龙。她在她位于马拉盖河岸的公寓里接待他，并从1917年开始把他介绍给巴黎的文学圈。她甚至在阁楼上给他布置了一个房间，好让他安静地尝试他的文学创作。圣-埃克苏佩里非常钦佩这位能从自己身上看到文学天赋并鼓励他放弃诗歌而投身散文创作的表姐。“星期四我和伊万娜·德·特雷维兹一起散步，她是我见过的最有魅力的人，独特、敏锐、聪慧，在各方面都出类拔萃，而且和蔼可亲。”

这一时期，一位年轻女子俘获了圣-埃克苏佩里的心，他为她痴迷，甚至向她求婚，并一度被认为是她的正牌未婚夫。她就是露易丝·德·维尔莫兰。在拉雪兹街（rue de la Chaise）维尔莫兰府邸，受腰痛之苦的“露露”靠在躺椅上接待十几个轮番围着她转的爱慕者，为什么圣-埃克苏佩里比他们幸运？因为他是他们当中最有文采的？或者，对她而言，他不过是围着年轻女子转的众多“闹着玩的未婚夫”中的一个？不管怎么说，分手对于那个被抛弃的恋人来说是一个很难过去的坎儿。尤其是为了取悦维尔莫兰家人，他同意放弃飞行员的工作并安顿下来。1923年底，圣-埃克苏佩里所有的幻想都破灭了，他在布瓦隆制瓦厂（Tuileries de Boiron）打发着无聊的日子。他同时失去的是未婚妻和成为飞行员的希望。

分手后，圣-埃克苏佩里和丽内特·德·索西内开始书信往来，他早在1918年就认识了她，当时他还是圣路易的高中生，他和她的弟弟贝特朗关系密切。她比他大几岁，和他的表哥表姐玩在一起，是他们在第一次世界大战期间让圣-埃克苏佩里发现了大学生活；是她把他介绍给了维尔莫兰一家。1924年至1927年间，圣-埃克苏佩里定期给这位被他称作“想象的女友”写信，表达他的心情。“也许正因为你是我想象出来的，所以我才那么在乎你。不过，有时候，你挺符合我想象出来的形象的。不管怎么说，是你给予了我灵感。你下午的音乐让我今晚塑造的女友的形象平添了许多活力。你的音乐有一点奥芬巴赫[1]

1 雅克·奥芬巴赫（Jacques Offenbach，1819—1880），德籍法国作曲家，是法国轻歌剧的奠基人，他把舞台剧的传统、喜歌剧的形式和城市民谣融合在一起。

的风格。你有灯罩般温暖的色泽。”他们的通信 1953 年以《给想象的女友的信》(*Lettres à l'amie inventée*)作为书名在布隆(Plon)出版社出版。

画在小猪餐厅菜单上的牧羊女,
阿尔及尔,1944 年

从 1923 年开始工作到 1930 年与康苏爱萝相遇,圣–埃克苏佩里在这段时间过着孤独的生活,试图在他遇到的每一个女人身上找到那个能让他幸福的女人。很多女人被圣–埃克苏佩里身上的特质吸引,围着他转。飞行员的光环,不惧艰险总能平安归来,还有这个高大男人的腼腆,有点笨拙,尤其是在女人面前,这一切都让女人们崇拜他,梦想着自己能迷住他。

他是个永远都焦躁不安的人,他把母亲作为楷模,认为只有女人的陪伴才能治愈他对生活的焦虑:“妈妈,我对女人的要求就是她可以平息我的这种不安。这就是为什么我这么需要女人。您无法知道我的心情多么沉重,感到青春多么无用。您无法知道一个女人能给予什么,她可以给予什么。”

尽管渴望找到一个灵魂伴侣组建一个能让他稳定下来的家庭,但圣–埃克苏佩里害怕被琐碎的日常生活所吞噬:“只是,我不喜欢像 S……那样心满意足、不思进取的人。应该有一点不知足,才会留意你的周围。所以我害怕结婚。这取决于我要找的女人。”

害怕琐碎和庸常的生活的他在人生道路上遇到一个来自萨尔瓦多的年轻寡妇,一个有着火暴脾气的被宠坏的孩子,她让他着迷,因为和他一样,康苏爱萝·苏辛也童心未泯。因激情而结婚,这对夫妻很快就出现了问题。如果两人性格不合,就很难长期天各一方地生活下去。所以对圣–埃克苏佩里而言,这是一种让人筋疲力尽的生活氛围,经常闹分手、摔门、和解、搬家,在他内心,始终有一个温柔、善解人意的理想女性的形象。但是,尽管妻子个性太强，圣－埃克苏佩里终于找到了一个可以让他保护的女人，就像他童年时代在书中读到的英勇的骑士所做的那样。“把像康苏爱萝一样需要你照顾的人抛下真是太可怕了”，1936年他在利比亚沙漠获救后的第二天这样写道。为了能相安无事少起冲突，很快，夫妻二人各过各的，小别后再大吵一架，乐此不疲。康苏爱萝接受了围在丈夫身边转的“美眉们”，就像他也容忍了那些成天向他迷人的妻子献殷勤的男人们一样。

在前往阿根廷之前，圣－埃克苏佩里于1929年遇到了一位年轻的金发女郎，她嫁给了一位实业家，她在露易丝·德·维尔莫兰家听了《南线邮航》的朗读会，从此她在作家飞行员的生活中变得越来越重要。她和康苏爱萝截然相反：高挑、优雅、精致、知性且有涵养，是她将保护圣－埃克苏佩里不受内心恶魔的侵扰。她给他带来了他所需要的且他一直在身边的女人身上寻求的慰藉。然而，直到他从阿根廷回来并结婚后，圣－埃克苏佩里才和她有了情感维系，这种维系一直持续到他失踪，甚至还要更久。她是他的缪斯女神，即使她知道康苏爱萝将永远出现在安托万的生活中。并不是他不知道如何选择，而是白玫瑰和红玫瑰都是他需要的。一个是务实和现实的女商人，在他经受考验的时候支持他，而另一个是受他保护的长不大的任性女孩。她们两人形成了一个整体。她们两人永远不会离得很远。1938年，飞行员作家在危地马拉飞机失事后，她们轮流守在他的床边。当康苏爱萝大发脾气和他大吵大闹时，圣－埃克苏佩里打电话给N……为了忘却让他沮丧并让他越来越痛苦的日常生活。

在这两个女人身边，还有其他的“女卫星”围着圣－埃克苏佩里转，就像被伟人的光环吸引的凡夫俗子一样。她们是一些非常年轻的女性，不管是不是柏拉图式的朋友，圣－埃克苏佩里写信给她们，有时同时写给她们当中的几个。

他两个出版商的妻子，伊丽莎白·雷纳尔（Élisabeth Reynal）和佩吉·希区柯克（Peggy Hitchcok），同样也照顾他的生活起居，为他找公寓，给他做翻译，因为圣－埃克苏佩里拒绝说莎士比亚的语言，认为他的法语说得不够好。

在美国，圣－埃克苏佩里与在电影《安娜－玛丽》（*Anne-Marie*）中担任主角的女演员安娜贝拉（Annabella）重逢。1941 年，他在一次手术后到好莱坞的让·雷诺阿家休养，她过来和他共度了不少美好时光。两人一起沉浸在安徒生童话般的迷人世界中。他与西尔维娅·汉密尔顿的通信（圣－埃克苏佩里送给她《小王子》的第一批校样——今天收藏在皮尔庞特·摩根图书馆），还有他在加拿大与娜塔莉·帕雷的通信，被她们的继承人拍卖。在这些私密的信件中，圣－埃克苏佩里倾诉了自己漂泊在异国他乡的不适，还有这些像萤火虫一样给他带来微光的女子在他一直追寻绝对之爱的流亡生活中扮演的重要角色。别忘了他和纳迪娅·布朗热、艾达·斯特恩（Edda Stern）和娜达·德·布拉甘萨（Nada de Braganza）都保持着友好的关系。

所有这些在他的书信和思想中被他升华、在他的作品中却很少出现的女人，除了《南线邮航》中的热纳维耶芙、《夜航》中法比安的妻子和《小王子》中的玫瑰，都用温柔的光照亮了圣－埃克苏佩里的人生。

我有过很多爱情故事，如果可以称之为爱情的话。但我从不轻易把情话说出口。我从来没有用“我的爱人”“我最亲爱的”去追求或去挽留女人。我从来没有把它们和快乐混为一谈。我甚至经常残忍地拒绝把它们说出口。可能这样的话我一辈子就只说出口过三次。

就算在我很深情的时候，我会说“我很深情”，却从不会说“我爱你。”

安托万和姐姐西蒙娜（左）和妹妹加布里埃尔（右）1923 年一起在安河（l'Ain）游泳

写给姐姐西蒙娜的一封信上画的画

西蒙娜

安托万的二姐西蒙娜·德·圣-埃克苏佩里是一位非常有教养的拉丁语学家和历史学家，她顺利通过了会考，是第一批进入巴黎文献学院（l'École des chartes）就读的女性。

这对她弟弟安托万而言就足够了吗？他那一代人和所接受的教育都是眼看着年轻的姑娘们不可避免地去结婚生子。西蒙娜没有结婚。在完成关于位于比热的昂布罗内（Ambronay）修道院历史的论文答辩后，她在印度支那从事了出色的档案管理员工作。她在那里生活了二十五年：在河内（Haoni），她负责培训当地的图书馆档案管理员，然后在西贡从事交趾支那的档案工作。

回到河内后，她出版了一本实用技术手册，之后，为了不影响弟弟安托万的文学事业，她用西蒙娜·德·雷芒的笔名发表了诗歌和短篇小说集《流星》。

回到法国后，她积极管理弟弟的作品，在国家档案馆创建私人档案部门，之后于1978年春天在阿盖去世。

哦我的姐姐：

我不会用严厉的责备伤害你，就像每次我遇上这类事情你总是免不了要狠狠地说我……尽管这次失败让人很恼火（错过多少个了？）。你并非无可救药：你只是受了惩罚，这是天意。

我想告诉你的是，你未来的路不是过清戒的独身生活，而应该享受为人母的快乐，我还要告诉你妈妈那里有三个寄宿的英国人，个个高大、优雅、衣着考究，而且［聪明，来自一个不看重嫁妆的国家，等等。

所以回来一趟吧。

你可以拿下其中一个。你并不让人讨厌。你很时髦，只要你愿意也可以很有趣，如果你不缩头缩脑还是很漂亮的。有人（一个男人）跟我这样形容你“她不是那种你不想睡的女人”，说得很微妙，很自然，很委婉。

所以：嫁给其中的一个英国人吧……

机不可失。表现得迷人，温柔，优雅。您将是一个贤妻良母，把那些一无用处的可怜的手稿扔到一边吧。相信我，你的生活会甜美芬芳。所以赶快来。（而且妈妈要你马上来）。

爱你的弟弟

安托万］

Oh ma soeur

Je ne te blesserai pas de reproches pointus comme tu ne manques pas de le faire chaque fois qu'il m'arrive quelque chose de ce genre... Encore que cela soit vexant (combien de recalés !) Tu n'as rien foutu : tu es punie, c'est la justice céleste.

Ce que je veux te dire c'est que ta voie est non dans un célibat austère mais dans les joies de la maternité, que maman va recevoir en pension trois grands anglais élégants, bien mis et

安托万写给姐姐西蒙娜的配图信

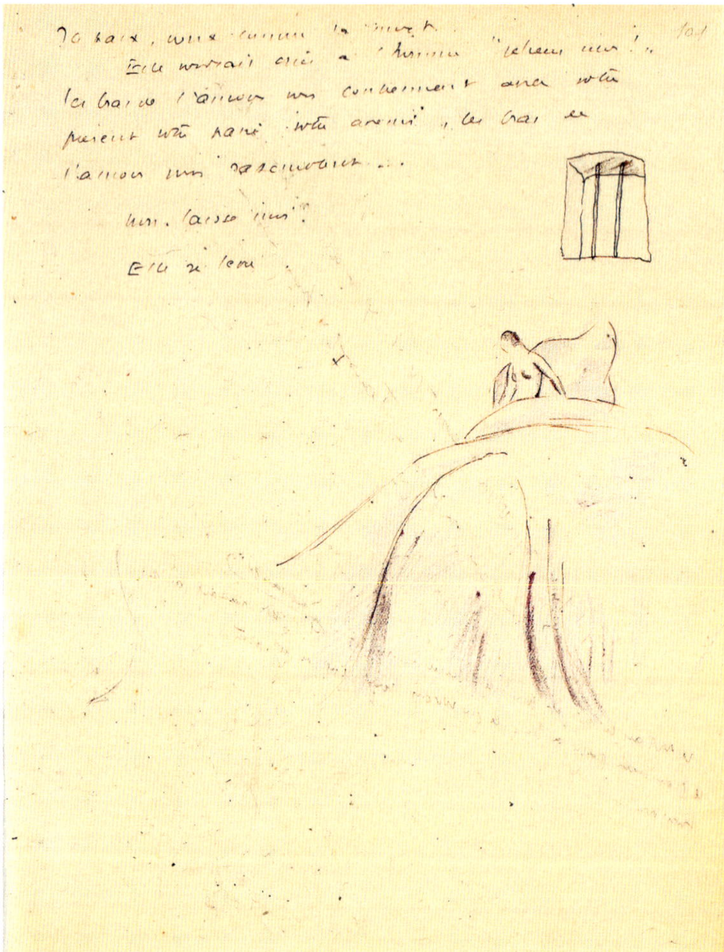

《南线邮航》的手稿

热纳维耶芙

热纳维耶芙，《南线邮航》的女主角，或许很好地代表了安托万·德·圣-埃克苏佩里心中的理想女性。她是露易丝·德·维尔莫兰吗？她曾经跟他有过短暂的婚约并收到了这部小说的手稿作为礼物，这份手稿如今收藏在瑞士科洛尼（Cologny）的博德默尔（Bodmer）图书馆。有很多影射指向这一猜测。她是作家的小妹妹蒂蒂，加布里埃尔·阿盖吗？她是在他们父亲去世前一年出生的，书中描写的露台（正是阿盖城堡的露台）和周围的景色都指向她，还有回荡着癞蛤蟆聒噪的叫声的池塘。毫无疑问，热纳维耶芙是一位因缺席而被理想化的女性，她萦绕在作家的脑海，以至于在他所有的手稿中，《南线邮航》的手稿上画的女人最多，要么是画在页边空白处，要么是画在稿纸的背面，但都无法描画出梦中情人的模样，就像塞勒涅（Séléné）[1]，那么近却又触摸不到。“此时月亮正在升起……”作家在他的小说中不止一次这样写道。

1　古希腊神话中的月亮女神。

[当他遇到儿时的小伙伴热纳维耶芙时，一切都变了。]但他找到了儿时的小伙伴热纳维耶芙。她来到他身边是天意。她让这些林荫大道、这些人群、这些银行在他眼里都变得亲切。然后作为嫁妆，她把手伸向花园，把它们给了雅克·贝尔尼。她是媒人[一千次分分合合，一千次聚聚散散]。每件事物[……]它的灵魂。这个公园没人打扫、没人梳洗，没人照料了，[……]恋人丢在脚边的那朵玫瑰花枯萎了。[公园看门人的这一疏忽是生命的凯旋，空洞的规章制度冰冷无情。他不再是一个公务员，他成了一个诗人，成了真正的人。这一疏忽显露了他的人性。]印了两万份菜单的餐厅领班认出了热纳维耶芙，认出了他，笑了笑，餐厅变成了一个陷阱。

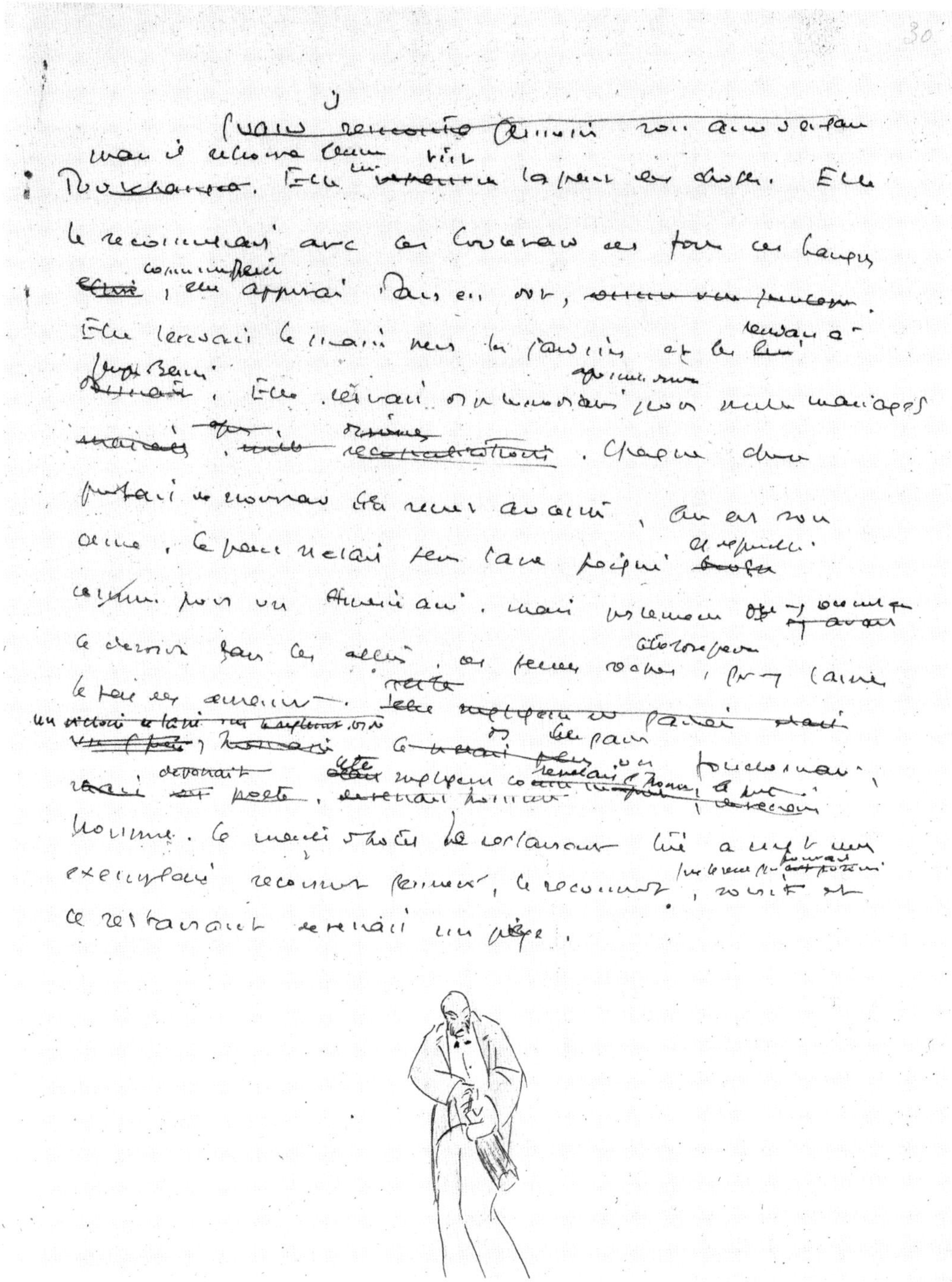

《南线邮航》的手稿

娜塔丽·帕蕾，约 1937—1939 年

娜塔丽

因形势所逼，安托万·德·圣-埃克苏佩里长期在纽约滞留，这给了他很多邂逅年轻姑娘的机会，不管是出于社交还是工作原因，他跟她们产生了友情，有时甚至是爱情。

出生在罗曼诺夫（Romanov）亲王家的女演员娜塔丽·帕蕾就是她们其中的一位。她的陪伴、她的关切抚慰了安托万“渴望像个孩子一样被宠爱，以及无望地试图表现得像个男人”的心理（斯塔西·德·拉布吕耶尔［Stacy de la Bruyère］）。圣-埃克苏佩里向她倾诉自己的感受，说自己在犹豫要不要离婚和再婚，并给她写了一些含情脉脉的信，其中一些写在有蒙特利尔温莎（Windsor）酒店抬头的纸上。当时他和康苏爱萝一起“流亡”在加拿大，等待返回美国所需的签证，而因为美国已经加入二战，侨居手续变得更加复杂。

[……] 这封信在你看来可能比另一封更愚蠢。

并且没有必要。但我需要一种有意义的语言。我不想欺瞒春天。也不想欺瞒奇迹。这一切对我来说都很奇怪。现在没有比把你牧羊女般的手放在我的额头上更好的了。

我迷失了，而且很不幸：

让我回过神来。

我看不见了：请照亮我。

我是干渴的：请不要辜负我的爱。

如果我的爱没什么用处，请不要让我太伤心，我也不会再强求。

请放心，永远。

安托万

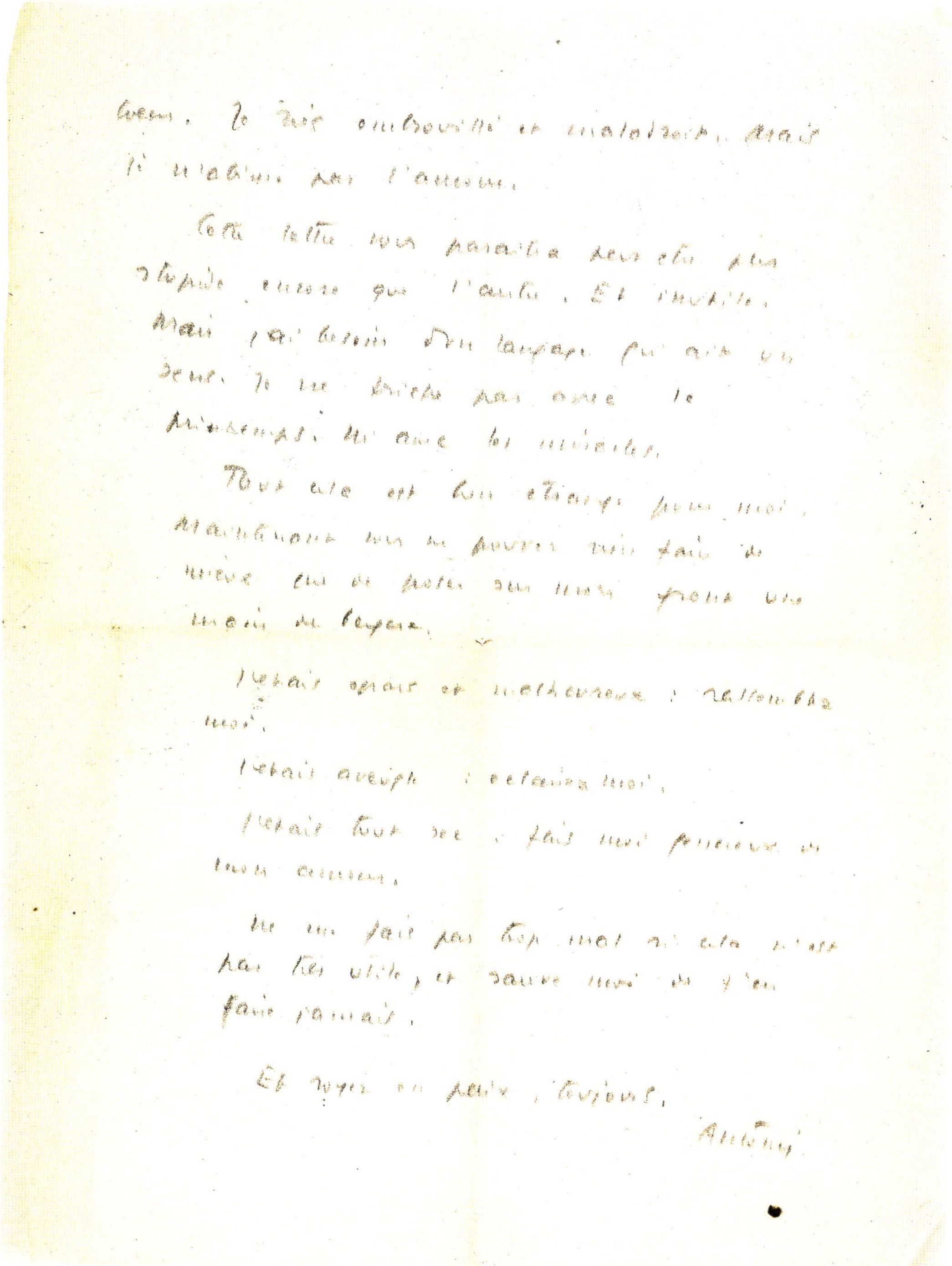

[illegible]. Je suis embrouillé et maladroit. Mais ne m'abîmez pas l'amour.

Cette lettre vous paraîtra peut-être plus stupide encore que l'autre. Et inutile. Mais j'ai besoin d'un langage qui aie un sens. Je ne triche pas avec le printemps ni avec les miracles.

Tout cela est bien étrange pour moi. Maintenant vous ne pouvez rien faire de mieux que de poser sur vous pendant un mois de berger.

J'étais amer et malheureux : rassemble-moi.

J'étais aveugle : éclaire-moi.

J'étais tout sec : fais-moi fraîcheur de mon amour.

Ne me fais pas trop mal si cela n'est pas très utile, et sauve-moi de t'en faire jamais.

Et soyez en paix, toujours.

Antoine

安托万·德·圣-埃克苏佩里写给娜塔莉·帕雷的一封未发表信件的节选，纽约，1942 年

《小王子》的插画稿

写给西尔维娅·汉密尔顿的
一封信上的插图

西尔维娅

“1942 年初，我在《人类的大地》的译者刘易斯·加朗蒂耶（Lewis Galantière）的家中认识了安托万·德·圣－埃克苏佩里”，西尔维娅·汉密尔顿－莱茵哈特（Silvia Hamilton-Reinhardt）说道。她出生在纽约，当时是哥伦比亚大学的一名记者。她见证了圣－埃克苏佩里的种种不适应，被迫滞留在美国，与空军和法国分开，而他确信自己可以为祖国尽一点绵薄之力。“他急于用他掌握的高超技术报效祖国。”

他们建立在精神和浪漫关系上的友谊在 1943 年圣－埃克苏佩里前往北非时结束了。“我本想送给你一件华美的礼物，但这是我所拥有的一切”，安托万在离开的时候对她说，“他把他的旧蔡司依康（Zeiss Ikon）相机和《小王子》的法文手稿交到我手中”，西尔维娅回忆道。这份手稿如今收藏在纽约的皮尔庞特·摩根图书馆里。

你是一个非常奇怪的人物，我今晚重读了你的信，西尔维娅。你以前写的责怪我的信。（大多数情况下你是对的。）无需言语交流，你所理解的东西都要比其他人用很多话来表达的还要多。你看，这很奇怪，当我想起你时，我信中充满感激。你是我一辈子都不会忘记的人。在这里，我的桌子上放着一个小皮箱（它从来没有离开过我），当我打开它时，我感到一种默默的、异样的感激。啊！西尔维娅，我遗憾里面没有什么东西可以让你铭感于心。除了苦涩的回忆，我还想给你留下别的东西。我很紧张，我经常焦虑不安，我很难相处（尤其是对我自己而言，西尔维娅），但我既不自私，也不卑鄙，也不健忘，也不忘恩负义，也不风流花心。西尔维娅，我把这封信给你作为见证。

我是罗斯福小组驾驶 P. 18 的飞行员。执行高海拔和远距离的侦察任务。我太恨自己，不配回来。我太［……］

Tu es un personnage bien étrange. J'ai relu ce soir tes lettres, Sylvia, tes lettres de reproches d'autrefois. (Le plus souvent c'est toi qui avais raison.) Sans langage pour communiquer tu as mieux compris beaucoup de choses que d'autres avec tous leurs mots. C'est drôle, vois tu, quand je pense à toi j'éprouve un grand mouvement de reconnaissance. Tu es quelqu'un que je ne pourrai oublier de toute ma vie. J'ai sur ma table, ici, la petite valise de cuir. (Elle ne m'a pas quitté) et j'éprouve à l'ouvrir une sourde et bizarre reconnaissance. Ah Sylvia ça me manque qu'il n'y ait rien dont tu puisses m'être ainsi reconnaissante. J'aurais voulu te laisser autre chose que le souvenir d'heures anciennes. Je suis tendu, je suis souvent inquiet, je suis intolérable à vivre (surtout pour moi même, Sylvia) mais je ne suis ni égoïste ni méchant, ni oublieux, ni ingrat ni infidèle. Sylvia je t'en donne comme preuve cette lettre ci.

Je suis pilote sur P.38 au Photogroup Roosevelt. Haute altitude et missions de guerre lointaines. Je me déteste bien trop pour me souhaiter de revenir. Je suis bien trop

安托万·德·圣-埃克苏佩里写给西尔维娅·汉密尔顿的一封配图信的片段，阿尔及尔，1944 年

康苏爱萝，和安托万·德·圣－埃克苏佩里结婚当天，还在给第一任丈夫戴孝

康苏爱萝

来自萨尔瓦多的美人康苏爱萝·苏辛是安托万·德·圣－埃克苏佩里唯一结过婚的女人。他在阿根廷用邀她乘坐拉泰科埃尔 28（Latécoère 28）飞机接受蓝天的洗礼来追求她。他们于 1931 年 4 月 12 日在法国南部的阿盖举行了宗教婚礼，过了一段时间后，于 4 月 22 日才在尼斯举行了民事婚礼。1930 年，康苏爱萝在巴黎遇到安托万时，她二十八岁，身穿黑色蕾丝长裙，披着黑色头纱。对一位年轻的已婚女子而言这身打扮很惊人，但她坚持，因为她刚刚成了诗人恩里克·戈麦斯·卡里略（Enrique Gómez Carrillo）的遗孀。

尽管很不和睦，尽管常常分开，但他们一直都没有离婚。两人的关系充满着激情和冲突。在一起的时候做不到相处几天相安无事，当两人因为夫妻矛盾或形势所逼分开后又感到痛苦和烦恼。

像梅尔莫兹，像吉尧梅，像这部非凡史诗中的许多其他飞行员一样，圣－埃克苏佩里没有孩子。

康苏爱萝，小姑娘，你瞧，我昨天的信不是故意让你痛苦的。如果你像地榆——田野里的草一样聪明，如果你的心很单纯，你就能在这些信中读出比无数赞美更诚挚的柔情！

你认为我想要什么，小姑娘，我的小地榆，不就是想让你尽量变得更美——并且配得上你自己吗？这比你周围那堆乱七八糟的小玩意好多了！

康苏爱萝，小地榆，我的朋友，用一封平静而愉快的长信让我放心吧。你那儿阳光灿烂，不要太自私。应该匀一点阳光给在零下二十度的寒冷中冻得瑟瑟发抖的人。你应该写一些充满微笑的信。你应该像我童年时在圣莫里斯家中的小炉子一样，[当冬夜窗户都结冰的时候，它在我房间里轻轻地送来热气。当我夜里醒来时，我听着小炉子大大的肚子发出呼噜呼噜的声音，感觉自己被这个家里的守护神庇佑着——于是我又幸福地睡着了。]

Consuelo, petite fille, voyez vous ma lettre d'hier ne voulait pas vous faire de la peine. Si vous étiez aussi intelligente que la pimprenelle, herbe des champs, si vous étiez tout à fait simple de cœur, vous sauriez lire dans ces lettres là beaucoup plus de tendresse vraie que dans les litanies d'éloges !

Que voulez vous que je désire, petite fille, pimprenelle, sinon que vous soyez la plus jolie possible – et digne de vous même, qui valez tellement mieux que le bric à brac qui vous entoure !

Consuelo pimprenelle mon amie rassurez moi par une longue lettre calme et paix. Vous avez le soleil pour vous, il ne faut pas être trop égoïste. Il faut en accorder un peu à ceux qui gèlent par vingt degrés de froid. Il faut écrire des lettres souriantes. Il faut être comme le petit poêle de mon enfance, à ..

写给康苏爱萝的一封未发表信件的片段

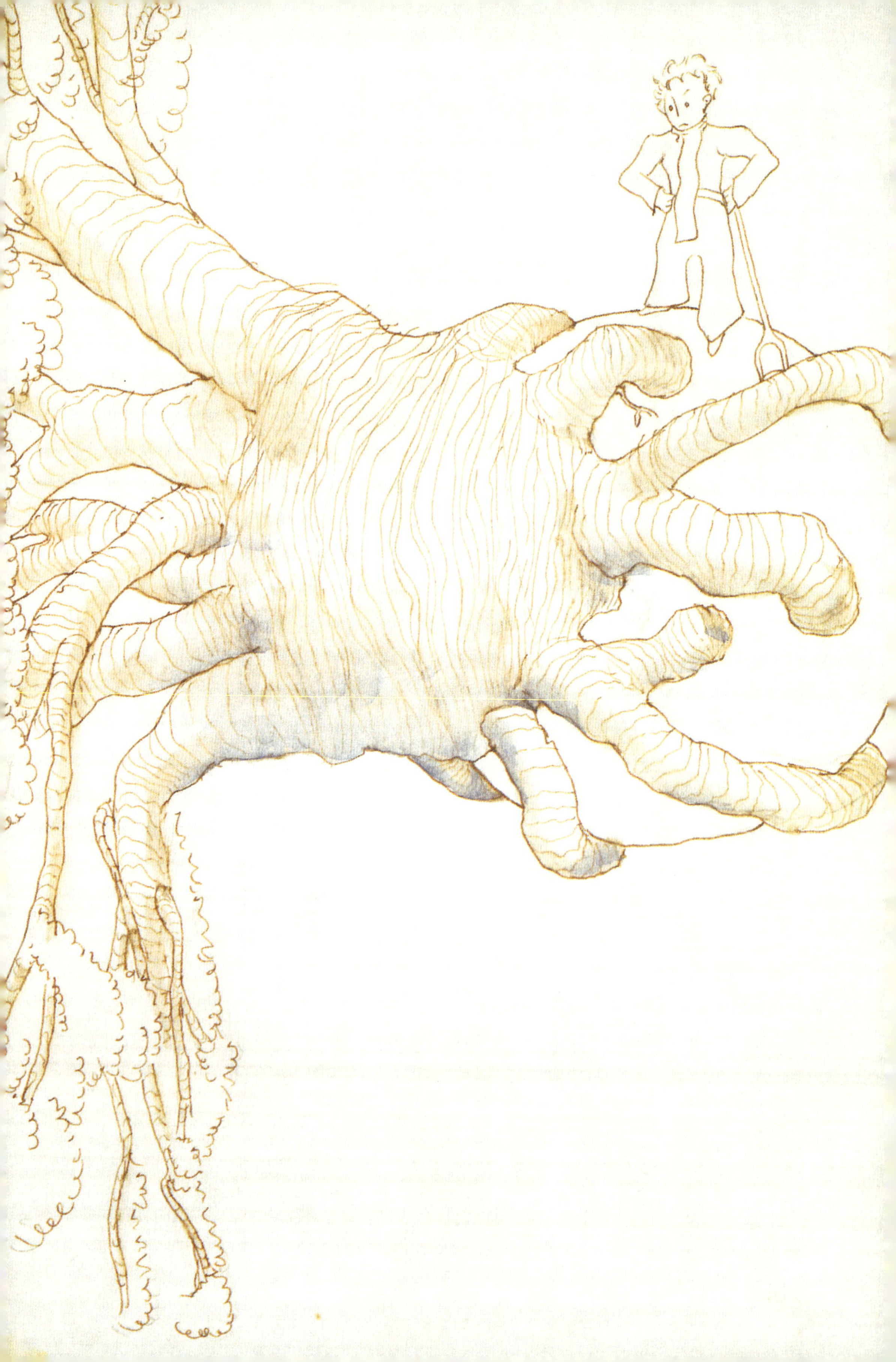

第十章

圣－埃克苏佩里和死亡

“生活就是这样。
我们拥有的越来越多，
我们栽种多年，
之后死亡到来
毁了这份劳作，砍光所有树木。”

<<<
《小王子》的草图

>>>
安托万·德·圣－埃克苏佩里在准备他的飞行计划，1944 年 5 月

安托万·德·圣-埃克苏佩里很小的时候就不得不面对死亡，因为他在四岁的时候就失去了父亲。父亲的去世似乎没有对他造成影响，至少表面上如此。他在任何地方都没有提到父亲的缺失。也没有提到对1917年弟弟弗朗索瓦的去世的惋惜。就算安托万对弟弟的死感到无比悲痛，他却从不提及过早去世的弟弟，除了在《战地飞行员》中有只言片语的暗示。死神一直陪伴在他左右，在安托万成年前几乎带走了所有他身边的亲人：1907年他的外祖父去世，1914年叔叔（也是他的教父）罗歇·德·圣-埃克苏佩里（Roger de Saint-Exupéry）去世，1919年他的祖父和他的特里戈姨婆去世。他的两个儿时的伙伴相隔一年先后在摩洛哥去世：马克·萨布朗（1926年）和路易·德·博纳维（1927年），同一年去世的还有他的姐姐比希。同样，我们也没有看到见证他痛苦的文字。但是！“他们认为我是无情的，因为我什么也不说，但我会因为被摧毁的往昔而忧伤得要死。因为所有这些被摧毁的往昔。”

1918年，他在巴黎备考海军学院。有一次空袭拉了夜间警报，他未经允许就爬到圣路易中学的屋顶观看战斗。在给路易·德·博纳维的一封信中，他描述了他所看到的景象：“报纸上说的一切都是瞎扯，死了那么多人简直太疯狂了……到处都有人被炸死，今晚又有一枚炸弹还没落地就炸了……死了很多人……死在医学院那边……死在美丽城那边……你根本想象不到。”他以一个习惯了近距离观察死亡的专业人士的超然态度来描述这些事件。

安托万·德·圣-埃克苏佩里
未发表的画

1926年，圣-埃克苏佩里加入拉泰科埃尔公司（后来成了邮政航空公司）时，他就知道自己正在从事一项危险的职业，而他肩负的使命要求他有牺牲精神。他每天都和死神擦肩而过，一方面因为他驾驶的飞机性能不稳定，另一方面也因为他飞越的都是一些争端地区，在那里一个人的性命可以用来换取骆驼或枪支。人质在仇恨面前无足轻重，吃白饭的嘴巴很容易被灭口。圣-埃克苏佩里面对从未远离的死神时表现出一种带点讽刺幽默的超然："去年我们四个飞行员中有两个遇害，而我则有幸像鹧鸪一样被绑着走了几公里。"

沙漠之后，在巴塔哥尼亚上空飞行，穿越狂风和白雪皑皑的安第斯山脉对圣-埃克苏佩里而言是一次新的对抗，对抗恶劣环境和潜在的危险。飞行员有时会成为风雪的牺牲品。吉尧梅在钻石湖迷路了，他不得不聚集浑身的力量以免冻死在安第斯山脉上。"只要你闭上眼睛，就可以得到安息，就可以永远摆脱岩石、冰冻和积雪。"圣-埃克苏佩里在《夜航》中提到一个飞行员的死不是一种截然的断裂，而是日常小小的幸福被慢慢淡忘了。"对这个女人而言也一样，法比安的死从明天起才刚刚开始，在每一个从此变得徒劳的举动、每一件东西上体现出来，法比安才会慢慢离开她的家。”

比死亡更让圣－埃克苏佩里不安的似乎是缺席：“我们追求的不是不朽，而是不要看到所有的努力和所做的事情突然失去意义。那样，围绕在我们四周的空虚就会显现出来。”

三起飞机失事让圣－埃克苏佩里直面死亡。首先是在 1933 年 12 月，一次错误的估算导致他在圣拉斐尔湾降落他驾驶的水上飞机时动作过猛。渐渐地，飞机灌满了水开始沉入大海。圣－埃克苏佩里被困在飞机的机头里，迷迷糊糊什么也做不了。“事实上，死亡根本不像人们想象的那么难受”，当人们急忙把他从飞机里弄出来后他这样承认道。

1935 年 12 月 30 日，在利比亚沙漠发生事故时，他近距离目睹了死亡，同样是因为水，但这次是因为缺水。当时他以为自己要没命了：“永别了，你们这些我曾经爱过的人。如果人体不能忍受三天不喝水，那决不是我的错。我过去没想到自己对水源竟是那么依赖。我没料到人的忍耐力竟是如此短促。我们以为自己可以笔直朝前方走去，以为人是自由的……我们没看见把我们拴在井上的绳索，它像脐带一样，把我们和大地肚子连在一起。谁多走了一步，谁就得死。除了你们的痛苦，什么我都不在乎了。不管怎么说，上天待我不薄。如果我能回去，我还会从头再来。我需要生活。”

他的第三次严重事故发生在 1938 年 2 月，在危地马拉。他的飞机因燃料装得太满无法起飞而坠毁在跑道尽头。尽管多处受伤，昏迷了三天之后，圣－埃克苏佩里还是慢慢学会了重新生活，尽管后遗症让他多年饱受苦楚。他从来没有这么近地和死神擦肩而过。他从未提起这起终极事故。

1936 年，圣－埃克苏佩里作为战地记者被派往马德里，之后在西班牙内战期间被派往巴塞罗那，他目睹了假惺惺的审判随后犯人被立即处死：“在这儿，人只是被贴在墙上，他的内脏流到石头上。人们抓住了你，枪毙你，因为你想的和我们其他人不一样……”圣－埃克苏佩里对这种缺乏对人的尊重以及这场手足相残的战争造成的死亡感到愤怒："在这里，人们开枪杀人就跟砍伐森林一样。"对他而言，没有什么比一个人决定另一个人的生死更不能容忍的了。

圣－埃克苏佩里的朋友们一一离去，他们的离世让他感觉自己被遗弃了。梅尔莫兹于 1936 年 12 月 7 日在海上失踪。有很长一段时间，圣－埃克苏佩里都不相信他已经死了。后来，他妥协了："梅尔莫兹。他死去的面容不再让我们伤心，不再让我们流泪，但我们越来越怀念他的陪伴，越来越深切地感受到他的缺席，就像我们缺了面包一样。因为再也听不到他爽朗的笑声，我们开始不再用理性的语言，而是用最普通的反应、用多年的老习惯问自己：'他在哪里？'今天我们的悼念才刚刚开始，因为我们饿了。"

1940 年 11 月 27 日，轮到吉尧梅在海上失踪了："吉尧梅死了……今晚我感觉自己再也没有朋友了。我不怜悯他。我从来不知道如何怜悯死者，但他的离世，我要花很长时间才能适应——而且我已经感到这项可怕的工作是如此沉重。它将几个月几个月地持续下去；我会经常需要他……我以为只有很老的人才会一路上失去所有的朋友，所有的。"

1939 年爆发的战争让他有机会直面死亡。作为 2/33 飞行大队的侦察飞行员，他目睹自己的同伴一个接一个地倒下："在三周内，二十三组机组人员牺牲了十七组。我们像阳光下的雪一样融化了……我们周围的一切都在破碎。一切都坍塌了。它是那么彻底，以至于死亡本身显得荒诞。它不够肃穆，死亡，在这种混乱中……"

停战协定签署后，在他流亡纽约期间，圣－埃克苏佩里想要重返战场，与这个让他的同胞沦为人质的敌人作战。他知道每次离开都可能是最后一次："我有四次都差点回不来。但我完全无所谓。"

1944 年 7 月 30 日，在他离开的那天早上留在桌上的最后一封信中，他流露出一种许多人会认为是消沉的倦怠："如果我被击落，我绝对不会有任何遗憾。未来的蚁穴让我恐惧。我讨厌他们那种机器人般的品性。我，我天生是做园丁的料。”这几句话每个人都可以用自己的方式去阐释，因为他已经不在了，不会做解释了，而与之相对的，是他创造的那个小人儿所说的话。离开时，小王子为了安慰他的飞行员朋友，告诉他说：“我的样子像是死了，但那不是真的。”

安托万·德·圣-埃克苏佩里未发表的画

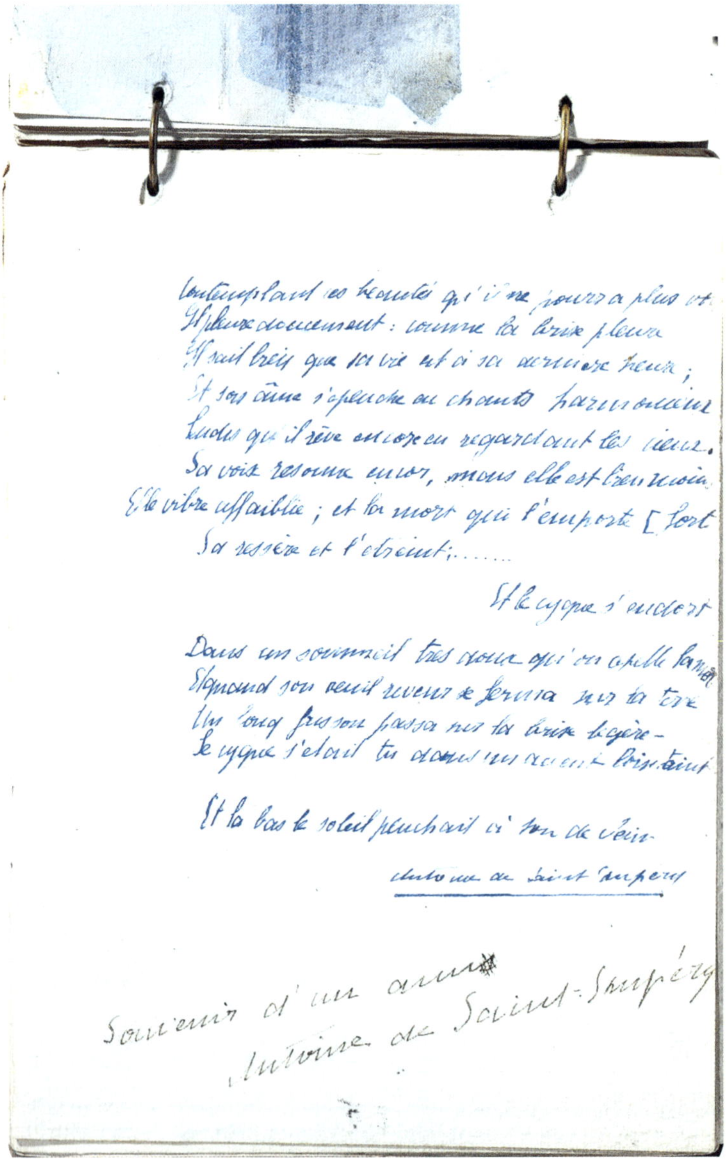
Contemplant ces beautés qu'il ne pourra plus voir
Il pleure doucement : comme la brise pleure
Il sait bien que sa vie est à sa dernière heure ;
Et son âme s'épanche en chants harmonieux
Tandis qu'il rêve encore en regardant les cieux.
Sa voix résonne encor, mais elle est bien moins
Elle vibre affaiblie ; et la mort qui l'emporte [fort
La resserre et l'étreint ;……

Et le cygne s'endort

Dans un sommeil très doux qu'on appelle la mort
Et quand son oeil rêveur se ferma sur la terre
Un long frisson passa sur la brise légère -
Le cygne s'était tu dans un accent lointain

Et là bas le soleil penchait à son déclin

Antoine de Saint Exupéry

Souvenir d'un ami
Antoine de Saint-Exupéry

安托万・德・圣－埃克苏佩里写的诗（背面），1914 年

《天鹅之死》

《天鹅之死》是安托万·德·圣－埃克苏佩里写在西内提表姐妹的速写本上并配了图的诗歌中的一首，这首诗写在金发奥黛特（Odette）的本子上，奥黛特比他大两岁，是他的心上人。受到拉马丁（Lamartine）和维尼（Vigny）热衷的大自然的启发，安托万找到了浪漫的笔调来描写临终和死亡。

奥黛特·德·西内提后来证实了安托万对大自然的热爱："他可以花很长时间观察一只苍蝇或一只蝴蝶。他对所有动物都非常友好。他从来不会弄死一只小动物，看到一只鸟儿蹦跳雀跃，他会说：'我想知道它现在脑子里在想什么。'"（柯蒂斯·凯特，《圣－埃克苏佩里，蓝天白云的耕耘者》[*Saint-Exupery, laboureur du ciel*]）

天鹅之死

天鹅受伤了；血染红了
生命的辉煌；它又站起来
一直在颤抖，用尽所有力气
抓住生命；想要继续活下去。
它扬起脖子；颤抖着喉咙：
它歌唱，用天上的歌声，就像
人在唱歌；歌声仿佛通了人性：
这是它最后的努力；这是死亡，是结束！
歌声颤抖着，既忧伤又温柔，既凄凉又深沉；
它优雅地垂下头，又在美妙的歌声中抬起。
它的眼睛已经合上，身体越来越虚弱
但它仍然歌唱，在它的歌声中
流露出巨大的哀伤：因为它抛下了
它深爱的水面；它们单调的梦想；
还有在晚风中摇曳的睡莲。
凝望着这些它再也看不见的美好
它轻声哭泣；就像微风在呜咽
它很清楚生命已到了最后一刻。
它的灵魂在悠扬的歌曲中飞升
虽然他还望着天空在做梦，
它的声音还在回响，但已经轻了很多
振动减弱了；死神带走了它
紧紧地，紧紧地抱住它；……
天鹅睡着了
在一种叫作死亡的非常甜美的睡梦中
当它做梦般地把眼睛合上
微风中传来一阵长长的颤栗
天鹅在袅袅余音中沉默了。
那里迟暮的太阳正在落下。

安托万·德·圣-埃克苏佩里

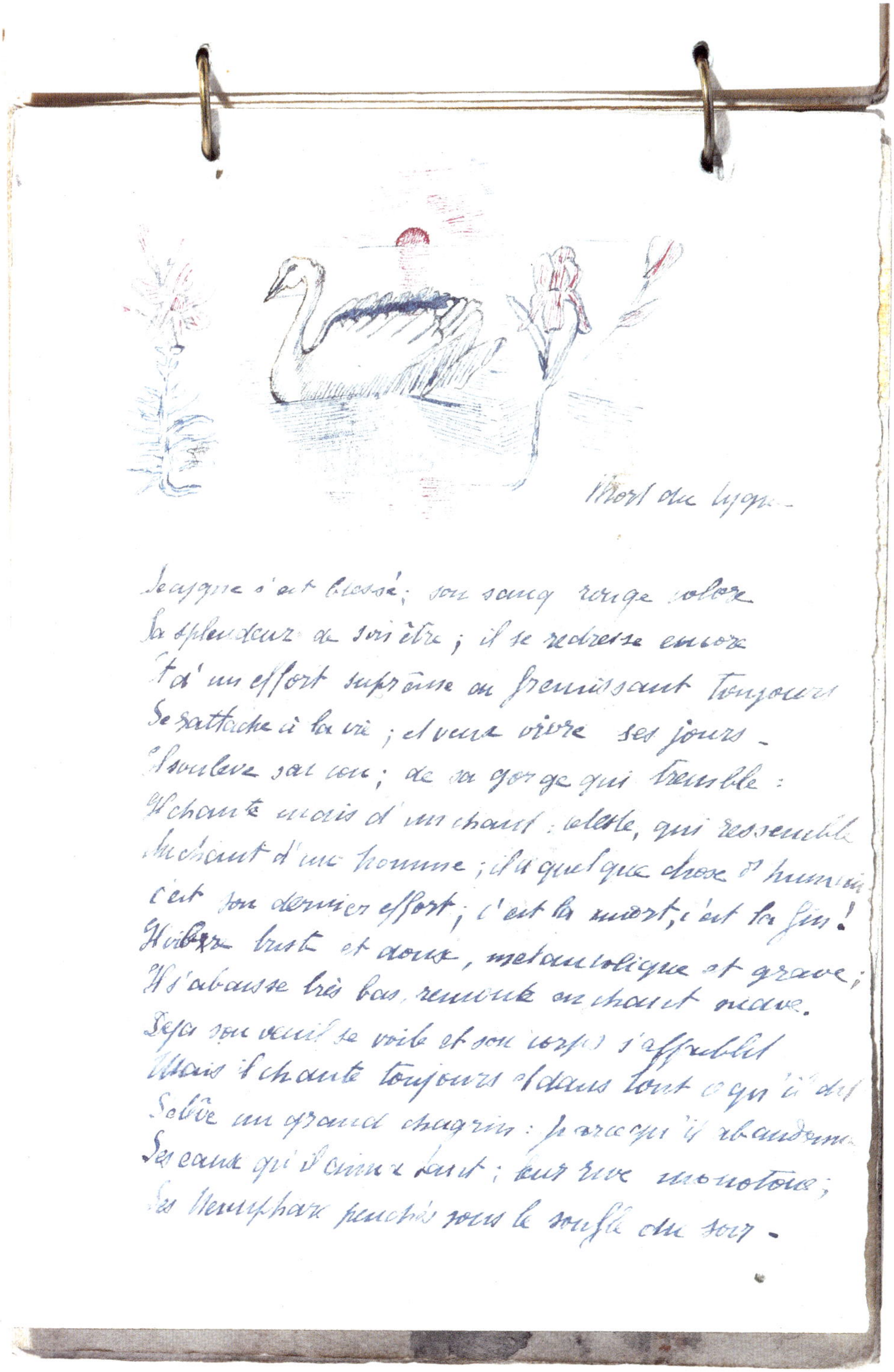

Mort du cygne

Le cygne s'est blessé; son sang rouge colore
La splendeur de son être; il se redresse encore
Et d'un effort suprême en frémissant toujours
Se rattache à la vie; il veut vivre ses jours.
Il soulève sa cou; de sa gorge qui tremble
Il chante mais d'un chant céleste, qui ressemble
Au chant d'un homme; il a quelque chose d'humain.
C'est son dernier effort; c'est la mort, c'est la fin!
Il vibre triste et doux, mélancolique et grave;
Il s'abaisse très bas, remonte en chant suave.
Déjà son oeil se voile et son corps s'affaiblit
Mais il chante toujours et dans tout ce qu'il dit
Se lève un grand chagrin: parce qu'il abandonne
Ses eaux qu'il aimait tant; leur rive monotone;
Ses nénuphars penchés sous le souffle du soir.

安托万·德·圣－埃克苏佩里写的诗（正面），1914 年

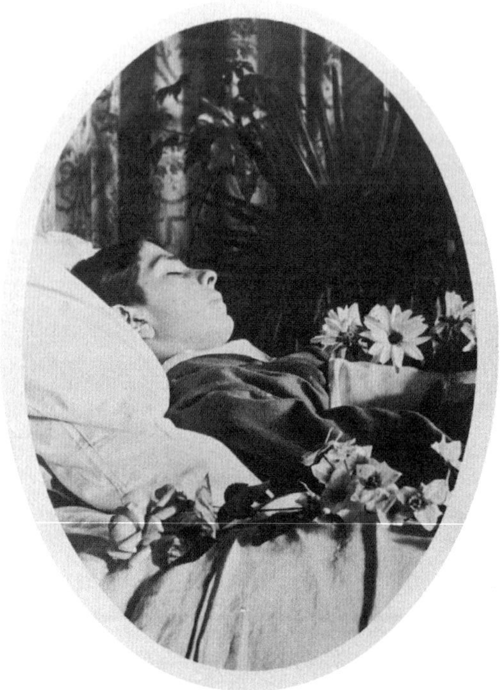

弗朗索瓦·德·圣－埃克苏佩里在圣莫里斯德雷芒他去世的床上

安托万拍摄的照片，1917 年 7 月 10 日

弗朗索瓦之死

弗朗索瓦比他的哥哥安托万小两岁，他是安托万所有游戏的玩伴，他的发现的见证人，他在勒芒的圣克鲁瓦中学和弗里堡的蒙格雷中学求学的同伴。他是圣－埃克苏佩里家的孩子中长得最好看的一个，有幽默感口才又好，还能抗拒哥哥想要对他施加的影响。他有音乐天赋，从小就会拉大提琴，会作曲。

1916—1917 年的寒冬损害了他的健康。患上了当时不知道如何治疗的关节风湿病，他虚弱地熬了几个月，之后于 7 月在圣莫里斯德雷芒去世。他为安托万立了一份遗嘱，将一台蒸汽机、一辆自行车和一支步枪留给了他。他的去世对安托万的影响是持久的，但他在通信中几乎没有提及此事，除了 1918 年给他母亲的一封信："如果我至少和一个朋友在一起，比如博纳维，我们可以一起谈论弗朗索瓦，那么此时远离你或许会让我感觉好过一点点。"

除了小王子的离奇失踪，还有三个孩子在圣－埃克苏佩里的作品中死去：《南线邮航》中热纳维耶芙的孩子、《战地飞行员》中的弗朗索瓦和《堡垒》中易卜拉欣（Ibrahim）的孩子。

[……] 我在十五岁时，学到了人生的第一课：一个比我小的弟弟，几天来被认为已经病入膏肓了。一天早上，大约凌晨四点，他的护士把我叫醒：

“你弟弟在叫你。”

“他不舒服吗？”

她什么也没说。我赶紧穿上衣服去找弟弟。

他说话的声音一如往常：

“我想在死之前和你说说话。我快要死了。

他忽然一阵抽搐，说不下去了。抽搐中，他用手表示“不”。我不明白这动作的意思。我猜想是他不想死。不过稍一平静，他就向我解释说：

“你别怕……我不难受。我不痛。我阻止不了它发作，是我的身体。”

他的身体，陌生的地方，已经不属于他。

可他想认真对待，这个二十分钟后就将离开人世的弟弟，他感到迫切需要用遗物来表达自己的心意。他对我说：“我想立遗嘱……”

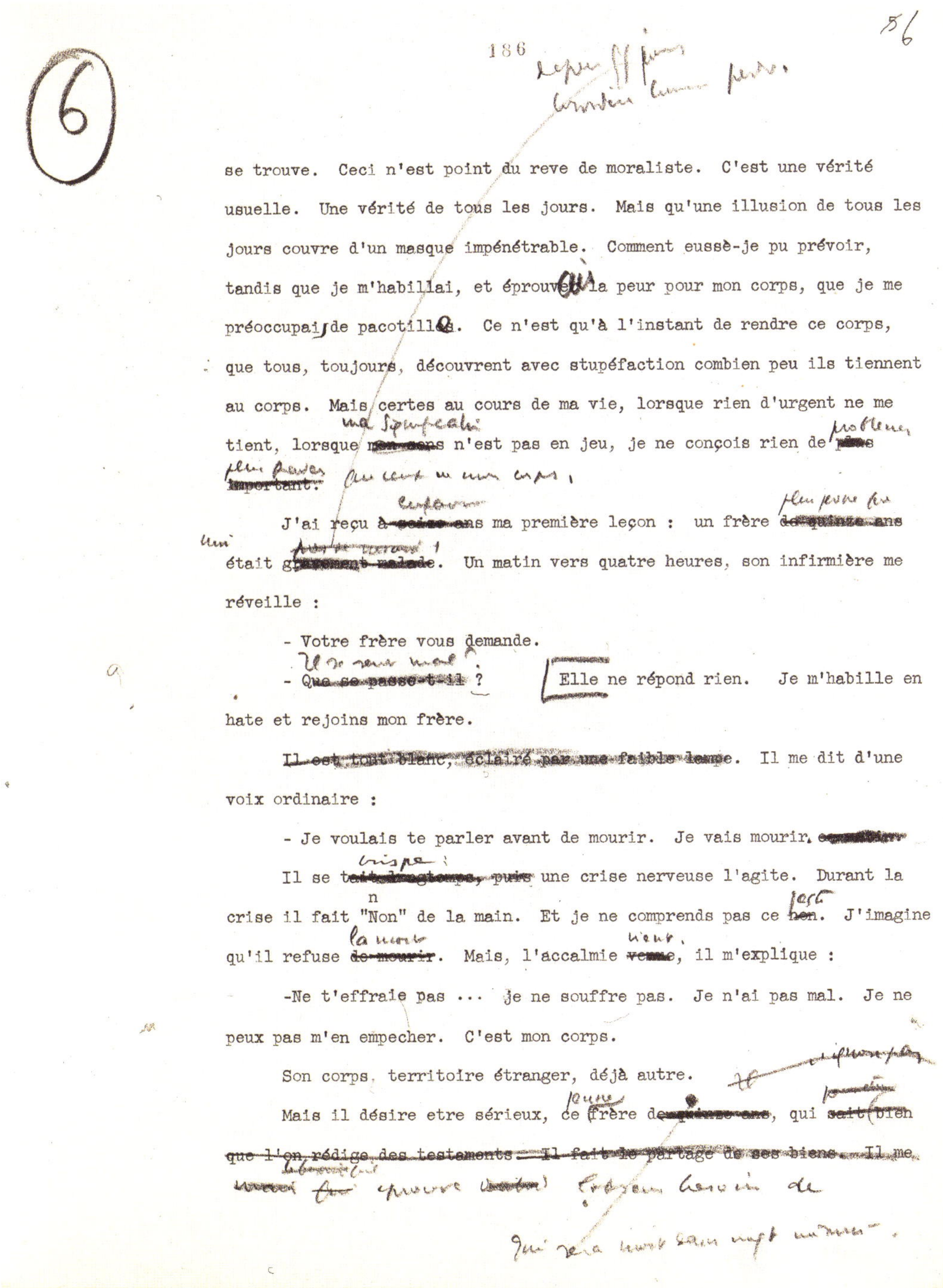
186

se trouve. Ceci n'est point du reve de moraliste. C'est une vérité usuelle. Une vérité de tous les jours. Mais qu'une illusion de tous les jours couvre d'un masque impénétrable. Comment eussè-je pu prévoir, tandis que je m'habillai, et éprouvai la peur pour mon corps, que je me préoccupai de pacotille. Ce n'est qu'à l'instant de rendre ce corps, que tous, toujours, découvrent avec stupéfaction combien peu ils tiennent au corps. Mais certes au cours de ma vie, lorsque rien d'urgent ne me tient, lorsque ~~mon sens~~ n'est pas en jeu, je ne conçois rien de ~~plus important~~.

J'ai reçu ~~à seize ans~~ ma première leçon : un frère ~~de quinze ans~~ était ~~gravement malade~~. Un matin vers quatre heures, son infirmière me réveille :

- Votre frère vous demande.

- ~~Que se passe-t-il~~ ? Elle ne répond rien. Je m'habille en hate et rejoins mon frère.

~~Il est tout blanc, éclairé par une faible lampe~~. Il me dit d'une voix ordinaire :

- Je voulais te parler avant de mourir. Je vais mourir.

Il se ~~tait longtemps, puis~~ une crise nerveuse l'agite. Durant la crise il fait "Non" de la main. Et je ne comprends pas ce ~~non~~. J'imagine qu'il refuse ~~de mourir~~. Mais, l'accalmie ~~venue~~, il m'explique :

-Ne t'effraie pas ... je ne souffre pas. Je n'ai pas mal. Je ne peux pas m'en empecher. C'est mon corps.

Son corps, territoire étranger, déjà autre.

Mais il désire etre sérieux, ce frère ~~de quinze ans~~, qui ~~sait bien que l'on rédige des testaments. Il fait le partage de ses biens. Il me~~

准备阶段的《战地飞行员》打字稿，有手写修改的痕迹

《告别》的配图

告别

《告别》由五首配图诗歌组成，是圣－埃克苏佩里于1925年左右创作的青春诗篇，米歇尔·奥特朗（Michel Autrand）对这组诗做了细致的分析："亲切的语气，疲倦、随意、洒脱，有朱尔·拉佛格（Jules Laforgue）的风格，死亡和遗忘的主题变奏已经唤起了些许兴趣。但手稿中最引人注目的是每一页的字和配图都非常用心。一种垂直拉长的刻意的字体，几乎把圣－埃克苏佩里平时的字体变成了一个树叶花环，和占了页面很大比例的精美的钢笔画相得益彰。整体是一个追求复古之风的小杰作，插图、文字和创作灵感是如此和谐。《小王子》的诞生由此也可见一斑。"

［告别

离别总是忧伤，
但此次别离
似乎真的充满了
不一样的惆怅
弗朗索瓦·科佩（François Coppée）

你的歌声飘远了，而我留下了……
巴比斯（Barbusse）］

告别前

这是真的吗？你要走了吗？
你瞧这让我感觉很奇怪……
什么！当我累了倦了
再没有你的肩膀可以倚靠！

你会在那里欢声歌唱：
人生，毕竟只是一个角色。
……就像狱中的一个囚徒，
我克制地轻声哭泣……

或许慢慢我会忘记
久久地在路上凝望
应该相信旧日的爱情……

而我的心厌倦了它的喧嚣
将像一座没有信仰的庙宇
——悲伤——白日将尽。
［……］

Avant l'adieu

I

Alors c'est vrai ? Tu t'en iras ?
Vois-tu cela me semble drole...
Quoi ! Je n'aurai plus ton epaule
Comme appui quand je serai las !

Gaiment tu chanteras la bas :
La vie, après tout n'est qu'un role.
.......Tel un prisonnier dans sa geole
Discret je pleurerai tout bas.....

Peu à peu j'oublierai sans doute
Pour gueter longtemps sur la route
Il faudrait croire au viel amour....

Et mon coeur las de son tumulte
Sera comme un temple sans culte
— Triste — où defaillerait le jour

《告别》配图手稿的片段，1925 年（？）

让·梅尔莫兹

梅尔莫兹之死

1936 年 12 月 7 日，让·梅尔莫兹驾驶“南十字号”（La Croix du Sud）飞机失踪后立刻就成了一个传奇。让·梅尔莫兹出生于 1901 年 12 月 9 日，他原以为自己会成为一名作家或雕塑家，但十九岁那年，他加入了航空事业。在叙利亚执行了十八个月的任务后，他接受了拉泰科埃尔公司的提议，先后负责巴塞罗那—马拉加和卡萨布兰卡—达喀尔的航线。1927 年，让·梅尔莫兹被皮埃尔·拉泰科埃尔派往里约热内卢担任首席飞行员，为了在南美开辟新航线。1930 年 1 月 30 日，他离开南美洲，将航线的领导工作交给他的朋友们：巴西交给艾蒂安（Étienne），巴拉圭交给雷纳，安第斯山脉交给吉尧梅，巴塔哥尼亚交给圣－埃克苏佩里。在圣－埃克苏佩里和梅尔莫兹之间，可以说有一种默契，共同致力于一项艰巨的职业，但谈不上像圣－埃克苏佩里和吉尧梅之间那种真正的友情。这或许可以解释，作家在梅尔莫兹去世后，用克制且非常正式的笔调来谈论这位失踪的飞行员的原因。

晚了十分钟后，有一个中断。静默。静默［三个难以辨认的单词］。我们不能把它延长太久。他不能［无法辨认］。

我不知道还有什么比延误更可悲的事了。一个同志没有在既定时间降落。另一个应该到达、应该发出信号的人，始终保持静默。而当十分钟过去，这放在平常的日子里人们甚至都没有等待的感觉，突然，一切都静止了。

命运之神现身了。他把那些人抓在手中，对他们做出了判决。命运已经做出了判决，我们屏住呼吸。我们不再自由了。命运的铁手掌控了一切。［……］

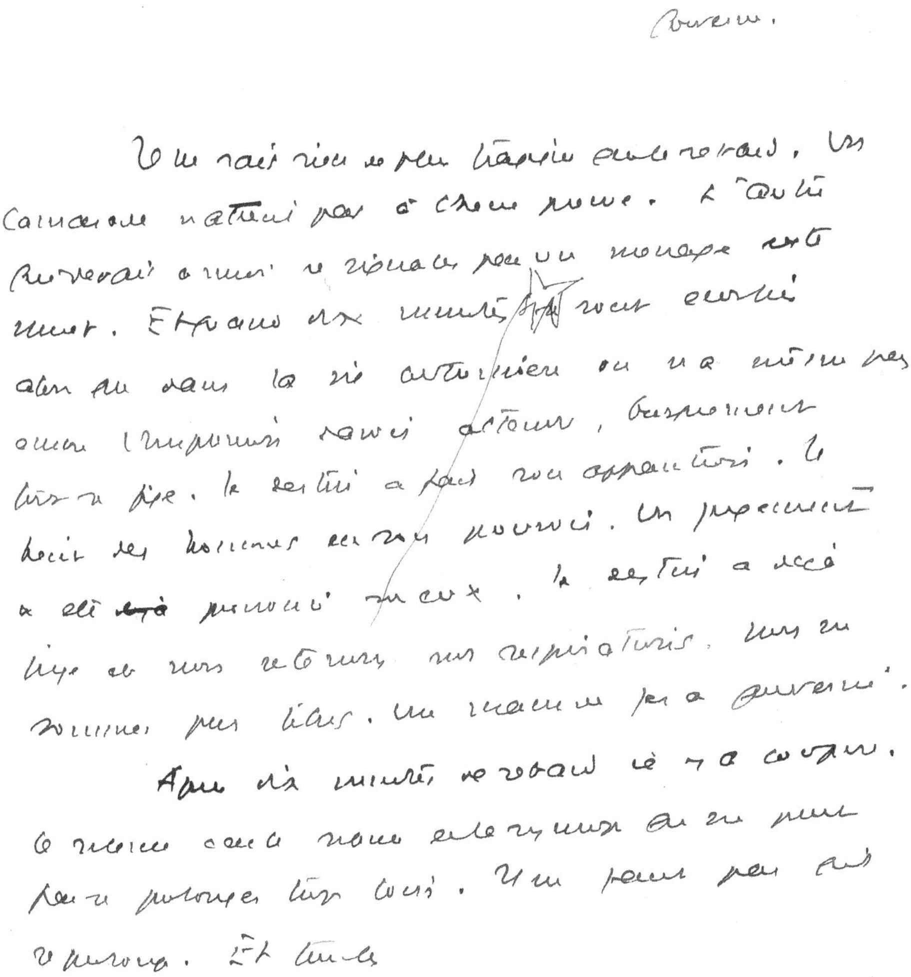

《永别了，梅尔莫兹》的片段

《小王子》一幅插图的墨水画草图，1940 年

“但愿死亡可以成全你”

整个一生，安托万·德·圣-埃克苏佩里都在思考死亡。第二次世界大战使他内心的烦忧一直萦绕不去。他一方面质疑战争的荒谬性，同时又承认死亡不可避免的本质和人在死亡面前的无助。在他忍受不可避免的命运时，他试图赋予这种因战争而被要求或强加的牺牲以意义。

据在美国或北非跟他有来往的人说，这些思考经常让他感到绝望，产生厌世情绪而接受死亡。“承认这个事实吧，圣-埃克苏佩里不想活了”，1944年见过他的一位女友这样说道，圣-埃克苏佩里的倦怠和沮丧让她大为震惊。这种态度会错误地让人认同飞行员作家最后是自杀的说法。

用农民的眼光来看，我认为法国的存在很重要。法国，尽管它有错，尽管它有弱点，尽管它舍弃了很多。但还有一些永恒的东西没有机会被表达出来，感到没有被背叛——我几乎不认为是背叛，而是淹没在荒谬中。无用武之地。这些人很愿意献出生命，但他们的死只是被当作炮灰。为一刹那的光亮付出生命是苦涩的。但愿死亡可以成全你。

你相信一个人可以无缘无故去死吗？然而，我们已经接受了这种荒谬。我猜想还有很多人跟我们一样。乖乖听话。就像接受一块糖衣杏仁一样。我们甘愿赴死只是为了有人战死沙场。[……]

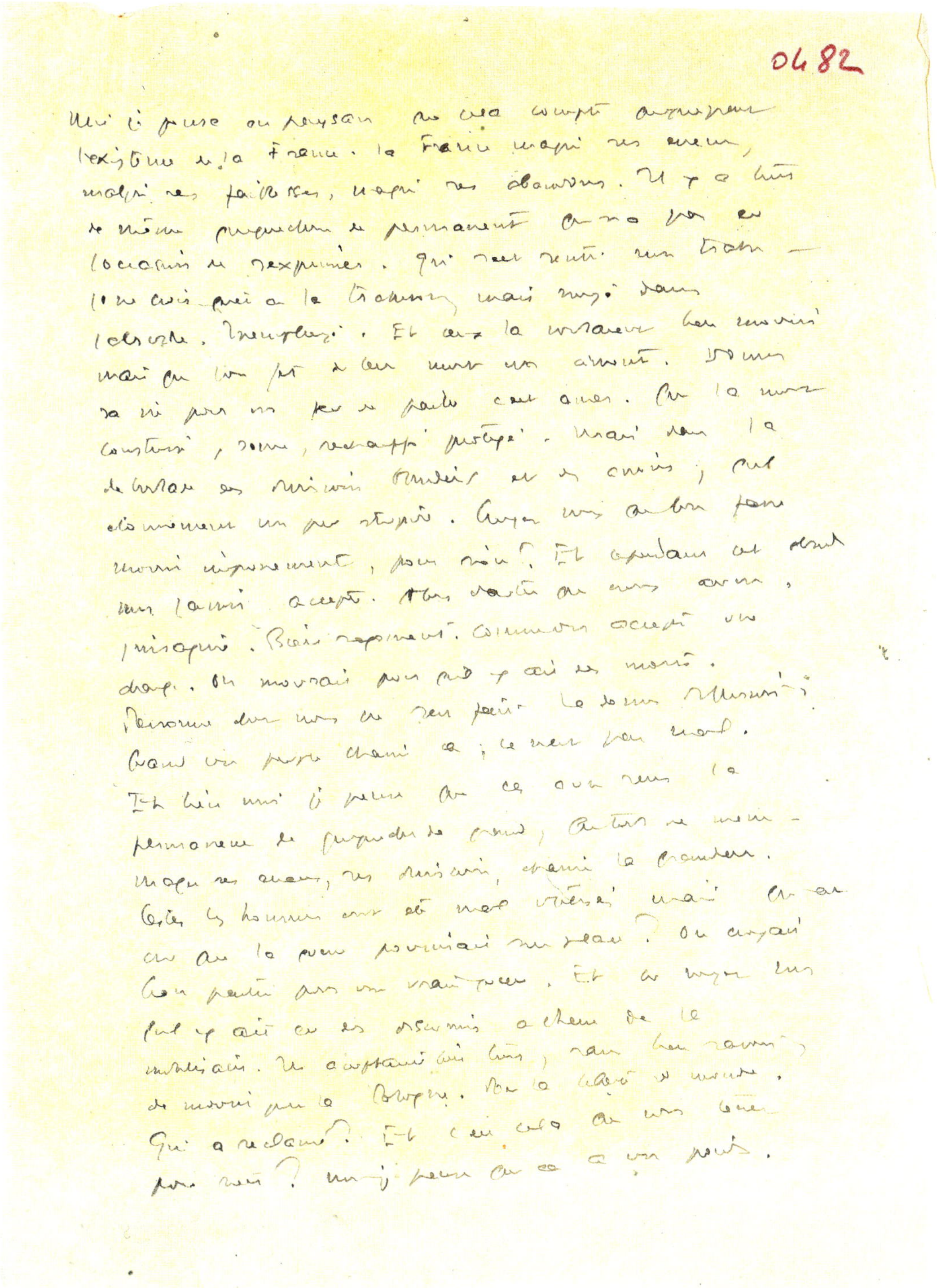

一篇未发表的政治檄文的手稿片段

《战地飞行员》在法国有两个版本：一个是自由区的版本，另一个是占领区的版本

“寂静的分量”

不惜牺牲和坦然接受完全符合安托万·德·圣-埃克苏佩里的原则，在他看来，为法国而死完全符合他的价值观，也符合人们对一个有像他这样的教育背景和出身的人的期待。更何况，他的朋友和战友不是已经献出了他们宝贵的生命了吗？

1944年5月和他一起住在撒丁岛阿尔盖罗的约翰·菲利普斯后来回忆说：“我们见面时的场景还历历在目。当他想起他的两个最亲密的朋友，在南大西洋失踪的梅尔莫兹和在地中海被击落的吉尧梅时，‘我是最后的幸存者，’他向我坦言，‘我敢向你担保，这让我感觉很奇怪’。”

我……我不知道。我在看一场“花”之战。我没有看到那些灰暗的物质在我上空堆积。云朵在我头上很高的地方。我全神贯注地射击，没有注意到这个差距。就在这时，我发现，在云层和我之间，有一个无比巨大的法庭，我怎么做都是徒劳。从它的角度看，我是静止的。

他感受到寂静的分量，太晚才注意到这个阴谋。他以为自己是一个人，幕布落下。一千名阴谋者，双臂交叉，看着他，沉默不语。

曳光弹留下小麦色的光芒，我不知道在我的上升过程中，它们像锤钉一样落下黑色雪花般的絮片。我不知道它们已经堆成了一个个令人眩晕的金字塔。我不知道，在更高的地方，秃鹫的大会已经召开。我不知道那万箭齐发般的阵仗是一辆巨车的征兆，它已经用它各个部件把天空弄成一个拥挤不堪的工地[无法辨认]。

突然，一切都出现了。我淹没在一个恢弘的背景中。我从浮冰般缓慢移动的建筑底部开始上升。我默默统计对我发起的攻击。沉默不语。

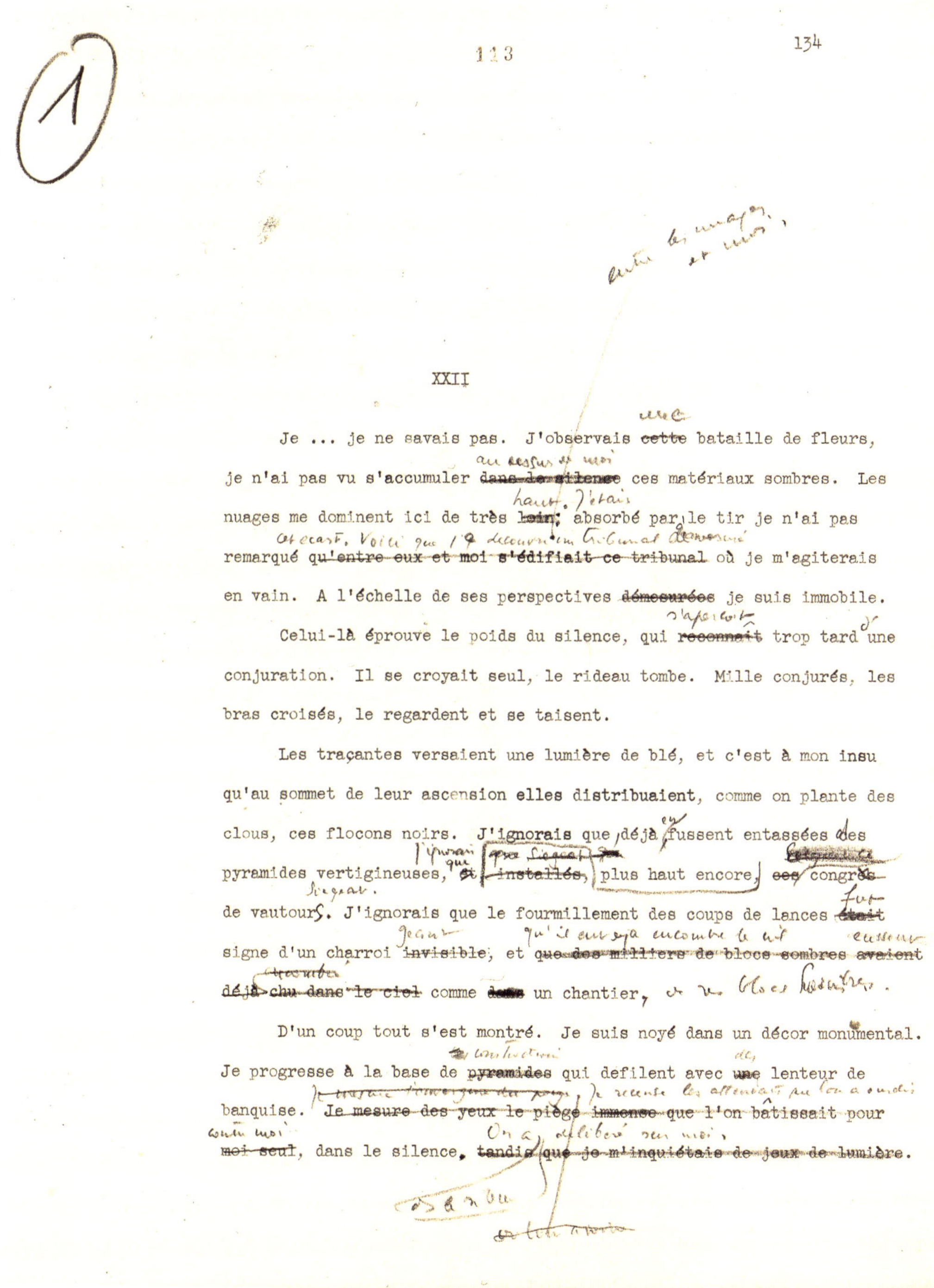

113

XXII

Je ... je ne savais pas. J'observais ~~cette~~ bataille de fleurs, je n'ai pas vu s'accumuler ~~dans le silence~~ ces matériaux sombres. Les nuages me dominent ici de très ~~loin~~; absorbé par le tir je n'ai pas remarqué ~~qu'entre eux et moi s'édifiait ce tribunal~~ où je m'agiterais en vain. A l'échelle de ses perspectives ~~démesurées~~ je suis immobile.

Celui-là éprouve le poids du silence, qui ~~reconnait~~ trop tard une conjuration. Il se croyait seul, le rideau tombe. Mille conjurés, les bras croisés, le regardent et se taisent.

Les traçantes versaient une lumière de blé, et c'est à mon insu qu'au sommet de leur ascension elles distribuaient, comme on plante des clous, ces flocons noirs. J'ignorais que déjà fussent entassées des pyramides vertigineuses, ~~et~~ ~~installés~~, plus haut encore, ~~ces~~ congrès de vautours. J'ignorais que le fourmillement des coups de lances ~~était~~ signe d'un charroi ~~invisible~~, et ~~que des milliers de blocs sombres avaient déjà chu dans le ciel~~ comme ~~dans~~ un chantier.

D'un coup tout s'est montré. Je suis noyé dans un décor monumental. Je progresse à la base de ~~pyramides~~ qui défilent avec ~~une~~ lenteur de banquise. ~~Je mesure des yeux le piège immense~~ que l'on bâtissait pour ~~moi seul~~, dans le silence, ~~tandis que je m'inquiétais de jeux de lumière~~.

《战地飞行员》打字稿的片段，有手写修改的的痕迹，和出版的文本有几处出入

安托万·德·圣－埃克苏佩里穿飞行员服的自画像，
画在一封写给他母亲的信中，1921 年

“如果我被击落……”

这封信是安托万·德·圣－埃克苏佩里写给他 1939 年结识的建筑师朋友皮埃尔·达洛兹的，后来两人在阿尔及尔重逢。这封信的特殊性或许在于他是飞行员作家写的最后一封信，这让它好像成了一份遗嘱。在这封信中他提到了自己的死亡，仿佛一语成谶，就在他失踪前夕。

他的失踪被清楚地记录在 2/33 大队 1944 年 7 月 31 日那一天的《行军日志》（*Journal de marche*）上：“一件非常悲伤的事件影响了所有人因胜利在望而感受到的喜悦。圣－埃克苏佩里少校没有回来。早上 9 点他驾驶编号 223 的飞机出发前往萨瓦（Savoie），到下午 1 点还没有回来。无线电呼叫没有收到回音，预警雷达搜索无果。下午 2 点 30 分，他还在飞行的希望已经落空。”

[1944年7月30日]

军邮代号99027

最最亲爱的达洛兹，我真想念你的只言片语！你或许是我在这个大陆上唯一认识的人。我想知道你对时局的看法。我，是很绝望的。

我想你会认为，无论从哪个角度哪方面看，我都是对的。你真是高看我了！但愿你认为我是错的！而我会为你的见证感到高兴！

我尽我所能投入到战争中去。我肯定是全世界战地飞行员中年龄最大的：我所驾驶的这款单座战斗机飞行员的年龄上限是三十岁。而前阵子，我在阿讷西（Annecy）的一万米高空，发动机出了故障，那时我……已经四十四岁！而我还在阿尔卑斯山脉上空，以龟速飞行，[在德军的枪林弹雨下。想到那些在北非查禁我的书的超级爱国者们，我暗自发笑。太可笑了。

回到中队（这次能回来真是奇迹）后，我什么都经历过了。经历过飞机故障、缺氧而昏厥、被战斗机追击，还有飞行中失火。我不觉得自己很吝啬，我觉得自己是一个健康的木匠。

这是唯一让我心满意足的！此外还有独自驾驶飞机，几个小时在法国上空转悠、拍照。感觉很奇特。

这里远离仇恨，尽管中队的同志都很和善，但人类的不幸仍挥之不去。从来没有一个人能与我倾心交谈。能有人一起生活已经不错了。但精神上是多么孤独。

如果我被击落，我绝对不会有任何遗憾。未来的蚁穴让我恐惧。我讨厌他们那种机器人般的品性。我，我天生是做园丁的料。

拥抱你。

圣埃克斯]

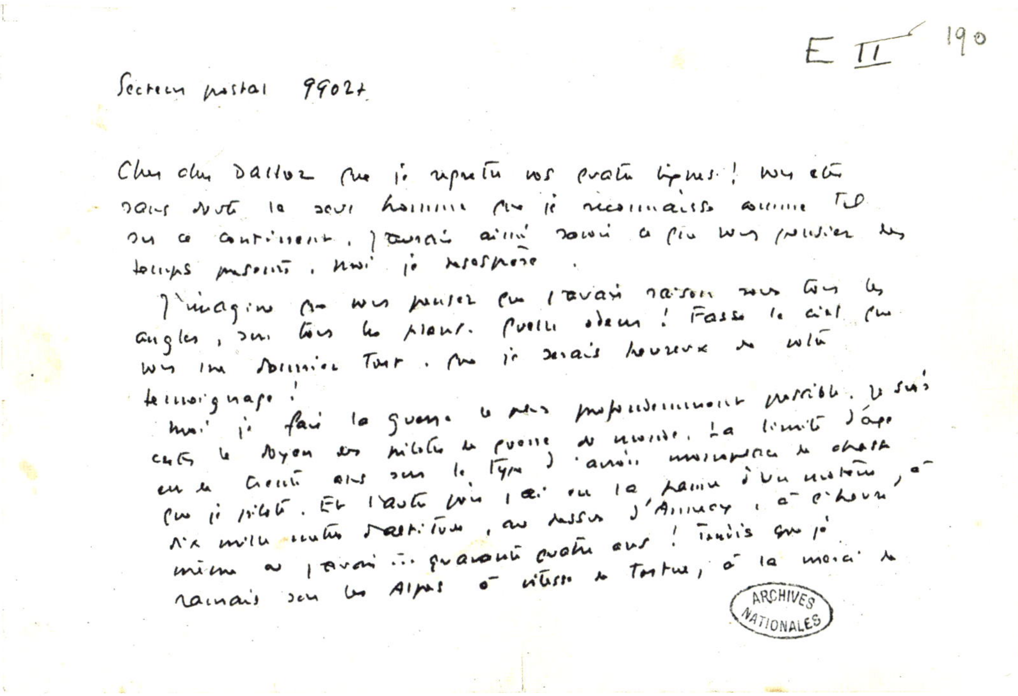

E II 190

Secteur postal 99027

Cher cher Dalloz que je regrette vos quatre lignes ! Vous êtes sans doute le seul homme que je reconnaisse comme tel sur ce continent. J'aurais aimé savoir ce que vous pensiez des temps présents. Moi je désespère.

J'imagine que vous pensez que j'avais raison sous tous les angles, sur tous les plans. Quelle odeur ! Fasse le ciel que vous me donniez tort. Que je serais heureux de votre témoignage !

Moi je fais la guerre le plus profondément possible. Je suis certes le doyen des pilotes de guerre du monde. La limite d'âge est de trente ans sur le type d'avion monoplace de chasse que je pilote. Et l'autre jour j'ai eu la panne d'un moteur, à dix mille mètres d'altitude, au-dessus d'Annecy, à l'heure même où j'avais juste quarante-quatre ans ! Tandis que je ramais sur les Alpes à vitesse de tortue, à la merci de

写给皮埃尔·达洛兹的信的片段，1944 年 7 月 30 日

画在《堡垒》手稿页边空白处的画

“于是临终的时刻到来了”

“我的样子像是死了，但那不是真的”，沙漠中小王子在去找蛇之前对飞行员这样说道。这种面对死亡的平静陪伴了安托万·德·圣-埃克苏佩里生命最后的几年，他也把这种心态告诉了他的朋友们，他们对他的失踪并没有过度惊讶。“自 1942 年以来，他一直在告别”，斯塔西·德·拉布吕耶尔这样写道。那一年年底圣-埃克苏佩里在纽约最后一次见到弗勒里，他和他握手告别，说了一句：“如果我消失了，你放心，我不会有丝毫遗憾。”安妮·林德伯格（Anne Lindbergh），他在美国居留期间的红颜知己之一，对他的死讯也早就有心理准备。“他想做出最大的牺牲，”她写道，“他是回去送死的。”一位经常在阿尔及尔见到他的军官说：“这样更好。他终于轻松了。”

于是临终的时刻到来了，那只是一种意识的摇摆，在记忆的潮水下时而空虚、时而充盈。它们如潮涨潮落一样来来去去，将储存的所有影像、所有的记忆贝壳、听过所有声音的海螺卷走又带来。它们涌上来，重新浸湿了心的海藻，于是所有温情都复苏了。但最终的退潮已经准备就绪，心空了，潮水和潮水带来的东西回到了上帝那儿。

的确，我见过有些人逃避死亡，他们在面对死亡之前就感到恐惧了。但你们错了，对那些要死的人，我从没见过他们害怕。[……]

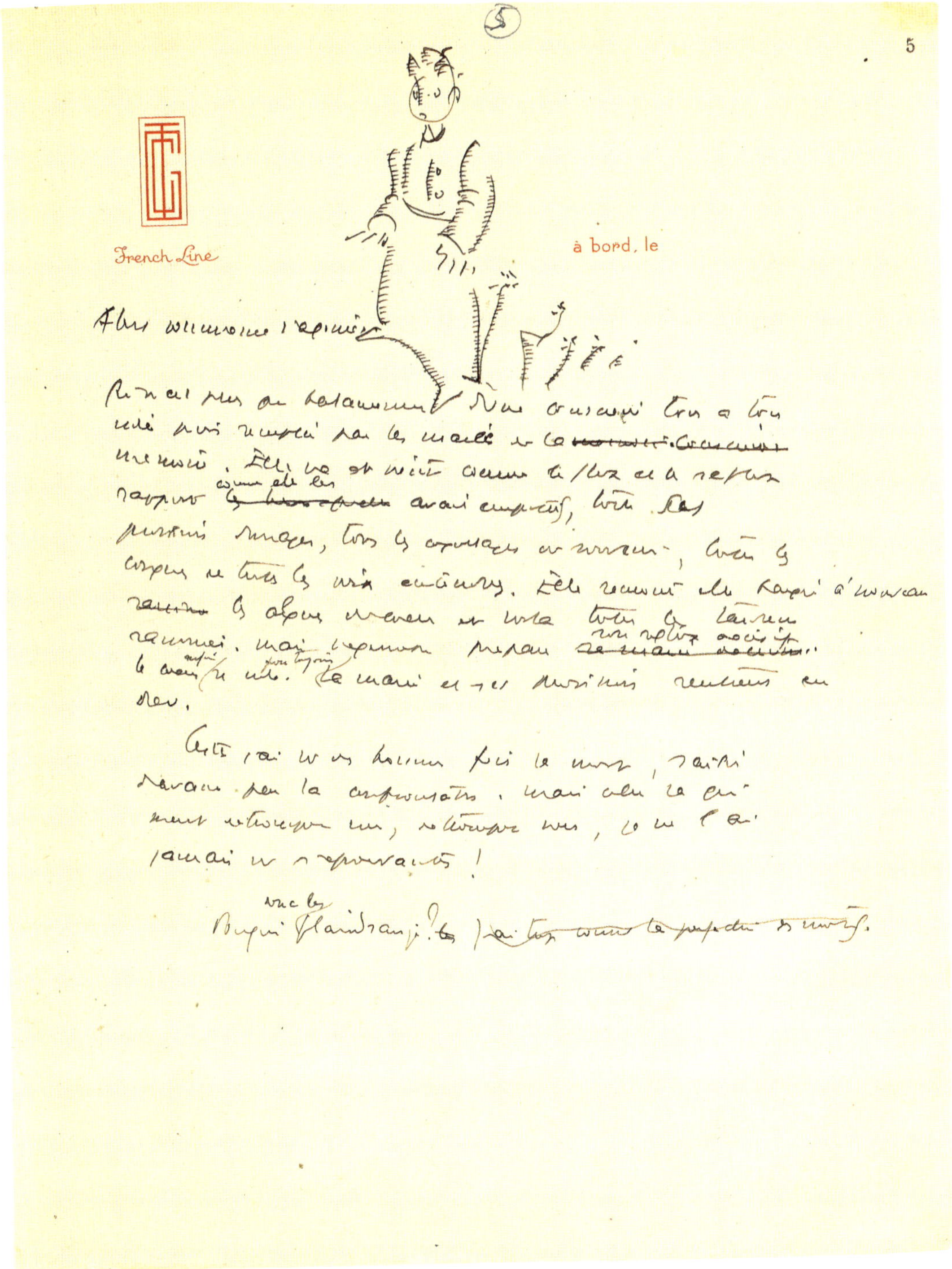

《堡垒》的手稿

生平年表

1900

6 月 29 日，安托万·让－巴蒂斯特·玛丽·罗歇·德·圣－埃克苏佩里（Antoine, Jean-Baptiste, Marie, Roger de Saint-Exupéry）出生在里昂佩拉街（Peyrat）8 号，是让·德·圣－埃克苏佩里子爵和玛丽·德·丰斯科隆布的第三个孩子（在他之前夫妻俩有两个女儿：1897 年出生的玛丽－玛德莱娜和 1898 年出生的西蒙娜）。

1902

安托万的弟弟弗朗索瓦出生。

1903

安托万的小妹妹加布里埃尔出生。

1904

让·德·圣－埃克苏佩里去世。一家人在拉莫尔城堡（瓦尔省）过冬。

1908

安托万进了里昂的天主教学校上小学。

1909

为了和夫家住得更近，玛丽·德·圣－埃克苏佩里和孩子们一起搬到勒芒。10 月，安托万成了圣克鲁瓦耶稣会学校受监护的走读生，他和弟弟弗朗索瓦在这所学校一直读到 1914 年。

1911

5 月 25 日，安托万在圣克鲁瓦学校初领圣体。

1912

7 月底，违抗母亲的禁令，安托万在昂贝略机场第一次接受了天空的洗礼，在一架由加布里埃尔·弗罗布莱夫斯基－萨尔维兹驾驶的贝尔多－弗罗布莱夫斯基飞机上。

1914

安托万创办了一份昙花一现的班级报纸《初四回声报》。他凭借《帽子历险记》获得年度最佳作文奖。

新学期开学，为了离在昂贝略负责一个军事医护站的母亲近一点，安托万和弗朗索瓦成了蒙格雷圣母耶稣会中学（索恩河畔自由城）的寄宿生。

1915

2 月，不适应蒙格雷中学的安托万和弗朗索瓦回到勒芒的圣克鲁瓦完成学年的学习。从 11 月开始，他们成了瑞士弗里堡圣让别墅玛利亚中学的寄宿生。

1917

6 月，安托万通过第二次会考。7 月，他的弟弟弗朗索瓦·德·圣－埃克苏佩里因患风湿性关节炎去世。安托万在卡尔纳克度假。10 月，安托万来到巴黎，先后在博絮埃中学和圣路易中学寄宿，准备报考海军学院。

1918

春天，因为战争，安托万继续在索镇（Sceaux）的拉卡纳尔中学（Lakanal）备考海军学院。

1919

6 月，安托万顺利通过海军学院的笔试，但在口试中失利。特里戈夫人把圣莫里斯德雷芒的城堡赠送给她的外甥女玛丽·德·圣－埃克苏佩里。

1920

安托万在美术学院注册做旁听生。

1921

4 月 9 日，安托万应征入伍，被编入斯特拉斯堡第二飞行大队。8 月 2 日，被调到摩洛哥的第三十七飞行大队。8 月 18 日，他到了卡萨布兰卡。

6 月 18 日他在斯特拉斯堡驾驶一架有双操作系统的飞机完成了第一次飞行，之后于 7 月 9 日勉强完成驾驶一架索普威思 F-CTEE 飞机的飞行任务。7 月底，在一次迫降后发生了他飞行生涯的第一起事故。12 月 23 日，他在拉巴特拿到军事飞行员执照。安托万通过预备役军官学员的考核。

1922

2 月 5 日，安托万被任命为下士，他在伊斯特尔结束服兵役，之后他进入谢尔省的阿沃尔空军学院（3—7 月）；接着他在凡尔赛和维拉库布莱两地实习（8—9 月）。10 月 10 日，他被任命为预备役少尉，选择加入布尔歇的第三十四飞行大队。

1923

1 月，安托万在一架他无权驾驶的昂里奥 HD-14（Hanriot HD-14）飞机上失事，导致头颅骨裂，休假十五天。6 月 5 日，已经服完兵役的安托万本想继续留在空军发展，但在未婚妻露易丝・德・维尔莫兰家人的催促下，他去了布瓦隆制瓦厂（总公司）工作。秋天解除婚约。10 月，他的妹妹加布里埃尔嫁给了皮埃尔・德・阿盖。

1924

安托万成了索雷卡车在法国中部的推销员。当他在巴黎时，住在奥尔纳诺大街 70 号乙的泰坦尼亚酒店。

1925

4 月 1—15 日，在奥利待了一段时间。他写了一篇后来没有发表的短篇小说《舞女玛侬》（*Manon danseuse*），还有一首诗《永别》（*L'Adieu*）。

1926

1 月 15 日，安托万晋升为预备役中尉。4 月 1 日，他在《银舟》杂志上发表了短篇小说《飞行员》。这也是《南线邮航》一书的萌芽。7 月 3 日，安托万拿到公共运输飞行员驾驶执照，10 月进入图卢兹的拉泰科埃尔公司。

1927

圣-埃克苏佩里成了图卢兹—卡萨布兰卡—达喀尔的航线飞行员。6月2日，大姐玛丽-玛德莱娜去世。10月19日，他被任命为朱比角（里约德奥罗）机场场长。

1928

安托万一整年都在朱比角度过。7—11月：多次营救行动，其中包括营救里盖勒、雷纳、塞尔和维达尔（Vidal）。

1929

安托万在巴黎遇见加斯东·伽利玛，他第一次见到他是1917年在伊冯娜·德·莱斯特朗热家，伽利玛向他约了七本小说。和安德烈·纪德会面。10月12日，安托万到达布宜诺斯艾利斯，被任命为阿根廷邮航公司的负责人。他在那里创作了《夜航》。伽利玛出版了由安德烈·伯克莱（André Beucler）作序的《南线邮航》。

1930

安托万·德·圣-埃克苏佩里因在民航工作成绩突出，荣膺法国荣誉军团骑士称号。6月13—18日，他参加了在安第斯山脉搜救吉尧梅的行动。夏末，他遇见了恩里克·戈麦斯·卡里略的遗孀康苏爱萝·苏辛·德·桑多瓦尔（Consuelo Suncin de Sandoval）。

1931

2月，安托万·德·圣-埃克苏佩里与1月来阿根廷和他团聚的母亲一起回法国两个月。4月12日，他在阿盖与康苏爱萝·苏辛结婚。因为一个政治—财政丑闻，阿根廷邮航公司被清算；5—12月，他重新开始飞卡萨布兰卡—艾蒂安港的航线。在伽利玛出版社出版《夜航》，该书12月荣膺费米娜奖。

1932

2月12日，安托万·德·圣-埃克苏佩里开始驾驶水上飞机飞马赛-阿尔及尔航线，之后于8月开始飞卡萨布兰卡—达喀尔邮航航线。圣-埃克苏佩里夫人卖了圣莫里斯德雷芒的产业。安托万·德·圣-埃克苏佩里给勒布歇（Le Boucher）的作品《J.-M. 勒布里的命运》（*Destin de J.-M. Le Bris*）写了序，在由加斯东·伽利玛创办的《玛里亚娜》杂志的第一期上发表了一篇题为《航线飞行员》的文章。

1933

安托万·德·圣-埃克苏佩里，拉泰科埃尔公司的水上飞机的试飞员，给莫里斯·布尔代（Maurice Bourdet）的作品《航空的伟大和束缚》（*Grandeur et servitude de l'aviation*）写了序，并创作了剧本《安娜-玛丽》。12月21日，因为操作失误安托万在飞机着陆时发生意外，差点被淹死。

1934

安托万进入法国航空公司。出差去西贡，他在那里见到了做档案管理员的二姐西蒙娜。他给《玛丽安娜》写了一篇关于莫里斯·诺盖（Maurice Noguès）和埃马纽埃·肖米埃（Emmanuel Chaumié）失踪的报道，12月15日第一次申请着陆系统的发明专利证书。

1935

安托万和康苏爱萝遇到严重的经济问题。康苏爱萝搬到皇家桥的酒店去住。春天，安托万遇见雷翁·维尔特，在《法国航空杂志》（*Air France Revue*）上发表《回忆毛里塔尼亚》；5月，在《巴黎晚报》上发表关于苏联的报道；6月，在《至上报》（*Excelsoir*）发表关于《巴黎军舰的海军中尉》；在《牛头人》（*Le Minotaure*）杂志第六期发表一篇短篇小说《海市蜃楼》，在《玛丽安娜》上发表了《梅尔莫兹，航线飞行员》。雷蒙·贝尔纳（Raymond Bernard）拍摄电影《安娜-玛丽》，11月，在阿尔及尔、开罗、贝鲁特、伊斯坦布尔和雅典做巡回演讲。岁末，在《法国航空杂志》上发表《我们可以相信飞机让世界变小了》。他驾驶一架戈德龙·西蒙飞机，和安德烈·普雷沃一起，试图打破巴黎—西贡的飞行时间纪录，但飞机在12月29—30日的夜里坠毁在埃及的沙漠中。

1936

2月，安托万离开夏纳莱耶街（Chanaleilles）搬去鲁特西亚酒店（l'hôtel Lutetia），之后在沃邦广场（place Vauban）住。后来又陆续在巴尔贝德茹伊街（Barbet-de-Jouy）和米开朗基罗街（Michel-Ange）居住。9月在维希疗养。从1月份开始，他在《不妥协报》上独家发表他《在沙漠的历险》并在广播电台录制《在沙漠中迫降》。在《出版纵览》（*Toute l'édition*）上发表《为了更好地活着》。12月，他写了系列关于让·梅尔莫兹的文章，在《不妥协报》上发表了《四十八小时的沉默后……》和《应该继续寻找梅尔莫兹》，在《玛里亚娜》上发表了《致让·梅尔莫兹》。

1937

1月，安托瓦·德·圣-埃克苏佩里继续在《不妥协报》上向梅尔莫兹致敬，夏天在《法国航空杂志》上发表了题为《赶紧去旅行》并在6—7月为《巴黎晚报》发回了关于西班牙的系列报道。2月，他为法国航空公司开拓了一条卡萨布兰卡—通布图（Tombouctou）—巴马科新航线，6月9日升任预备役上尉，提交四项发明专利证书。

1938

安托万出发去美国，在纽约待了一段时间。2月14日，他试图打破纽约—火地岛的飞行纪录，但飞机在危地马拉失事，他身受重伤。

他开始创作一部新小说，并给安妮·莫罗-林德伯格（Anne Morrow-Lindbergh）的《风起了》（*Le vent se lève*）写了序。10月在《巴黎晚报》上发表系列文章。12月在校样上把新书的书名改为《人类的大地》。

1939

1月，他晋升为法国荣誉军团的军官。3月在德国短期旅行后，圣-埃克苏佩里到索恩-卢瓦尔省（Saône-et-Loire）去看望雷翁·维尔特，之后和吉尧梅一家一起去朗德省（Landes）。在塞纳尔森林（forêt de Sénart）树叶居的城堡（château de la Feuilleraie）安顿下来，和吉尧梅一起去美国短期旅行，整个夏天都在驾驶"巴黎舰上尉号"（Lieutenant-de-vaisseau-Paris）水上飞机。9月4日，他以上尉军衔在图卢兹应征入伍，在空军飞行员体检时被拒，但11月他成功地让部队改变了决定。他被派到奥尔孔特的第2/33大队执行空中战略侦察任务。

2月在伽利玛出版社出版《人类的大地》，罗贝尔·布拉希拉克（Robert Brasillach）在《法兰西行动报》（*Action française*）发表书评；12月圣-埃克苏佩里获法兰西学院小说大奖。6月，《人类的大地》被译介到美国，以《风沙星辰》（*Wind, Sand and Stars*）为书名出版；1940年被评为年度最佳书。圣-埃克苏佩里发表了几篇文章，在《玛里亚娜》上发表了《阿根廷公主》和《飞行员与自然力》，在《巴黎晚报周日版》(*Paris Soir Dimanche*) 上发表《在巴黎舰上尉号上》，还给让-玛丽·孔蒂 (Jean-Marie Conty) 的《试飞员》（*Pilotes d'essai*）写了序。

1940

3月29日，第一次执行战斗任务，紧接着31日到科隆、杜塞尔多夫（Düsseldorf）和杜伊斯堡（Duisbourg）执行任务。5月23日，他在莫城（Meaux）起飞前往阿拉斯执行任务，这也成了《战地飞行员》的中心内容。他的飞机被弗拉克高射炮（Flak）击中。6月2日，他得到空军部嘉奖，被授予十字勋章。6月9日，他执行最后一次军事任务，于7月11日退伍。在阿尔及利亚待了一段时间后，他回到法国，在阿盖休养，从维希政府那里拿到去美国的签证。在里斯本登上“西波涅号”跨大西洋邮轮前他得知了好友吉尧梅的死讯，12月31日他和让·雷诺阿一同抵达纽约。

1941

圣-埃克苏佩里住在纽约中央公园南240号。1月他在《纽约时报》上就维希政府国会对他的任命提出异议，如果事先征求他的意见，他会拒绝。7月，他住在好莱坞的让·雷诺阿家中，并在那里遇到安娜贝拉，泰隆·鲍华（Tyron Power）的妻子。在一场外科手术之后，他去皮埃尔·拉扎雷夫家休养了一段时间，11月回到纽约，很快康苏爱萝也来纽约和他团聚。4月，他在《时尚芭莎》杂志上发表了《令我记忆深刻的书》，1月他获得了1939年度美国国家图书奖。

1942

4—5月，安托万·德·圣-埃克苏佩里在加拿大做系列讲座。回到美国后，他先后住在康涅狄格州（Connecticut），之后在北港（Northport），最后住在纽约贝克曼广场的葛丽泰·嘉宝的房子里。7月，他请他的译者刘易斯·加朗蒂耶通过吉罗（Giraud）将军帮他递交一份北非登陆计划。

2月，《飞往阿拉斯》（《战地飞行员》于11月27日由伽利玛出版社出版，12月遭到维希政府的查禁）出版，由贝尔纳·拉莫特配插图；11月，《给法国人的信》发表。他创作《小王子》并自己画插图。

1943

因贝图阿尔（Béthouard）任务入伍，收到去北非的通知，4月，圣-埃克苏佩里随美国舰队离开美国，5月5日抵达摩洛哥，和2/33大队的战友重逢。5月，他在阿尔及尔遇到安德烈·纪德。从4月到6月，他完成了几十小时的飞行，被派到摩洛哥执行特殊任务。6月25日，他晋升为少校，6—7月在一架莱特宁P38飞机上训练，7

月 21 日在法国南方执行第一次飞行任务（拍照）。一次事故后，他成了预备人员，被禁止飞行。3 月，在蒙特利尔的《法兰西美洲》（*Amérique française*）杂志上发表《给朋友的信》（*Lettre à l'ami*）；4 月，《小王子》在纽约的雷纳尔和希区柯克出版社出版；6 月，在纽约的布伦塔诺出版社（Brentano's）出版《给一个人质的信》，7 月出版《给 X 将军的信》。秘密出版的绿封面的版本《战地飞行员》在法国流传。9 月开始，安托万·德·圣－埃克苏佩里开始创作《堡垒》，他让康苏爱萝给他寄这本书的草稿。

1944

4 月，在圣－埃克苏佩里的强烈请求下，他回归 2/33 大队执行五次任务。5 月 28—29 日夜间，他应《生活》杂志摄影师约翰·菲利普斯之请写了一篇文章，之后以《给一个美国人的信》为题发表。5 月到 7 月底，在被编入预备飞行员之前，圣－埃克苏佩里执行了八次军事飞行任务。

7 月 31 日，他执行最后一次飞行任务。9 月 8 日正式被宣布失踪。

1945

9 月 20 日，他被授予“为法国而牺牲”的称号。

1948

3 月 1 日，伽利玛出版社出版《堡垒》。

作品列表

圣－埃克苏佩里在伽利玛出版社出版的作品

《南线邮航》(*Courrier Sud*)，1929 年。

《夜航》(*Vol de nuit*)，1931 年。

《人类的大地》(*Terre des hommes*)，1939 年。

《战地飞行员》(*Pilote de guerre*)，1942 年。

《给一个人质的信》(*Lettre à un otage*)，1944 年。

《小王子》(*Le Petit Prince*)，1946 年。

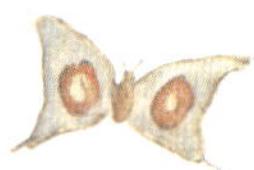

《堡垒》(*Citadelle*)，1948 年。

《给母亲的信》(*Lettre à sa mère*)，1984 年。

《战时札记》(*Écrits de guerre*)，1994 年。

《记事本》(*Carnets*)，1999 年。

《作品全集》(*Œuvres complètes*，两卷)，七星文库（Bibliothèque de la Pléiade），1994 年，1998 年。

《圣－埃克苏佩里手册》(*Cahiers Saint-Exupéry*，五册)，1980 年，1981 年，1989 年，1999 年，2000 年。

《作品，风，沙与星辰》(*Œuvres, du vent, du sable et des étoiles*)，伽利玛出版社（Gallimard），Quarto 丛书，2018 年。

所有小说、《给母亲的信》和《记事本》都收入了伽利玛出版社的 Folio 丛书（口袋本）。

关于安托万·德·圣－埃克苏佩里的作品

柯蒂斯·凯特（Curtis Cate），《圣－埃克苏佩里，蓝天白云的耕耘者》(*Saint-Exupéry,*

laboureur du ciel)，格拉塞出版社（Grasset），1994 年。

皮埃尔・舍弗利埃（Pierre Chevrier），《圣－埃克苏佩里，理想藏书》（*Saint-Exupéry, la bibliothèque idéale*），伽利玛出版社，1958 年。

弗朗索瓦・杰贝尔（François Gerber），《圣－埃克苏佩里，从左岸到战争》（*Saint-Exupéry, de la rive gauche à la guerre*），德拉诺埃尔出版社（Denoël），2000 年。

让－皮埃尔・盖诺（Jean-Pierre Guéno），《小王子的回忆，安托万・德・圣－埃克苏佩里，一生的日记》（*La Meémoire du Petit Prince, Antoine de Saint-Exupéry, le journal D'une vie*），雅各布－杜弗内出版社（éditions Jacob-Duvernet），2010 年。

斯塔西・德・拉布吕耶尔（Stacy de La Bruyère），《圣－埃克苏佩里，逆流人生》（*Saint-Exupéry, une vie à contre-courant*），阿尔本・米歇尔出版社（Albin Michel），1994 年。

贝尔纳・马克（Bernard Marck），《安托万・德・圣－埃克苏佩里》（*Antoine de Saint-Exupéry*，卷一《生之渴望》[*La soif d'exister*]，卷二《苦涩的光荣》[*La gloire amère*]），群岛出版社（L'Archipel），2012 年。

约翰・菲利普斯（John Phillips），《再见圣－埃克斯》（*Au revoir Saint-Ex*），伽利玛出版社，1994 年。

雨果・普拉特（Hugo Pratt），《圣－埃克苏佩里，最后飞行》（*Saint-Exupéry, le dernier vol*），卡斯特曼出版社（Casterman），2000 年。

克里斯多夫・吉利安（Christophe Quillien），《小王子百科（插图版）》（*Le Petit Prince, l'encyclopédie illustrée*），福金和雾尼出版社（Huginn & Muninn），2015 年。

西蒙娜・德・圣－埃克苏佩里（Simone de Saint-Exupéry），《花园里的五个孩子》（*Cinq enfants dans un parc*），伽利玛出版社，2002 年。

弗吉尔・塔纳斯（Virgil Tanase），《圣－埃克苏佩里》（*Saint-Exupéry*），伽利玛出版社，Folio 丛书，2013 年。

娜塔莉・德・瓦利耶尔（Nathalie des Vallières），《圣－埃克苏佩里，天使和作家》（*Saint-Exupéry, l'archange et l'écrivain*），伽利玛出版社，"发现"丛书（collection « Découvertes »），2013 年。

阿兰・维贡德莱（Alain Vircondelet），《那就是安托万和康苏爱萝・德・圣－埃克苏佩里》（*C'étaient Antoine et Consuelo de Saint-Exupéry*），法亚尔出版社（Fayard），2009 年。

雷翁・维尔特（Léon Werth），《圣－埃克苏佩里的生平》（*La Vie de Saint-Exupéry*），瑟伊出版社（éditions du Seuil），1948 年。

雷翁・维尔特，《我所认识的圣－埃克苏佩里》（*Saint-Exupéry tel que je l'ai connu*），薇薇安・哈米出版社（éditions Viviane Hamy），2010 年。

FONDATION
ANTOINE DE
SAINT EXUPERY

安托万·德·圣-埃克苏佩里青年基金会

在法国基金会的支持下，该基金会于 2009 年由《小王子》作者的家人，以及来自航空和文学界的崇拜者所创建。

基金会的目的在于通过向青少年传播安托万·德·圣-埃克苏佩里的价值观和普世的人文情怀来传承他的记忆。基金会弘扬这位伟大的法国飞行员作家的精神，这种精神激励我们建立一个基于尊重人、倡导文化多样性、团结、博爱、诚信和个人责任感的社会。

基金会在法国和世界各地举办一系列有关教育、文化和扫盲的慈善活动，旨在帮助年轻人改善他们的日常生活，更好地展望未来。

和宇航员托马·佩斯凯（Thomas Pesquet）一起发起的首届国际太空写作比赛，在发展中国家建设学校和图书馆，为视障儿童把《小王子》的插图做成浮雕，让受疾病或残疾之苦的年轻人飞上蓝天，基金会做这一切的目的只有一个：纪念《小王子》，分享飞行员作家的文学作品，以使年轻人热爱思考、关心他人、奋发有为，做一个思想开放且有良知的公民。

更多信息请访问官网 www.fasej.org

图片版权

P. ii : © Succession Antoine de Saint-Exupéry.

P. 2-3 : © Succession Antoine de Saint-Exupéry.

P. 4 : Archives Thierry Bodin-LesAutographes. © Succession Antoine de Saint-Exupéry.

P. 5 : DR.

P. 6 : © Éditions Gallimard.

P. 6 : © Éditions Gallimard.

P. 8 : © Le Livre de Poche.

P. 9 : New York, The Pierpont Morgan Library. © Succession Antoine de Saint-Exupéry.

P. 10 : © Succession Antoine de Saint-Exupéry.

P. 13 : New York, The Pierpont Morgan Library. © Succession Antoine de Saint-Exupéry.

P. 15 : Coll. Philippe Zoummeroff. © Succession Antoine de Saint-Exupéry.

P. 18 : Fondation Martin Bodmer, Cologny (Genève). © Succession Antoine de Saint-Exupéry.

P. 19 : DR.

P. 21 : © Succession Antoine de Saint-Exupéry.

P. 22 : Photographié par John Phillips.

P. 25 : Bibliothèque nationale de France, département des manuscrits, NaF 18272, folios 61-1. © Succession Antoine de Saint-Exupéry.

P. 26 : Coll. particulière. © Succession Antoine de Saint-Exupéry.

P. 29 : Coll. particulière. © Succession Antoine de Saint-Exupéry.

P. 30 : Bibliothèque nationale de France, département des manuscrits, NaF 18270, folio 2. © Succession Antoine de Saint-Exupéry.

P. 33 : Bibliothèque nationale de France, département des manuscrits, NaF 18269, folio 1. © Succession Antoine de Saint-Exupéry.

P. 34 : DR.

P. 37 : Coll. Philippe Zoummeroff. © Succession Antoine de Saint-Exupéry.

P. 38 : Archives nationales de France, 153 AP 1, dossier 1, folios 6-9. © Succession Antoine de Saint-Exupéry.

P. 39 : © Succession Antoine de Saint-Exupéry.

P. 40 : © Coll. famille d'Agay.

P. 42 : © Succession Antoine de Saint-Exupéry.

P. 43 : Coll. particulière.

P. 46 : © Succession Antoine de Saint-Exupéry.

P. 49 : Archives nationales de France, 153 AP 1, dossier 1, folios 4-9. © Succession Antoine de Saint-Exupéry.

P. 50 : © Succession Antoine de Saint-Exupéry.

P. 53 : Archives nationales de France, 153 AP 1, dossier 1, folio 597. © Succession Antoine de Saint-Exupéry.

P. 54 : © Succession Antoine de Saint-Exupéry.

P. 57 : Archives du lycée Notre-Dame de Sainte-Croix du Mans. © Succession Antoine de Saint-Exupéry.

P. 58 : Archives du lycée Notre-Dame de Sainte-Croix du Mans. © Succession Antoine de Saint-Exupéry.

P. 61 : Coll. particulière. © Succession Antoine de Saint-Exupéry.

P. 62 : © Succession Antoine de Saint-Exupéry.

P. 65 : New York, The Pierpont Morgan Library. © Succession Antoine de Saint-Exupéry.

P. 66 : Archives nationales de France, 153 AP 1, dossier 1, première partie, folios 12-15.

P. 69 : Archives nationales de France, 153 AP 1, dossier 1, première partie, folios 12-15. © Succession Antoine de Saint-Exupéry.

P. 70 : © Succession Antoine de Saint-Exupéry.

P. 73 : Archives nationales de France, 153 AP 1, dossier 1, folio 73. © Succession Antoine de Saint-Exupéry.

P. 74 : Coll. particulière. © Succession Antoine de Saint-Exupéry.

P. 77 : Archives nationales de France, 153 AP 1, dossier 1, première partie, folio 89. © Succession Antoine de Saint-Exupéry.

P. 78 : Coll. particulière. © Succession Antoine de Saint-Exupéry.

P. 79 : Ancienne collection Henry de Ségogne. Coll. particulière.

P. 80 : Coll. Particulière et coll. Philippe Zoummeroff. © Succession Antoine de Saint-Exupéry.

P. 82 : Coll. particulière et coll. Philippe Zoummeroff. © Succession Antoine de Saint-Exupéry.

P. 85 : Coll. particulière et coll. PhilippeZoummeroff. © Succession Antoine de Saint-Exupéry.

P. 86 : Coll. particulière et coll. Philippe Zoummeroff. © Succession Antoine de Saint-Exupéry.

P. 89 : Coll. particulière. © Succession Antoine de Saint-Exupéry.

P. 90 : Coll. particulière. © Succession Antoine de Saint-Exupéry.

P. 93 : Coll. particulière. © Succession Antoine de Saint-Exupéry.

P. 94 : Musée Air France.

P. 97 : Coll. particulière. © Succession Antoine de Saint-Exupéry.

P. 101-102 : Coll. particulière. © Succession Antoine de Saint-Exupéry.

P. 107-108 : Coll. particulière. © Succession Antoine de Saint-Exupéry.

P. 111 : Coll. particulière. © Succession Antoine de Saint-Exupéry.

P. 112 : Coll. particulière. © Succession Antoine de Saint-Exupéry.

P. 115 : New York, The Pierpont Morgan Library. © Succession Antoine de Saint-Exupéry.

P. 116 : New York, The Pierpont Morgan Library. © Succession Antoine de Saint-Exupéry.

P. 119 : Coll. particulière. © Succession Antoine de Saint-Exupéry.

P. 120 : Bibliothèque nationale de France, département des manuscrits, NaF 18265, folio 240. © Succession Antoine de Saint-Exupéry.

P. 122 : Bibliothèque nationale de France, département des manuscrits, NaF 26279, folio 5. © Succession Antoine de Saint-Exupéry.

P. 123 : © Succession Antoine de Saint-Exupéry.

124 : © Espace Antoine de Saint-Exupéry.

P. 125 : Coll. Philippe Zoummeroff. © Succession Antoine de Saint-Exupéry.

P. 126 : Coll. particulière. © Succession Antoine de Saint-Exupéry.

P. 129 : Coll. particulière. © Succession Antoine de Saint-Exupéry.

P. 130 : Coll. particulière. © Succession Antoine de Saint-Exupéry.

P. 133 : Archives nationales de France, 153 AP 1, folios 390-393. © Succession Antoine de Saint-Exupéry.

P. 134 : Musée Air France. © Succession Antoine de Saint-Exupéry.

P. 137 : Fondation Martin Bodmer, Cologny (Genève). © Succession Antoine de Saint-Exupéry.

P. 138 : Coll. particulière.

P. 141 : Coll. particulière. © Succession Antoine de Saint-Exupéry.

P. 145-146 : Coll. particulière. © Succession Antoine de Saint-Exupéry.

P. 149-150 : Coll. particulière. © Succession Antoine de Saint-Exupéry.

P. 153 : Musée Air France.

P. 154 : Bibliothèque nationale de France, département des manuscrits, NaF 26279, folio 106. © Succession Antoine de Saint-Exupéry.

P. 157 : Paris, Bibliothèque du MAD. © MAD, Paris.

P. 158 : Bibliothèque nationale de France, département des manuscrits, NaF 26279, folio 6. © Succession Antoine de Saint-Exupéry.

P. 161 : © Éditions Gallimard.

P. 162 : © Succession Antoine de Saint-Exupéry.

P. 165 : Fondation Martin Bodmer, Cologny (Genève). © Succession Antoine de Saint-Exupéry.

P. 166 : Bibliothèque nationale de France, département des manuscrits, NaF 25126, folio 34. © Succession Antoine de Saint-Exupéry.

P. 168 : © Coll. famille d'Agay.

P. 169 : © Coll. famille d'Agay.

P. 170 : © Coll. famille d'Agay.

P. 170 : © Coll. famille d'Agay.

P. 174 : © PVDE/Bridgeman Images

P. 177 : Archives nationales de France, 153 AP 1, dossier 1, première partie, folios 272 et 273. © Succession Antoine de Saint-Exupéry.

P. 178 : © Succession Antoine de Saint-Exupéry.

P. 181 : Archives nationales de France, 153 AP 1, dossier 1, deuxième partie, folio 372.

P. 182 : Coll. famille d'Agay. © Succession Antoine de Saint-Exupéry.

P. 185 : Archives nationales de France, 153 AP 1, dossier 1, deuxième partie, folio 321. © Succession Antoine de Saint-Exupéry.

P. 186 : © Coll. famille d'Agay.

P. 189 : Archives nationales de France, 153 AP 1, dossier 1, deuxième partie, folios 424-425. © Succession Antoine de Saint-Exupéry.

P. 190 : © Coll. famille d'Agay.

P. 193 : Archives nationales de France, 153 AP A, dossier 1, folio 622. © Succession Antoine de Saint-Exupéry.

P. 194 : © Bridgeman Images.

P. 197 : Archives nationales de France, 153 AP 1, dossier 1, deuxième partie, folio 637. © Succession Antoine de Saint-Exupéry.

P. 198 : © Archives Icare.

P. 199 : New York, The Pierpont Morgan Library. © Succession Antoine de Saint-Exupéry.

P. 200 : New York, The Pierpont Morgan Library. © Succession Antoine de Saint-Exupéry.

P. 204 : New York, The Pierpont Morgan Library. © Succession Antoine de Saint-Exupéry.

P. 209 : Archives nationales de France, 153 AP 1, dossier 1, première partie, folios 303-306. © Succession Antoine de Saint-Exupéry.

P. 210 : © akg-images / Walter Limot.

P. 213 : Archives nationales de France, 153 AP 1, dossier 1, folio 318. © Succession Antoine de Saint-Exupéry.

P. 214 : © akg-images / Walter Limot.

P. 217 : Coll. particulière.

P. 218 : Coll. Philippe Zoummeroff. © Succession Antoine de Saint-Exupéry.

P. 221 : © Succession Antoine de Saint-Exupéry.

P. 222 : Coll. particulière.

P. 225 : Coll. particulière.

P. 226 : © Adagp, Paris, 2019.

P. 229 : Bibliothèque nationale de France, département des manuscrits, NaF 18264, folio 114. © Succession Antoine de Saint-Exupéry.

P. 230 : New York, The Pierpont Morgan Library. © Succession Antoine de Saint-Exupéry.

P. 231 : Coll. particulière. © Succession Antoine de Saint-Exupéry.

P. 232 : DR.

P. 233 : INPI.

P. 234 : Coll. Philippe Zoummeroff. © Succession Antoine de Saint-Exupéry.

P. 237 : Coll. particulière. © Succession Antoine de Saint-Exupéry.

P. 238 : © Coll. famille d'Agay.

P. 241 : Archives nationales de France, 153 AP 1, folios 1 et 2.

P. 242 : Coll. particulière. © Coll. famille d'Agay. © Succession Antoine de Saint-Exupéry.

P. 245 : Ælberts.

P. 246 : Coll. particulière. © Succession Antoine de Saint-Exupéry.

P. 246 : Coll. particulière. © Succession Antoine de Saint-Exupéry.

P. 249 : © Succession Antoine de Saint-Exupéry.

P. 250 : © Succession Antoine de Saint-Exupéry.

P. 253 : © Coll. François d'Agay.

P. 254 : © Coll. François d'Agay.

P. 257 : © Coll. François d'Agay.

P. 258 : © Coll. François d'Agay.

P. 261 : Coll. particulière. © Succession Antoine de Saint-Exupéry.

P. 262 : Don du général Gelée à l'École de l'air de Salon-de-Provence. Cliché de l'École de l'air. © Succession Antoine de Saint-Exupéry.

P. 264 : © Succession Antoine de Saint-Exupéry.

P. 265 : Photographié par John Phillips.

P. 266 : Coll. Philippe Zoummeroff. © Succession Antoine de Saint-Exupéry.

P. 267 : Coll. Philippe Zoummeroff. © Succession Antoine de Saint-Exupéry.

P. 268 : Coll. Philippe Zoummeroff. © Succession Antoine de Saint-Exupéry.

P. 272 : Coll. Werth. © Succession Antoine de Saint-Exupéry.

P. 275 : Coll. particulière. © Succession Antoine de Saint-Exupéry.

P. 276 : DR.

P. 277 : Bibliothèque nationale de France, département des manuscrits, NaF 25126, folio 40. © Succession Antoine de Saint-Exupéry.

P. 280 : © Succession Antoine de Saint-Exupéry.

P. 283 : Bibliothèque nationale de France, département des manuscrits, NaF 25136, folio 101. © Succession Antoine de Saint-Exupéry.

P. 284 : © Succession Antoine de Saint-Exupéry.

P. 287 : Coll. Philippe Zoummeroff. © Succession Antoine de Saint-Exupéry.

P. 288 : © Henri Martinie / Roger-Viollet.

P. 291 : Coll. Philippe Zoummeroff. © Succession Antoine de Saint-Exupéry.

P. 292 : Coll. Philippe Zoummeroff. © Succession Antoine de Saint-Exupéry.

P. 295 : Coll. Philippe Zoummeroff. © Succession Antoine de Saint-Exupéry.

P. 296 : Fondation Martin Bodmer, Cologny (Genève). © Succession Antoine de Saint-Exupéry.

P. 297 : Fondation Martin Bodmer, Cologny (Genève). © Succession Antoine de Saint-Exupéry.

P. 298 : Coll. particulière. © Succession Antoine de Saint-Exupéry.

P. 301 : © Succession Antoine de Saint-Exupéry.

P. 304 : © Coll. famille d'Agay.

P. 305 : Fondation Martin Bodmer, Cologny (Genève).

© Succession Antoine de Saint-Exupéry.

P. 307 : © Succession Antoine de Saint-Exupéry.

P. 308 : Coll. particulière. © Succession Antoine de Saint-Exupéry.

P. 311 : Fondation Martin Bodmer, Cologny (Genève). © Succession Antoine de Saint-Exupéry.

P. 312 : © Roger-Viollet.

P. 315 : Coll. particulière. © Succession Antoine de Saint-Exupéry.

P. 316 : © Succession Antoine de Saint-Exupéry.

P. 317 : Coll. particulière. © Succession Antoine de Saint-Exupéry.

P. 319 : Coll. particulière. © Succession Antoine de Saint-Exupéry.

P. 320 : © Coll. famille d'Agay.

P. 323 : Archives nationales de France, 153 AP 1, dossier 3, folio 1. © Succession Antoine de Saint-Exupéry.

P. 324 : New York, The Pierpont Morgan Library. © Succession Antoine de Saint-Exupéry.

P. 325 : Photographié par John Phillips.

P. 326 : © Succession Antoine de Saint-Exupéry.

P. 328 : © Succession Antoine de Saint-Exupéry.

P. 330 : © Succession Antoine de Saint-Exupéry.

P. 332 : Coll. particulière. © Succession Antoine de Saint-Exupéry.

P. 335 : Coll. particulière. © Succession Antoine de Saint-Exupéry.

P. 336 : © Coll. famille d'Agay.

P. 337 : Bibliothèque nationale de France, département des manuscrits, NaF 25126, folio 186. © Succession Antoine de Saint-Exupéry.

P. 340 : Archives nationales de France, 173 AP 1, dossier 2, folio 1. © Succession Antoine de Saint-Exupéry.

P. 343 : Archives nationales de France, 173 AP 1, dossier 2, folio 2. © Succession Antoine de Saint-Exupéry.

P. 344 : © Roger-Viollet.

P. 347 : Coll. particulière. © Succession Antoine de Saint-Exupéry.

P. 348 : Coll. particulière. © Succession Antoine de Saint-Exupéry.

P. 351 : Coll. Philippe Zoummeroff. © Succession Antoine de Saint-Exupéry.

P. 352 : DR.

P. 352 : DR.

P. 355 : Bibliothèque nationale de France, département des manuscrits, NaF 25126, folio 113. © Succession Antoine de Saint-Exupéry.

P. 356 : © Succession Antoine de Saint-Exupéry.

P. 360 : Archives nationales de France, 153 AP 1, dossier 1, folio 641. © Succession Antoine de Saint-Exupéry.

P. 360 : Bibliothèque nationale de France, département des manuscrits, NaF 18264, folio 16. © Succession Antoine de Saint-Exupéry.

P. 363 : Bibliothèque nationale de France, département des manuscrits, NaF 18264, folio 5. © Succession Antoine de Saint-Exupéry.

菲利普·菲佐（Philippe Fuzeau）为本书拍了一些照片。